文科高职英语教育教学研究

以北京地区高等职业院校文科类专业为例

WENKE GAOZHI YINGYU
JIAOYU JIAOXUE YANJIU
YI BEIJING DIQU GAODENG ZHIYE
YUANXIAO WENKELEI ZHUANYE WEI LI

顾　问　梁绿琦　常红梅
主　编　老　青　江　洁
副主编　刘晓晶　何明华　马　红
编　委　栾丽君　刘卫红　刘　静
程云艳　彭洪明　赵　欣
高　珏　姜　丽　张志明
郭　威　郭健忠　刘秀荣

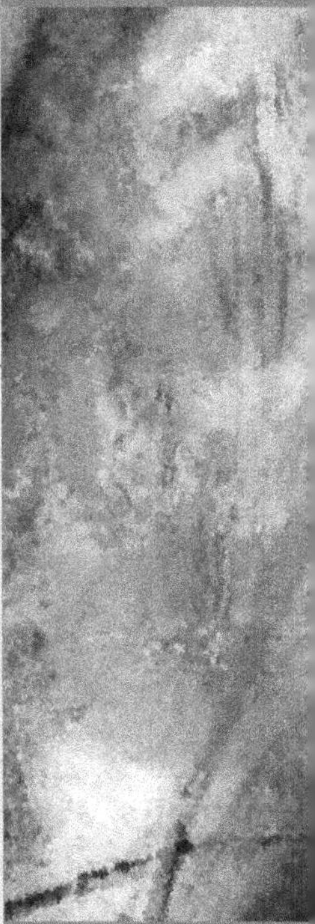

北京语言大学出版社
BEIJING LANGUAGE AND CULTURE
UNIVERSITY PRESS

图书在版编目（CIP）数据

文科高职英语教育教学研究：以北京地区高等职业院校文科类专业为例 / 老青，江洁编著. — 北京：北京语言大学出版社，2014.8

ISBN 978-7-5619-3928-4

Ⅰ. ①文… Ⅱ. ①老… ②江… Ⅲ. ①汉语—教学研究—高等职业教育 Ⅳ. ①H319.3

中国版本图书馆 CIP 数据核字（2014）第 204638 号

书　　名：文科高职英语教育教学研究——以北京地区高等职业院校文科类专业为例
责任印制：姜正周

出版发行：北京语言大学出版社
社　　址：北京市海淀区学院路 15 号　　邮政编码：100083
网　　址：www.blcup.com
电　　话：编辑部　8610-82301019
　　　　　发行部　8610-82303650 / 3591 / 3648
　　　　　读者服务部　8610-82303653
　　　　　网购咨询　8610-82303908
　　　　　客户服务信箱　service@blcup.com
印　　刷：北京京华虎彩印刷有限公司
经　　销：全国新华书店

版　　次：2014 年 8 月第 1 版　　印　　次：2014 年 8 月第 1 次印刷
开　　本：880 毫米 ×1230 毫米　1/32　　印　　张：12.25
字　　数：341 千字
书　　号：ISBN 978-7-5619-3928-4 / H · 14199
定　　价：39.00 元

凡有印装质量问题，本社负责调换。电话：010-82303590

前言

为贯彻落实党中央和国务院提出的关于“大力发展有中国特色的职业教育”的指示和精神，积极引导英语类专业建设和鼓励英语师资发展，我们为北京地区高职院校英语类师资教科研发展与提高搭建平台。《文科高职英语教育教学研究》旨在：(1) 为北京地区高职院校英语类专业建设及课程建设、英语教育教学发展与管理质量提高起到示范引领作用；(2) 促进北京地区高职院校英语教师教科研水平提高，发挥产学研实效，取得北京高职专业人才培养与社会服务研究双丰收。

《文科高职英语教育教学研究》共搜集教育教学论文 41 篇。全书聚焦于两项研究重点：(1) 文科高职英语教育教学，以英语类专业（旅游英语、商务英语）和非英语类专业（文科类专业）的专业建设、课程建设、教材建设、教法改革、教学管理、实践实训、校企合作、社会服务、师资队伍、信息化以及毕业设计等为主；(2) 公共英语信息化职业技能竞赛赛项方案研究，以英语速录速记和英文写作竞赛实证研究、职场需求调研及赛训赛项方案设计等为主。

《文科高职英语教育教学研究》是北京市高等学校 2014 年科研基地建设—科技创新平台“北京高职专业人才培养与社会服务研究”子项目的成果之一，也是教育部职业院校信息化教学指导委员会“2013 年度职业院校信息化教学研究”课题成果之一。参与“文科高职英语教育教学研究”（主持人：老青）和“公共英语信息化职业技能竞赛赛项方案研究”（主持人：老青）的英语教师来自北京地区为主的高等职业院校，作者多为中青年英语教学骨干。

在《文科高职英语教育教学研究》的编写中，我们得到了教育部职业院校外语类专业教学指导委员会、教育部职业院校信息化教学指导委员会、北京市大学英语研究会高职分会、北京市教育委员会、北京青年政治学院英语系校外实践实训实习基地等单位和机构的大力支持与帮助，在此表示衷心的感谢！特别感谢北京青年政治学院院长梁绿琦、北京经济管理职业学院副院长常红梅、北京双雄对外服务公司人力资源总监郭威、北京安捷之旅国际旅行社副总经理郭健忠、北京北海公园刘秀荣等业内专家和行业企业一线人士的积极参与和长期指导！特别感谢北京语言大学出版社编辑李亮的支持与帮助！

由于编者水平有限，书中会有不当和疏漏之处，希望专家、同行及广大读者批评指正。

编者

2014 年 6 月

目录

第一部分

文科高职英语教育教学研究

第一章 旅游英语专业

旅游英语专业目录修订调研报告

常红梅[1] 老青[2]

摘要： 进入新世纪以来，职业教育改革发展围绕重点领域行业和经济社会发展的需要这一特点更为显著，对专业设置与建设提出了更具针对性的迫切要求。本研究调研了旅游英语专业目录实施的基本情况，了解了旅游行业组织和企业对旅游业发展趋势、人才市场现状和需求态势、职业岗位群与行业准入标准的变化等情况，整理了以高职院校旅游类专业为主的，在旅游英语专业设置与建设、招生就业与专本衔接、实践教学与双证书等方面的情况、意见和建议，为规范专业目录名称、提高有效指导作用奠定基础。

关键词： 职业教育 旅游英语 专业目录

项目来源： 教育部职业院校外语类专业教学指导委员会“高职外语类专业目录修订研究”子项目（课题编号：GZGZ5413-GZML；主持人：常红梅、老青）

1 常红梅：北京经济管理职业学院教授，副院长。

2 老青：北京青年政治学院教授，英语系主任。

根据教育部职业教育与成人教育司《关于〈高等职业学校专业目录〉修订工作有关事项的通知》（教职成司函[2013]194号）的文件精神，结合教育部职业院校外语类教学指导委员会（简称“教指委”）关于目录修订工作的要求，以及教指委旅游英语分委会有关目录修订工作的具体实施方案,2013年10月15日—12月25日期间，笔者在国内旅游行业组织、企业和相关高等院校共计129家单位开展了不同形式的调研活动，其中电话与网络（如QQ）问卷调查占50%，实地走访占14%，座谈研讨占36%。发放调查问卷381份，收回339份；其中，有效问卷314份（占92.6%）；20家单位以上规模的集中座谈研讨3次。调查对象包括单位负责人和业务骨干、往届毕业生以及高等院校教师。调研报告数据来自行业企业的占56%，其中景点景区占14%，旅行社占11%，酒店占14%，出入境占2%，政府机构占7%，其他占8%；来自高等院校的占44%，其中高职院校占39%，本科院校占5%。本次调研涵盖了北京及全国其他12个省市、自治区。

本次调研点面结合。一方面，围绕旅游英语专业目录实施的基本情况、存在的问题和调整建议，以调研问卷为主的形式开展；另一方面，重点搜集旅游行业组织和企业对中国旅游业发展趋势、旅游人才市场现状和需求态势、职业岗位群与行业准入标准的变化等方面情况、意见和建议，整理以高职院校旅游类专业为主的，在旅游英语专业设置与建设、招生与就业、实践教学与双证书、校企合作等方面的情况、意见和建议。

一、专业目录实施的基本情况

查阅北京市教育考试院2013年专科普通批次招生计划的专业目录，可以发现，一些北京地区的高职院校在“旅游英语”专业目录下，设置了专业方向，如出入境服务与管理、奢侈品营销。此类现象亦出现在非北京地区的高职院校招生计划的专业目录中。

部分专业名称或专业方向名称与商务英语、应用英语甚至英语教育混合交叉，出现目录范围之外多个专业方向的现象，如在旅游类专业目录“导游”里，下设英语方向等。此类现象亦出现在非北京地区的高职院校招生计划的专业目录中。

二、专业目录存在问题和调整建议

第一，旅游英语专业虽归位明确，但方向细化不到位，专业目录设置的内在系统性和针对性不够显著。旅游英语专业目录如不设方向，就不能满足旅游市场对人才在层次、岗位以及职业能力和基本素质等方面的多样性需求。

建议：细化方向。

第二，学制（中高本）设置不成体系。旅游英语专业学制包括中专三年学制、“3+2”学制和高职三年学制三种，前两者中职教育阶段缺乏与高职教育的有机衔接，所谓“3+2”只是时间上的简单相加，很多专业课程在开设过程中存在重叠或盲区。此外，专科教育和本科教育的衔接模式还存在很大的探索空间，如何让更多的学生从专科升入本科、实现知识的积累和技能的有序提升，是专升本教育过程中的核心问题。

建议：中高本衔接。

第三，职业岗位群设置比较传统。原有旅游英语专业面向的岗位群主要集中在导游、国际旅行社和涉外酒店这三个领域。如何开拓新的岗位群，使旅游英语专业能够紧随经济发展的新格局，是首先要面对的问题。

建议：以点带面拓展岗位群。

第四，职业资格证考试制度尚不够规范。职业资格证书设置的随意性大，针对性不强，且课证融合差距甚远。旅游英语专业应重点要求获取突出英语特色的职业证书（否则与旅游大类专业区别不显著），如英语导游、英汉翻译、饭店英语等；其次，拓展具有行业特色的其他相关证书，如商务英语。

建议：推荐基于行业的英语类职业证书。

三、调整、修订目录的依据和说明

（一）专业目录名称与专业方向（图表 1）

行业企业调研中 86% 认为现有的旅游英语专业名称无需修改，但高等院校调研中只有 47% 赞成保留原名称，校企之间有较大偏差。校企双方中各有 80% 建议细化专业方向。行业企业调研中同意将旅游英语作为专业方向，下设在“应用英语”的占 57%，高等院校调研中同意的占 47%。

根据高职学生入学水平，结合各地区旅游发展及人才市场需求特征，各院校旅游英语专业人才培养的侧重点不尽相同，细化专业方向更有利于旅游英语专业人才培养方案的可操作性，满足区域旅游人才市场的多元化对口需求。此外，若将旅游英语作为应用英语的下设方向，将弱化英语人才的旅游行业显著特色，与中国的国际旅游行业发展态势相悖。

图表 1 关于专业目录名称与专业方向

<table>
<tr><td>“旅游英语”专业名称能够满足学校与用人单位的要求，无需更改。</td><td>旅游英语专业可以下设“英语导游与国际领队”、“国际旅行社服务与管理”、“涉外酒店服务与管理”、“出入境服务与管理”等专业方向。</td><td>旅游英语专业不需要下设任何专业方向，专业方向应设在“应用英语”专业内。</td></tr>
<tr><td>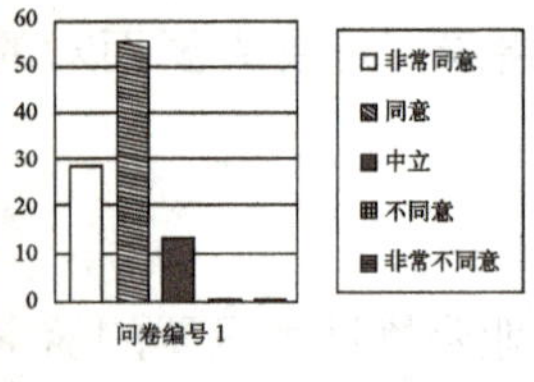
</td><td>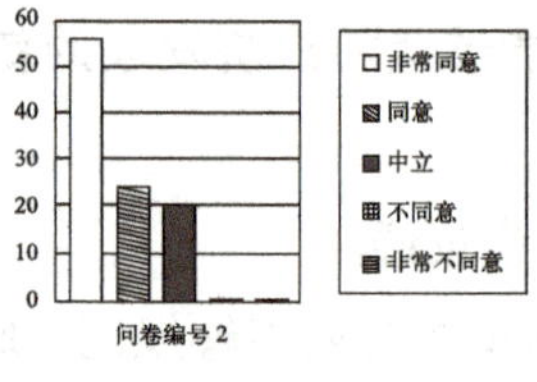
</td><td>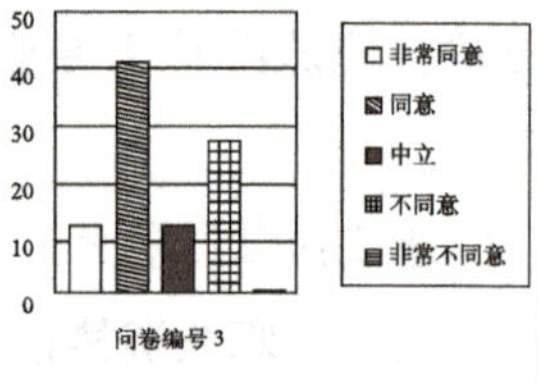
</td></tr>
<tr><td colspan="3">以上数据来自行业企业（问卷编号 1~3）</td></tr>
<tr><td>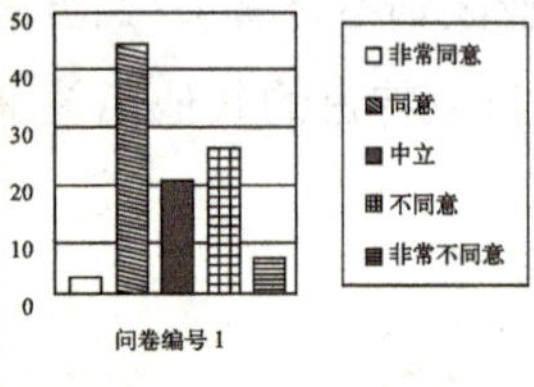
</td><td>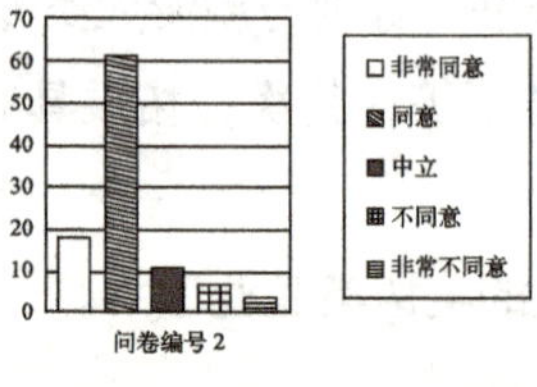
</td><td>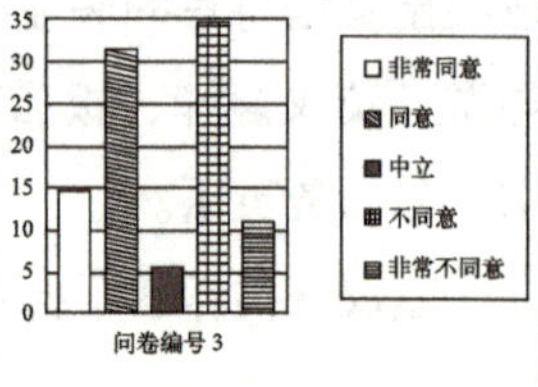
</td></tr>
<tr><td colspan="3">以上数据来自高等院校（问卷编号 1~3）</td></tr>
</table>

（二）学制与专本衔接（图表 2）

行业企业中 86% 认可三年制的旅游英语专业及专本衔接，57% 认为应该有中高职衔接，14% 赞同五年制。高等院校中对三年学制、五年学制、中高职衔接和专本衔接的认同度分别为 65%、62%、55% 和 62%。

一方面，许多行业企业对五年制认同度低可能是因为他们不了解相关招生制度改革的政策。而另一方面，行业企业就业门槛只升不降的现状是适应中国的国际旅游行业发展需要的，高等院校多数对此持认同的态度。部分教师在五年制、专本衔接等方面存在顾虑，多是缘于对生源质量缺乏信心。

图表 2　关于学制与专本衔接

<table>
<tr><td>旅游英语专业学制应该是三年。</td><td>旅游英语专业学制可以是五年，招收初中毕业生。</td></tr>
<tr><td>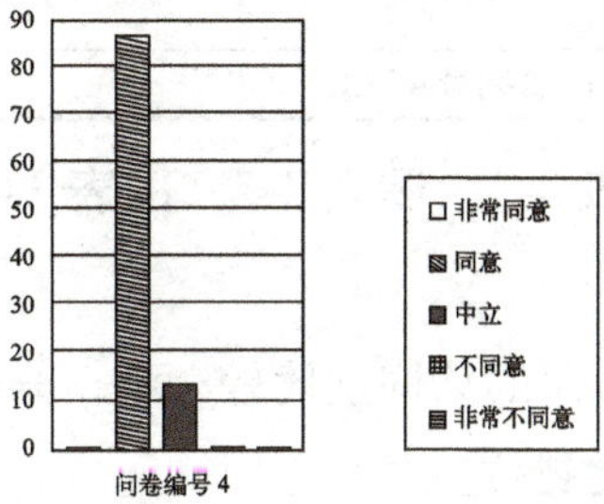
</td><td>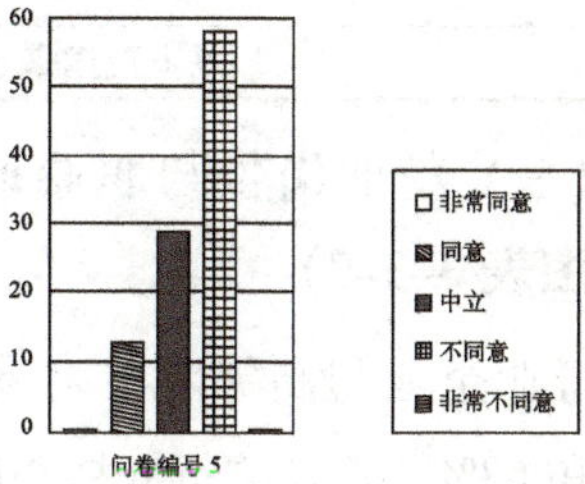
</td></tr>
<tr><td>高职旅游英语专业应该衔接中职旅游英语专业。</td><td>高职旅游英语专业应该续接本科旅游英语专业。</td></tr>
<tr><td>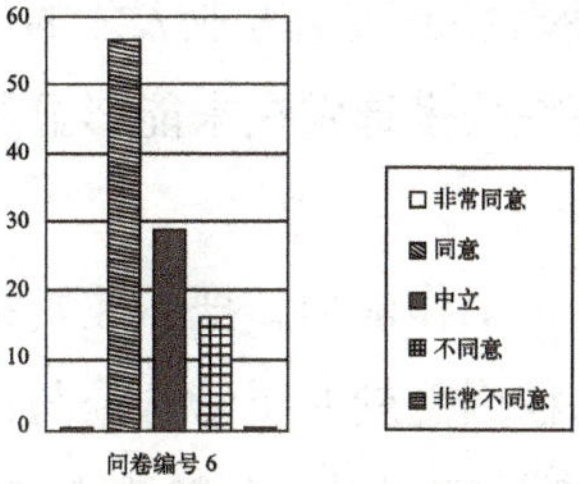
</td><td>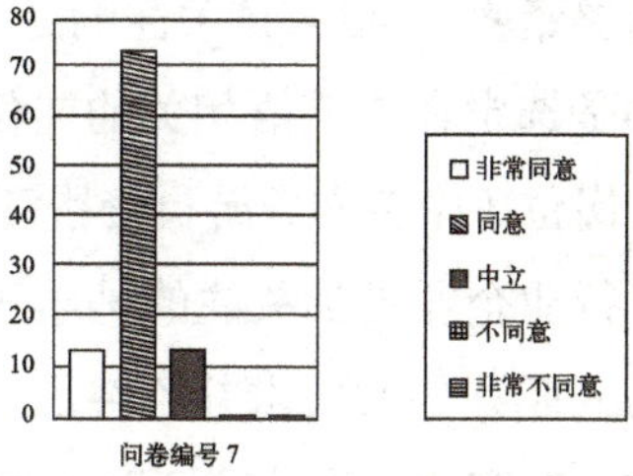
</td></tr>
<tr><td colspan="2">以上数据来自行业企业（问卷编号 4-7）</td></tr>
</table>

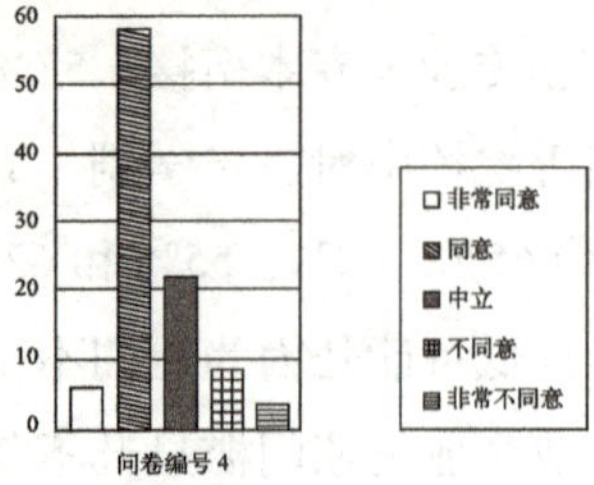

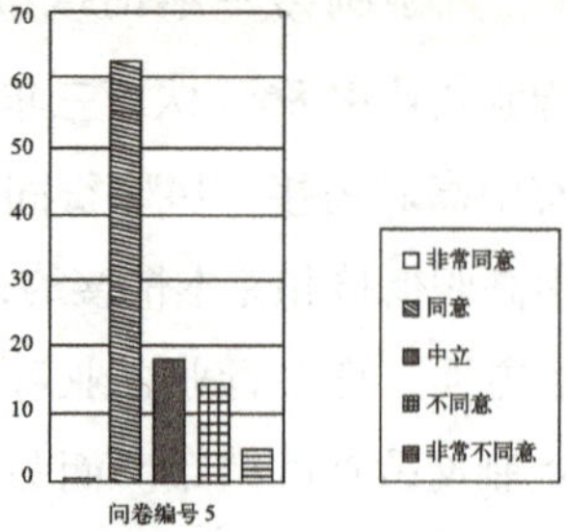

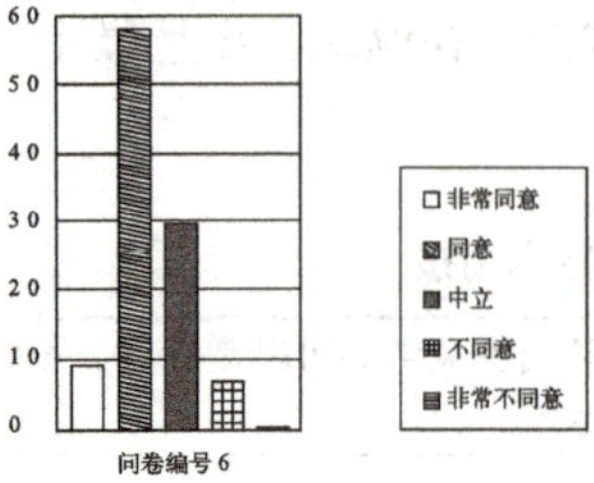

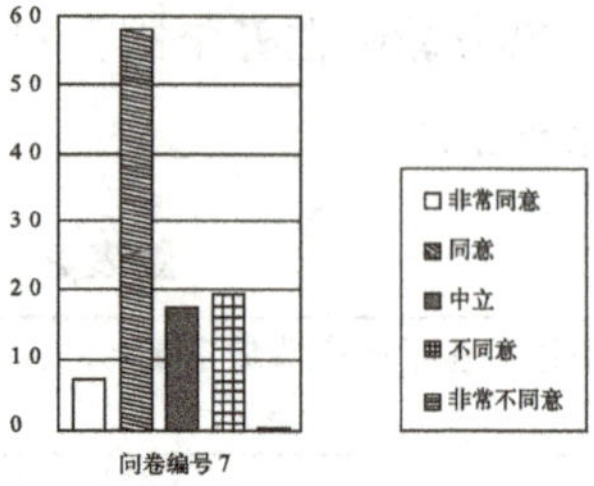

以上数据来自高等院校（问卷编号 4~7）

（三）就业岗位与职业证书（图表 3-1、图表 3-2、图表 3-3-1、图表 3-3-2）

行业企业与高等院校对就业岗位面向的认同度比较一致，分别为 72% 和 68%，但在旅行社核心岗位有一定错位。

行业企业对职业资格证书的关注度相差较大，普遍低于高等院校，只是在商务英语证书和托业证书上基本一致（该证书显得与旅游行业联系不够紧密）。但应该关注的是，行业企业对旅游英语专业人才的岗位更多的是选定在与英语相关的岗位，而高等院校多选定在未能彰显英语特色的岗位（中英文导游员资格证书除外）。

行业企业更加关注的是学历和实际岗位工作能力，把职业资格证书作为入职条件的要求并不突出。而高等院校因受就业质量监控与评估等影响，对职业资格的获证要求强于行业企业。调查对象差异性比较大。

图表 3–1　关于就业面向

旅游英语专业就业面向可以分为初始岗位：中英文导游或国际旅行社（涉外酒店、出入境机构）部门经理助理和发展岗位：国际领队或涉外旅行社（国际酒店、出入境机构）业务主管或行政主管。

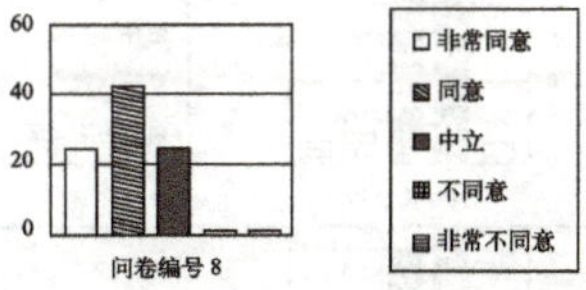

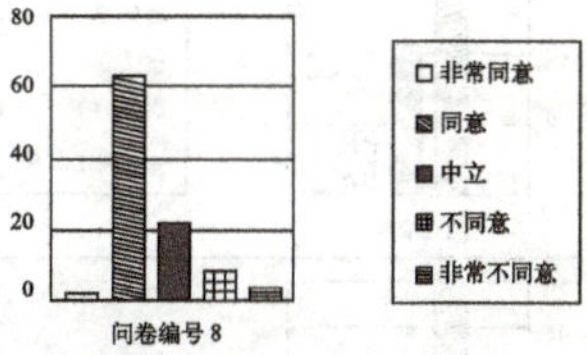

以上数据来自行业企业（问卷编号 8）　　以上数据来自高等院校（问卷编号 8）

图表 3–2　关于就业岗位

旅游英语专业对应职业岗位应该是讲解员、地陪、全陪。

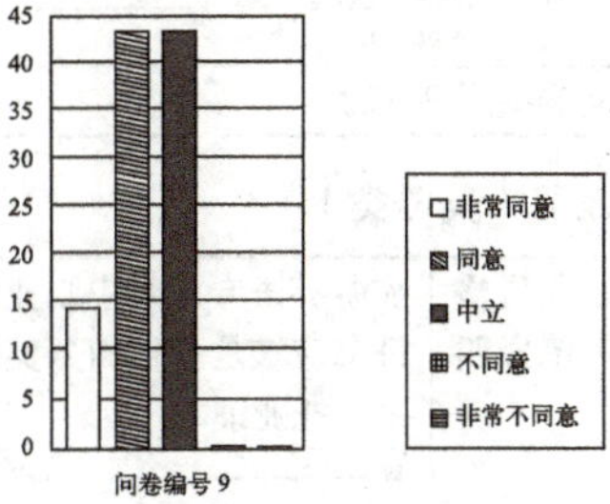

旅游英语专业对应职业岗位应该是计调、团组、外联、客服。

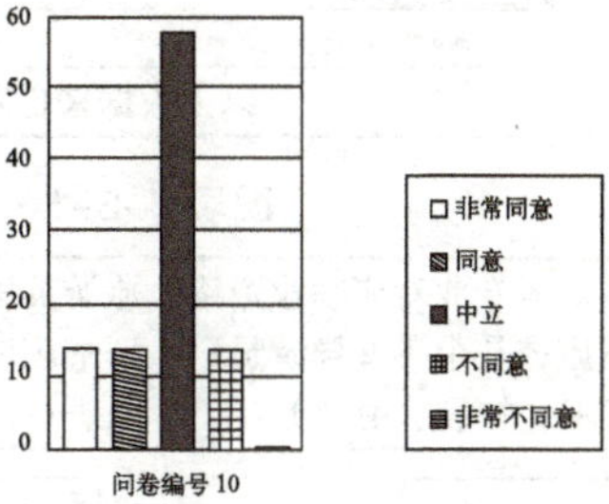

旅游英语专业对应职业岗位应该是前台、会议、商务。

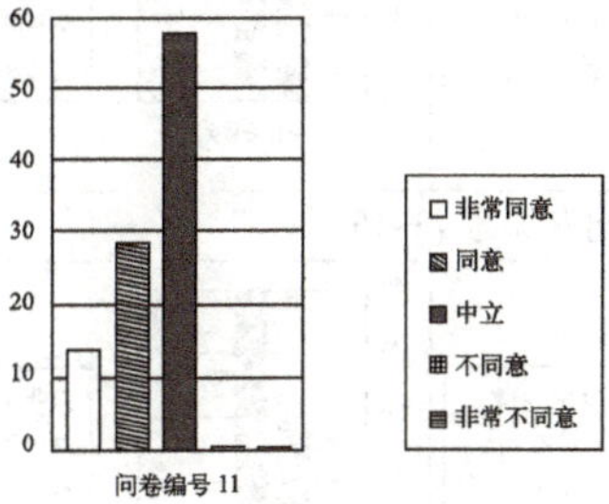

旅游英语专业对应职业岗位应该是证照、翻译、留学咨询。

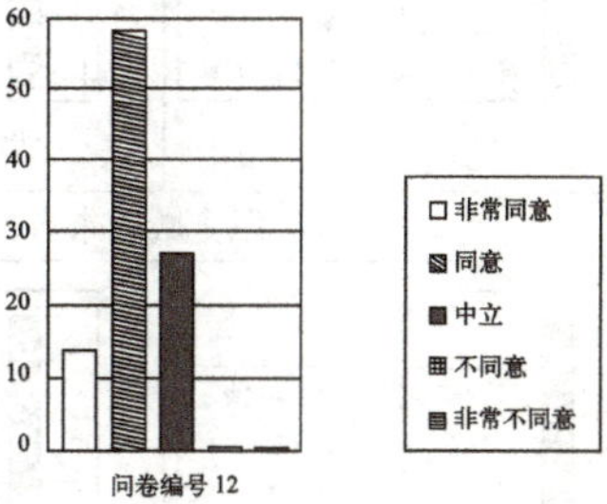

以上数据来自行业企业（问卷编号 9~12）

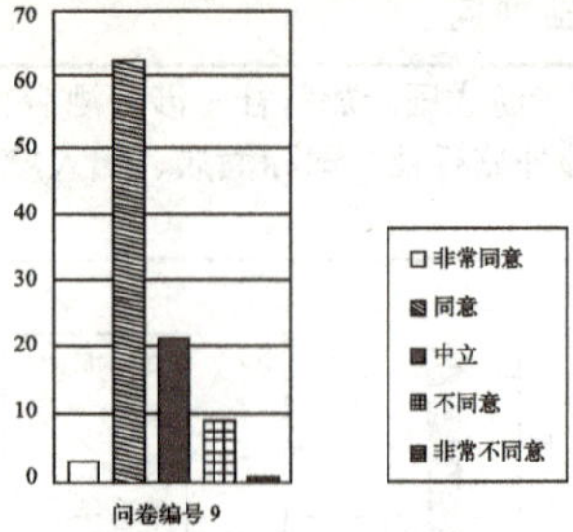

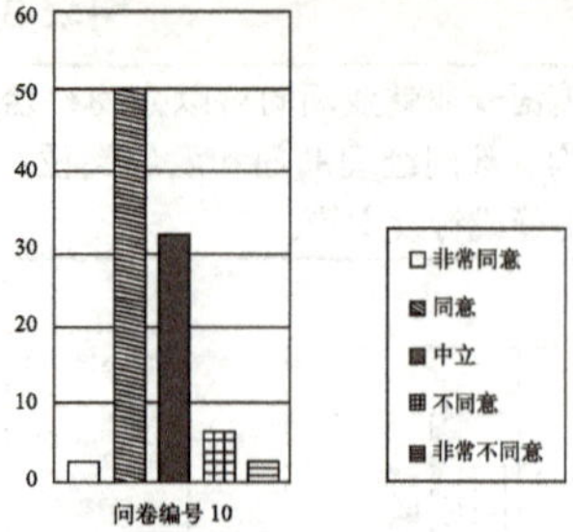

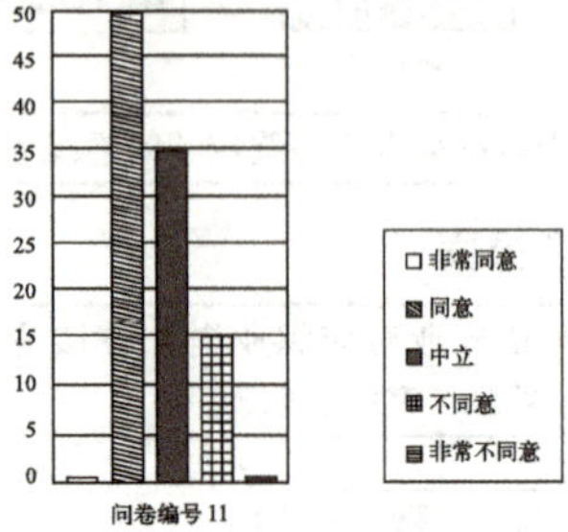

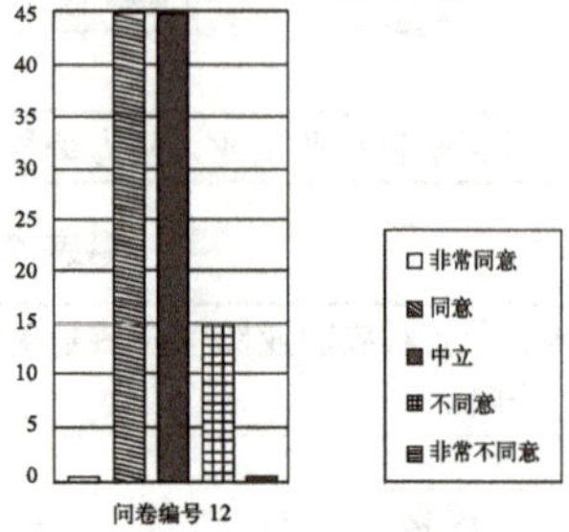

以上数据来自高等院校（问卷编号 9~12）

图表 3-3-1　关于职业证书（英语类）

旅游英语专业对应职业资格证书应该是中英文导游员资格证书（初级、中级）。	旅游英语专业对应职业资格证书应该是翻译证（笔译四级、口译四级）。	旅游英语专业对应职业资格证书应该是剑桥商务英语证书、托业证书。

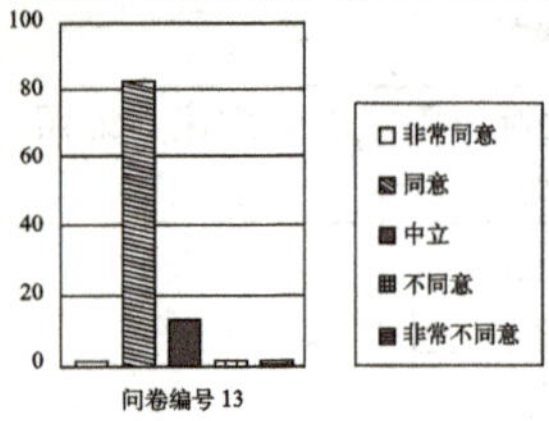

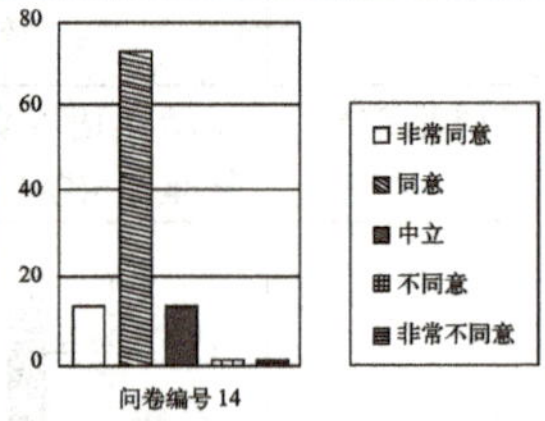

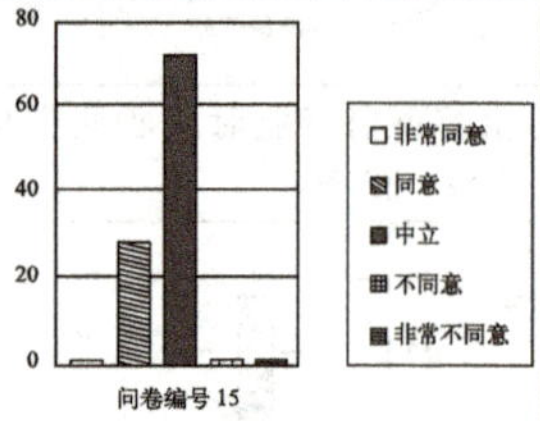

以上数据来自行业企业（问卷编号 13~15）

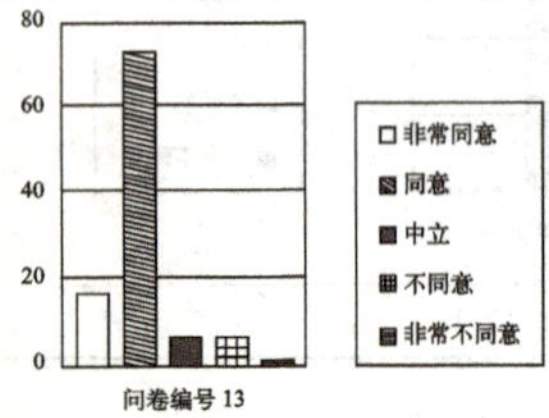

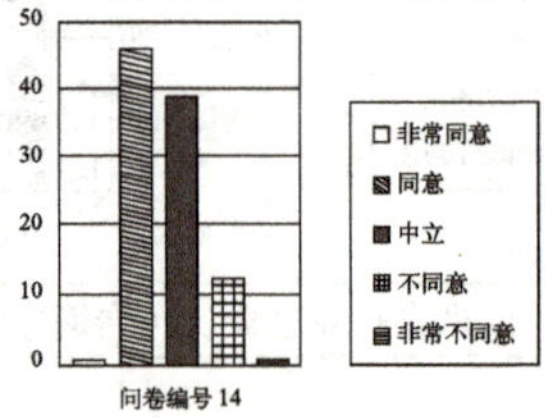

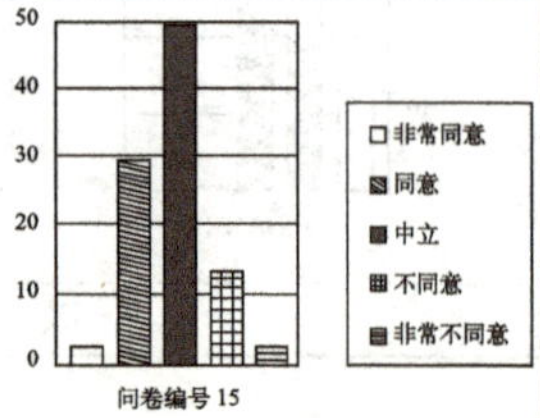

以上数据来自高等院校（问卷编号 13~15）

图表 3-3-2　关于职业证书（非英语类）

<table>
<tr><td>旅游英语专业对应职业资格证书应该是旅游咨询师（境外旅游）。</td><td>旅游英语专业对应职业资格证书应该是旅游礼仪师（涉外酒店）。</td><td>旅游英语专业对应职业资格证书应该是会展管理师（国际会议）。</td></tr>
<tr><td>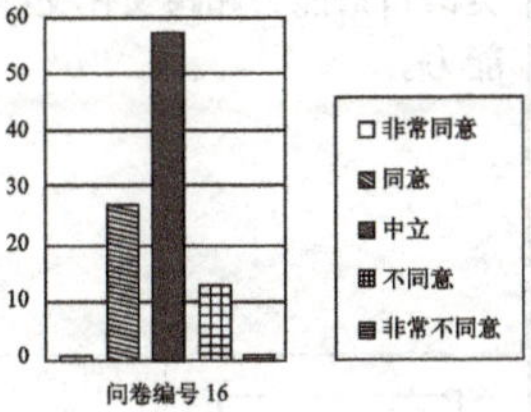</td><td>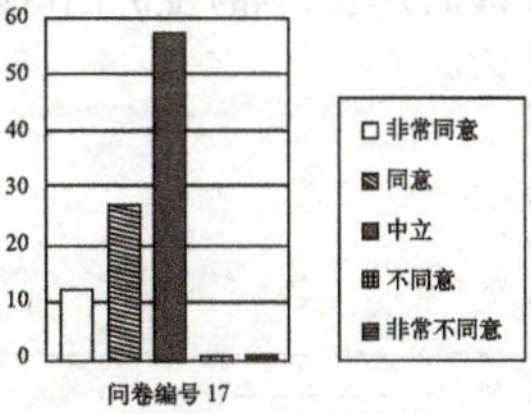</td><td>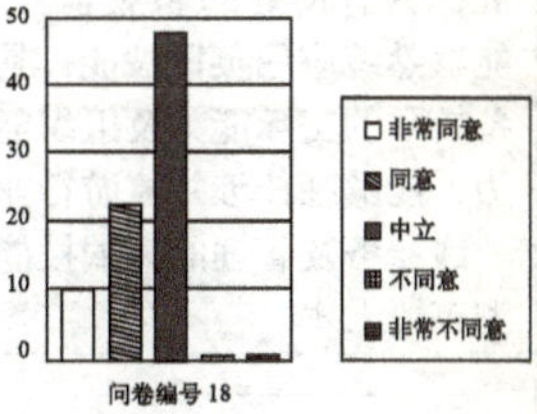</td></tr>
<tr><td colspan="3">以上数据来自行业企业（问卷编号 16~18）</td></tr>
<tr><td>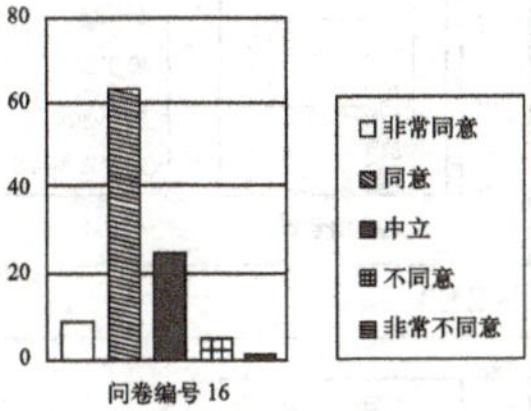</td><td>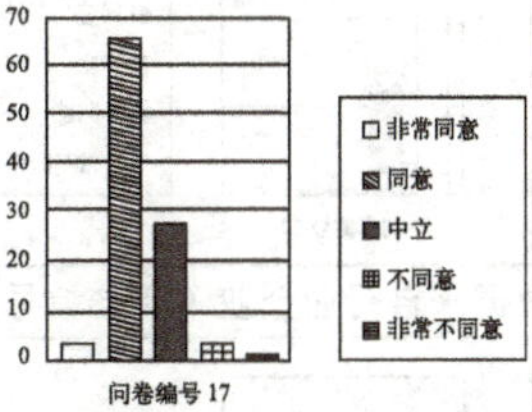</td><td>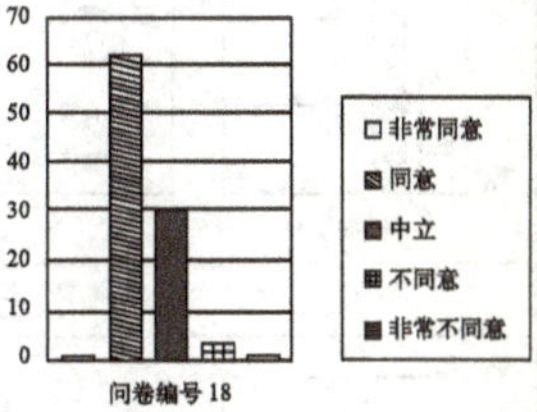</td></tr>
<tr><td colspan="3">以上数据来自高等院校（问卷编号 16~18）</td></tr>
</table>

（四）专业能力与课程设置（图表 4-1、图表 4-2）

行业企业与高等院校对实践环节的重视程度与一致性不相上下；值得注意的是，行业企业对开设英语类课程、双语教学等的赞同度高于高等院校。

以旅游职业素质为龙头、以英语语言为主线、以英语应用能力培养为目标、以旅游知识为载体设置专业课程，开展专业能力培养，颇受行业企业欢迎。高等院校课程设置应注重融通，突出英语特色，避免“旅游＋英语”的简单相加。

图表 4–1　关于专业能力

<table>
<tr>
<td>旅游英语专业培养目标应该表述为：本专业旨在培养德、智、体、美、劳全面发展，具有良好的职业素养，能够熟练应用英语技能，具备较强的交际能力及组织能力，能够胜任涉外旅游行业一线服务及管理的高端技能型英语人才。</td>
<td>旅游英语专业毕业生应该具有从事出入境旅游服务工作的良好人际沟通、组织管理能力与较强的独立工作能力。</td>
<td>旅游英语专业毕业生应该具有较强的英语听、说、读、写、译的能力，尤其是英语口语能力和跨文化交际能力。</td>
</tr>
<tr>
<td>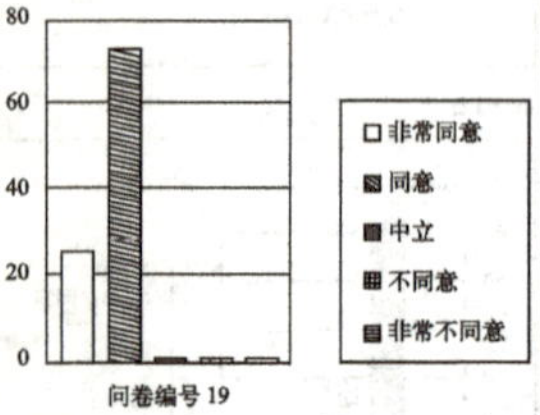
</td>
<td>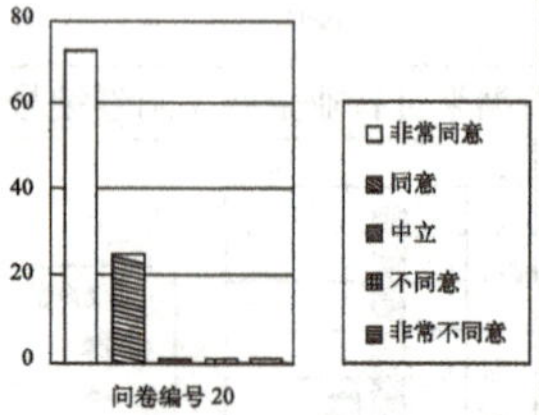
</td>
<td>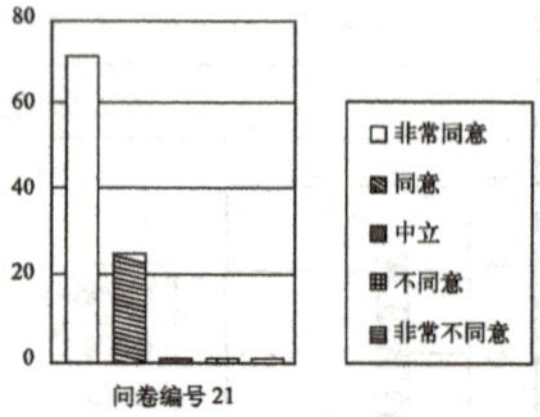
</td>
</tr>
<tr>
<td colspan="3">以上数据来自行业企业（问卷编号 19~21）</td>
</tr>
<tr>
<td>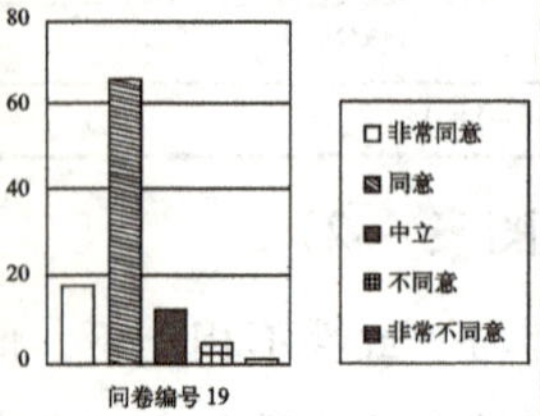
</td>
<td>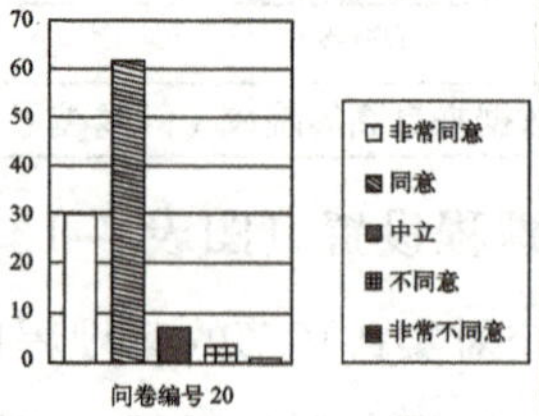
</td>
<td>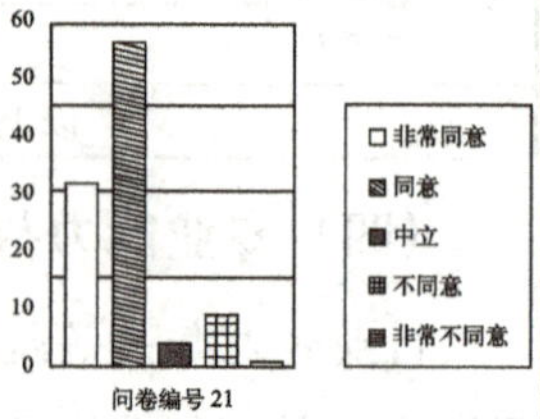
</td>
</tr>
<tr>
<td colspan="3">以上数据来自高等院校（问卷编号 19~21）</td>
</tr>
</table>

图表 4–2　关于课程设置

<table>
<tr>
<td>旅游英语专业课程设置应主要包括英语类课程和旅游类课程。</td>
<td>旅游英语专业应开设综合英语、英语口语、英语听力、口笔译等英语类课程。</td>
</tr>
<tr>
<td>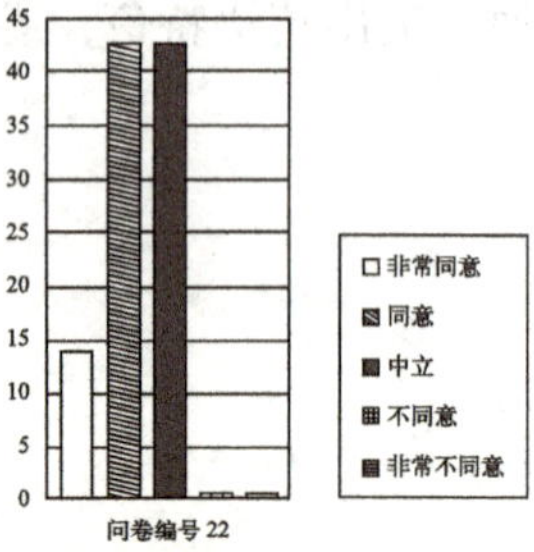
</td>
<td>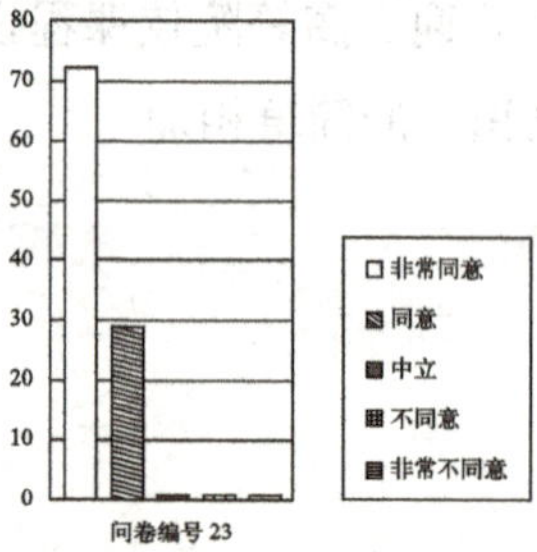
</td>
</tr>
</table>

<table>
<tr><td>旅游英语专业应开设出入境服务实务、旅行社业务实务、酒店服务实务、旅游市场营销等旅游类课程。</td><td>旅游英语专业旅游类课程可以用中英文双语开设。</td></tr>
<tr><td>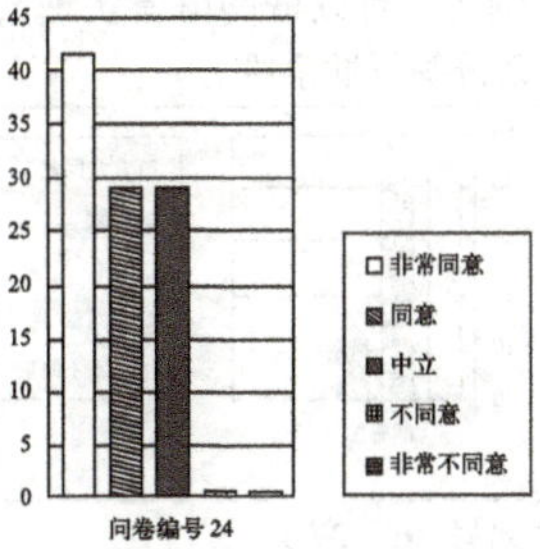
</td><td>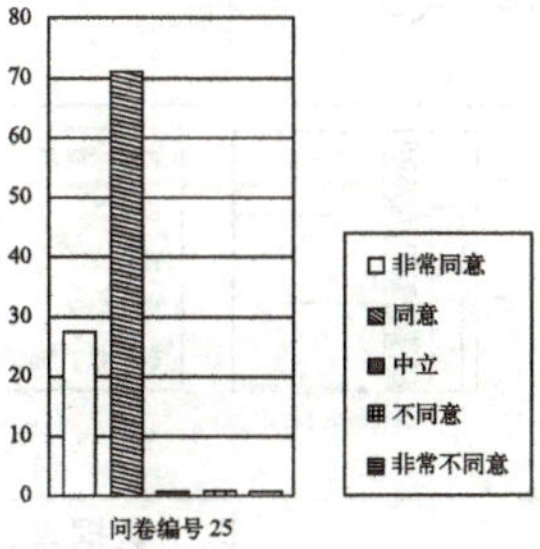
</td></tr>
<tr><td colspan="2">以上数据来自行业企业（问卷编号 22~25）</td></tr>
<tr><td>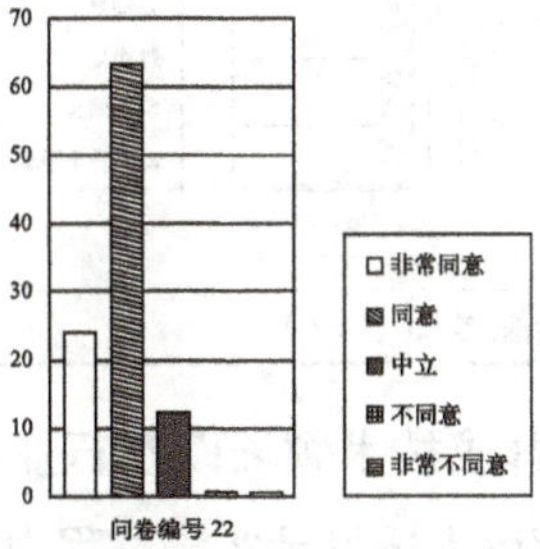
</td><td>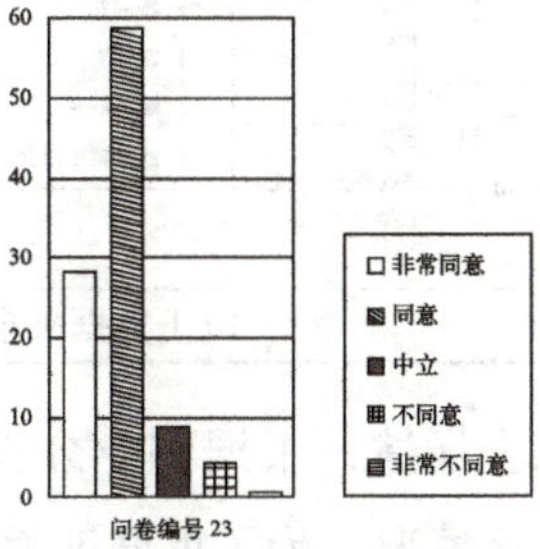
</td></tr>
<tr><td>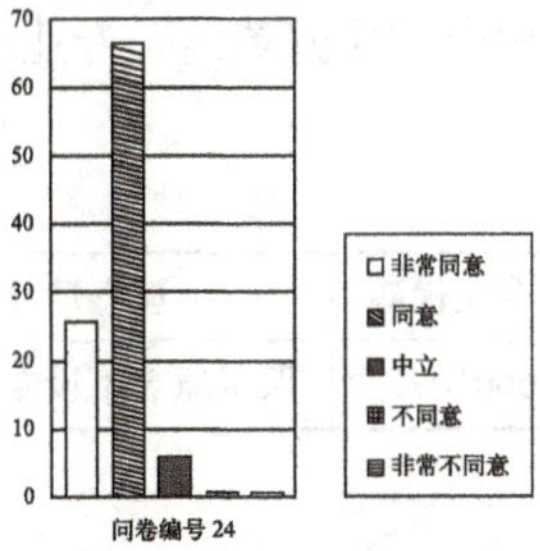
</td><td>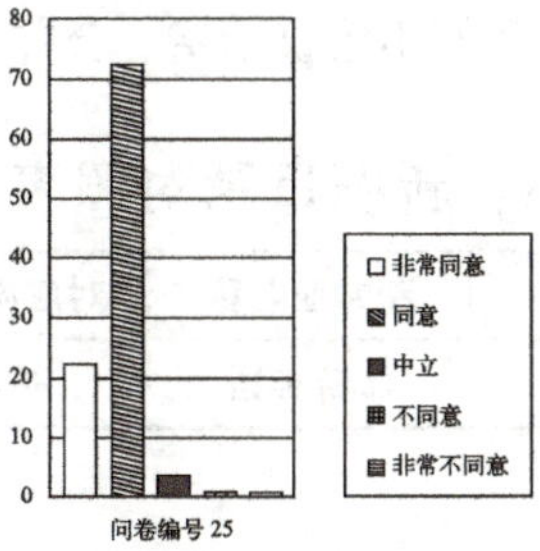
</td></tr>
<tr><td colspan="2">以上数据来自高等院校（问卷编号 22~25）</td></tr>
</table>

（五）实践教学环节（图表 5）

行业企业与高等院校对实践环节的重视程度和一致性无可置疑，在专业简介中需更加明确。

图表 5　关于实践教学环节

<table>
<tr><td>旅游英语专业的顶岗实习应该由实习单位安排指导教师，采取岗前培训、见习、实际操作等形式。</td><td>旅游英语专业的校内实训应该包括语言综合实训、景区场馆讲解实训、旅游咨询师综合实训等，可以借助语言实训系统、旅游模拟系统等辅助手段。</td></tr>
<tr><td>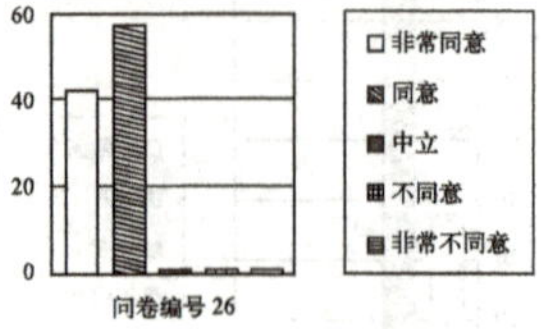</td><td>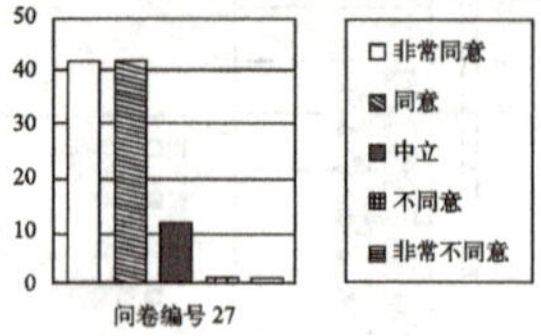</td></tr>
<tr><td colspan="2">以上数据来自行业企业（问卷编号 26、27）</td></tr>
<tr><td>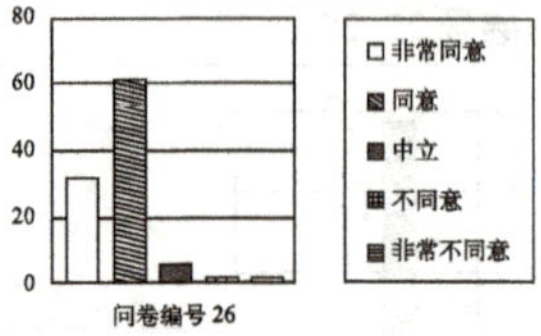</td><td>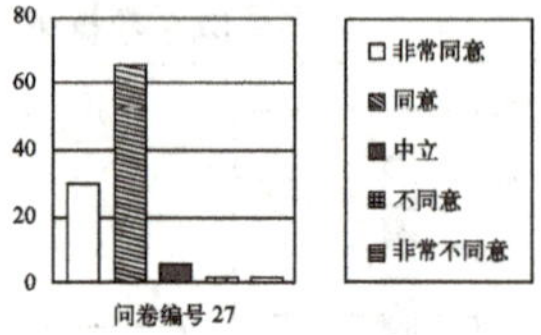</td></tr>
<tr><td colspan="2">以上数据来自高等院校（问卷编号 26、27）</td></tr>
</table>

综上所述，根据职业分类、职业岗位群或技术领域以及行业准入标准的变化情况，为了更好地承前启后有效解决上述目录实施过程中存在的问题，我们不建议新增、合并或取消，而是保留“旅游英语”专业名称。

四、新旧目录对照表

序号	新专业名称	对应原专业名称	原专业代码	调整情况
1	旅游英语	旅游英语	660109	保留原名下设专业方向

参考文献

[1] 国家职业资格工作网（职业标准、职业资格证书、新职业等信息）（http://www.nvq.net.cn/），2014-3-24.

[2] 中华人民共和国教育部编. 中等职业学校专业目录（2010 年修订）[M]. 北京：高等教育出版社，2010. 308-312.

[3] 中华人民共和国教育部高等教育司编．普通高等学校本科专业目录和专业介绍（2012 年）[M]. 北京：高等教育出版社，2013. 89-90，117-118，343-345.

[4] 中华人民共和国教育部高等教育司编．中国普通高等学校高职高专教育 2005-2008 目录外专业概览 [M]. 北京：中央广播电视大学出版社，2008.

[5] 中华人民共和国教育部高等教育司编．中国普通高等学校高职高专教育指导性专业目录 [M]. 北京：高等教育出版社，2004.

[6] 中华人民共和国教育部高等教育司编．中国普通高等学校高职高专教育专业概览（2007 年版）[M]. 北京：中央广播电视大学出版社，2008.

[7] 中华人民共和国教育部职业教育与成人教育司编．高等职业学校专业教学标准（财经大类　文化教育大类）[M]. 北京：中央广播电视大学出版社，2012. 128-135.

[8] 中华人民共和国教育部职业教育与成人教育司编．高等职业学校专业教学标准（旅游大类）[M]. 北京：中央广播电视大学出版社，2012. 20-114.

[9] 中华人民共和国教育部职业教育与成人教育司．关于《高等职业学校专业目录》修订工作有关事项的通知（教职成司函 [2013]194 号）.

[10] 中华人民共和国职业分类大典（2007 增补本）[M]. 北京：中国劳动社会保障出版社，2012. 28，32.

附件：

《高等职业学校专业目录修订》调研问卷（旅游英语专业）

受教育部委托，按照《教育部关于开展〈高等职业学校专业目录〉修订工作的通知》的要求，教育部职业院校外语类专业教学指导委员会旅游英语分委会特制定本调查问卷。

本问卷旨在了解您对全国高职外语专业设置的意见与看法。请在每个描述后面对应的“非常不同意”、“不同意”、“中立”、“同意”或“非常同意”下面打“√”。希望您按照实际情况，认真如实地填写问卷。

本问卷不记名，仅供此次调研之用，衷心感谢您的配合。

编号	描述	非常不同意	不同意	中立	同意	非常同意
1	“旅游英语”专业名称能够满足学校与用人单位的要求，无需更改。					
2	旅游英语专业可以下设“英语导游与国际领队”、“国际旅行社服务与管理”、“涉外酒店服务与管理”、“出入境服务与管理”等专业方向。					
3	旅游英语专业不需要下设任何专业方向，专业方向应设在“应用英语”专业内。					
4	旅游英语专业学制应该是三年。					
5	旅游英语专业学制可以是五年，招收初中毕业生。					
6	高职旅游英语专业应该衔接中职旅游英语专业。					
7	高职旅游英语专业应该续接本科旅游英语专业。					
8	旅游英语专业就业面向可以分为初始岗位：中英文导游或国际旅行社（涉外酒店）部门经理助理和发展岗位：国际领队或涉外旅行社（国际酒店）业务主管或行政主管。					
9	旅游英语专业对应职业岗位应该是讲解员、地陪、全陪。					

（续表）

编号	描述	非常不同意	不同意	中立	同意	非常同意
10	旅游英语专业对应职业岗位应该是计调、团组、外联、客服。					
11	旅游英语专业对应职业岗位应该是前台、会议、商务。					
12	旅游英语专业对应职业岗位应该是证照、翻译、留学咨询。					
13	旅游英语专业对应职业资格证书应该是中英文导游员资格证书（初级、中级）。					
14	旅游英语专业对应职业资格证书应该是翻译证（笔译四级、口译四级）。					
15	旅游英语专业对应职业资格证书应该是剑桥商务英语证书、托业证书。					
16	旅游英语专业对应职业资格证书应该是旅游咨询师（境外旅游）。					
17	旅游英语专业对应职业资格证书应该是旅游礼仪师（涉外酒店）。					
18	旅游英语专业对应职业资格证书应该是会展管理师（国际会议）。					
19	旅游英语专业培养目标应该表述为：本专业旨在培养德、智、体、美、劳全面发展，具有良好的职业素养，能够熟练应用英语技能，具备较强的交际能力及组织能力，能够胜任涉外旅游行业一线服务及管理的高端技能型英语人才。					
20	旅游英语专业毕业生应该具有从事出入境旅游服务工作的良好人际沟通、组织管理能力与较强的独立工作能力。					
21	旅游英语专业毕业生应该具有较强的英语听、说、读、写、译的能力，尤其是英语口语能力和跨文化交际能力。					
22	旅游英语专业课程设置应主要包括英语类课程和旅游类课程。					
23	旅游英语专业应开设综合英语、英语口语、英语听力、口笔译等英语类课程。					
24	旅游英语专业应开设出入境服务实务、旅行社业务实务、酒店服务实务、旅游市场营销等旅游类课程。					

（续表）

编号	描述	非常不同意	不同意	中立	同意	非常同意
25	旅游英语专业旅游类课程可以用中英文双语开设。					
26	旅游英语专业的顶岗实习应该由实习单位安排指导教师，采取岗前培训、见习、实际操作等形式。					
27	旅游英语专业的校内实训应该包括语言综合实训、景区场馆讲解实训、旅游咨询师综合实训等，可以借助语言实训系统、旅游模拟系统等辅助手段。					
其他建议（请填写）	1. 由于英语导游资格证书通过比例偏低，部分高等学院教师推荐其他职业资格证书：旅行社经理资格证书、酒店经理人资格证书、前厅服务资格证书、高级餐厅服务资格证书等； 2. 北京地区高职院校教师对旅游英语专业人才培养的国际化需求越趋强烈，部分院校旅游英语专业教师的挂职配套政策落实仍需改进。					

高职英语专业和专业英语顺利衔接问题
——以旅游专业方向为例

梁宝恒[1]

摘要：国内经济的飞速发展和日益频繁的国际服务贸易使语言成为重要的工具，而旅游服务贸易则是支柱性行业。针对市场的需求，高职英语专业旅游方向应运而生，把语言能力和旅游服务技能有机结合，为旅游行业的发展提供了大批合格人才。目前的高职英语专业旅游方向的发展遭遇了瓶颈，语言没有真正达到目标或满足行业要求，学生不具备基本的服务技能，原因在于英语专业和专业英语的关系不协调，甚至是两者完全脱离。本研究旨在通过对目前存在问题的具体分析，找到问题原因，探索有效解决问题的途径，优化课程建设，在专业背景下培养学生的语言能力，同时也实现学以致用的办学理念。

关键词：高职英语　英语专业　专业英语　课程建设

1　梁宝恒：北京联合大学旅游学院国际旅游系教师，讲师。

一、引言

进入新世纪，国内经济飞速发展，人民生活水平大幅提高，服务贸易迅速增长，特别是旅游服务贸易增幅显著。针对市场需求，国内旅游专业得到迅速提升，受到越来越多的重视，开设的专业和学校也如雨后春笋般快速发展。在旅游专业课程设置方面，外语加旅游专业，特别是英语专业的旅游方向成为热点，也适应服务贸易的需求，进而得到大力发展。高职英语旅游专业具有很强的实践性，这也符合旅游业的行业要求，语言加专业，毕业生有非常好的就业前景。纵观近年高职英语专业旅游方向的课程发展，其已形成鲜明特色，在一定程度上满足了市场需求。

专业是高职院校与社会融合的桥梁，是适应地方经济发展和市场需求的风向标。专业特色是高职院校办学水平的基础和核心，更是办学特色的集中体现。专业特色建设的成果是培养适应社会需要的高素质的技能型人才（吕睿中，2012）。高职英语旅游专业方向的核心基础是英语加旅游专业知识和技能，最终的着陆点是旅游服务知识和技能，这就对本专业方向明确了要求。英语专业优势加旅游服务技能，体现在课程框架方面就是先培养学生扎实的英语基础，在高年级再培养学生的旅游服务技能，以语言为有效手段、以知识技能为核心来设计课程。

二、专业建设现状

在实际的课程建设和专业发展方面，尤其是在课程体系方面，目前存在的问题是英语专业与旅游专业的有机衔接还相对薄弱，尤其是在高年级如何使学生顺利过渡，成为目前的首要任务。以北京联合大学旅游学院为例，高职英语专业旅游方向在基础阶段主要以英语语言基本能力培养为主，第四学期和第五学期时学生直接学习专业英语，课堂教学中也把重心完全转到旅游专业知识和技能上，完全把英语专业与专业英语隔离，学生没有完全适应用英语学习和培养专业技能。现行的传统学科型课程与实际工作处于割裂状态，所学知识未能在实践中得以及时有效的应用，造成人才培养与岗位需求的错位，使专业教学缺乏岗位和市场针对性，处于低效状态。

还是以北京联合大学旅游学院为例，高职英语旅游方向的培养方式是英语加旅游，这是特色也是市场需要，鲜明的特色需要强有力的课程体系支持。在制定2013年学生培养方案时，重点是学生的基础知识，其中包括语言知识，但忽略了本专业最突出的特色，即在熟练掌握英语语言技能的基础上培养学生旅游服务的技能。目前学生语言基础比较薄弱，基础知识和技能明显不同于其他专业学生，在此基础上，课程构建则明显有别于传统的教育模式，尤其是在英语专业和专业英语的有机结合方面。“2+1”模式即体现了专业培养特色，具体到英语专业和专业英语，二者的衔接则是目前面临的主要挑战。为此，构建了以职业能力为核心的模块式高职旅游英语课程体系，即将所有课程分为两个模块，以模块为单位的岗位课程体系，如模块一：旅游英语方向（专业基础课程、专业课程、专业选修课程、实践环节）；模块二：酒店管理方向（专业基础课程、专业课程、专业选修课程、实践环节）（邓秋萍，2010）。模块化教学式培养是目前比较流行的模式，也是学院积极从国外引进的办学理念，取得了一定的成果。

三、存在问题

当前高职旅游英语教育培养的人才与旅游企业对这一层次人才的需求存在着较大的偏离，导致这一现象的最直接原因是现行的高职旅游英语专业课程体系建设还不够完善并且缺乏特色（张晓艳，2010）。根本原因在于高职英语专业和专业英语的衔接问题，具体来说，就是语言基础阶段的语言技能培养和高年级阶段用语言技能实现旅游专业服务的目标之间的衔接问题。

英语是国际上普遍使用的语言，而旅游业更需要用这门外语和其他国家的人员进行交流与合作。英语也是使中国的旅游业走向国际市场的重要桥梁。高职英语专业的学生在高中阶段已具备了一定的英语知识和能力，在语言、语法方面应该能达到高校入学时的标准，即基本词汇应在 3000 以上，能理解并掌握一定的语法基础知识，如各种词性、时态的基本用法，能够听懂中等难度的英语对话、资料、新闻或讲座，能看懂一些浅显的原版作品，能够用英语写出简单的小论文。在英语基础方面，学生应进一步加强语言的基本功练习，做到发音准确、语调标准、用词恰当达意，核心目标是能够具备熟练运用基本的语言知识为旅游业服务的能力，具体体现在语言的交际能力方面。在语法方面，不能仅局限于语法的条条框框，而要培养综合运用的能力，注重英语修辞的练习，使语言流畅、优美，能在各种场合里熟练使用。同时，学生也应培养自己的鉴赏能力，提高自身的修养，不断扩展自己的视野，使外语真正成为提高自身能力和素质的有力手段。除了基础知识的练习外，也要注意各种实际能力的培养，不能成为只会看而不会讲英语的人才，不仅要听懂、看懂有关专业的材料或讲座，还要能用英语把自己的想法表达出来，能够很好地与英语国家的旅游经营者进行交流或探讨旅游业的新发展。

高职英语专业旅游方向学生的培养重点是扎实的语言基本功，能用比较标准的英语为旅游行业提供服务，其培养方向奠定了其未来的发展，一切目标的核心是学以致用，如果脱离这一目标，教育就是失败的。具体到课程建设而言，如何顺利衔接英语专业和专业英语就成为亟待解决的问题。

四、讨论及建议

高职院校旅游英语专业的培养目标是使学生具有旅游服务与管理基本理论和技能，有较高的英语水平（贾晓琳，2005）。在这一基础上，高职英语专业旅游方向定位明确，在基础阶段的培养目标就是扎实的语言基本功，涵盖听说读写译的能力，主要以听说为主，这也是实践教学的基础。高年级则以专业英语为主，为将来实习和就业作充分准备。如前面所述，一般情况下，高职学生三个学期的语言学习还没有达到预期的要求，基本能力还不十分强，因而在英语专业和专业英语衔接时就应注意到这一点。如果处理不好两者之间的关系，结果就会是既没有英语专业能力，也不具备旅游服务的技能，因为高年级的课程基本上以英语讲授训练为主。

以北京联合大学旅游学院高职英语专业精读课程为例，在语言课程中精读占有非常重要的地位。精读课是培养学生综合能力的重要课程，是将来学生提高其他方面能力的关键，但目前精读课的效果并不是很好。本专业的特点应是学以致用，英语专业和专业英语有机结合，摒弃传统的先语言后专业的培养模式，在一定的专业背景下学习语言，在专业背景下培养语言能力。

目前各院校所用的精读课本各式各样，而且难易程度不同，专业性也有很大的差别。鉴于旅游专业的特点，教材需突出旅游的专业性，注重旅游专业或市场方面的最新信息、理论和研究开发方面的学习。现在采用的英语精读课本内容陈旧，不能反映出时代特色，同时也不具有旅游专业的特点，不能和学生的专业知识紧密结合，致使学生对旅游行业没有太大的兴趣，不利于学生以后的发展。作为精读教材，应注重知识的新颖性、内容的广泛性、理论的层次性和题材的趣味性，如网络技术对旅游市场的推动作用，电子商务在旅游业的发展，新经济对旅游业的影响，全球经济一体化给旅游市场带来的挑战与机遇等。西安交通大学出版社在 2001 年组织策划了一系列专业英语教材，目的是进一步拓展英语专业学生的专业背景知识，但其与其他旅游类的教材不同，其重点是以语言为工具学习专业知识，在专业知识背景下学习语言，使两者有机结合。这套教材有一定的局限性，在内容上不太适合高职教育，但其不失为一块试金石，为探索高职英语专业旅游方向指出了一条光明之路。

谈到专业建设，北京青年政治学院英语系有过许多类似的改革创新。在该学院主办的学科建设和课程创新方面，英语系有较大的尝试，如高职英语专业旅游方向的翻译课程的创建。虽然由于基本条件和其他原因未能实现，但不失为大胆尝试。笔者建议语言和专业相结合，不必分为两个阶段，而是以专业知识为背景，培养学生的语言能力，因为两者并非矛与盾的关系。两者相互促进，最终实现培养学生具备一定的翻译能力，更好地服务于旅游行业。

新形式、新题材、新知识才是提高学生能力的关键所在。通过内容丰富的材料，从旅游经济、旅游经营和管理、旅游服务等大的方面出发，紧密结合国内外旅游业发展的最新动态，阐述现代旅游业的一般规律和理论，且须使学生具备一定的实践能力。因此，学生的英语精读课应以其专业为中心，培养听说读写译的综合能力，熟练掌握有关的专业词汇，大量阅读专业资料，使英语真正成为其专业学习的支撑点，从而为提高专业服务技能打下坚实的基础。

目前精读课的学习过于注重知识的讲解，仍属于传统的应试教育，不能充分运用各种先进的教学手段提高学生的能力，知识和能力的关系不能正确处理，因而不能很好调动学生的积极性，也不能适应未来教育的发展需要。因此，在精读课程上，不仅需要对教材作出适当的调整，也需要对教学方法进行改进，以便更多、更好地为我国的旅游事业输送优秀的管理人才。有效的教学过程就是要求教师在学生自主选择学习体验时提供有效的指导，以到期实现既定的目标，包括理解、技能和兴趣态度（Simmons，2014）。

五、结论

旅游专业是国家教育部专业设置中较年轻的专业，国内外旅游学科的发展也有很大的差别，但世界旅游业的迅猛发展使我们意识到，未来的旅游市场充满了挑战和机遇，如果中国的旅游研究与开发不能跟上国际潮流，国外实力雄厚的旅游公司和企业一定会大批涌进中国这个大市场。中国加入世贸组织已经很多年了，我们应充分意识到与国外旅游先进国家交流的必要性，因为这样可以把国外有关旅游业新的理论和管理方法及手段及时地引进国内市场，把国外旅游市场的新动态及时反馈给国内的旅游企业，使之能在整个世界旅游市场中能及时调整自己的经营战略。只有具备独特的优势，才能不被国外企业占领中国宝贵的旅游市场和资源。在这种情况下，高职英语专业旅游方向的学生作为国家旅游业发展的栋梁，更加需要具备扎实的外语基本功，因为语言是他们与国外进行交流和合作的桥梁。只有能够熟练运用外语与外国旅游界的同行进行交流，才有可能更快、更直接地获取更新的资料和信息。

参考文献

[1] 陈丽红，何葆青．高职高专英语教学模式和课程体系改革的探索和实践 [J]. 广东交通职业技术学院学报，2008（3）.

[2] 戴艳云，王明桢．高职院校应用英语专业建设调查与分析 [J]. 赤峰学院学报（自然科学版），2012（11）.

[3] 邓秋萍．浅议高职旅游英语教学模式改革 [J]. 中国电力教育,2010(1).

[4] 贾晓琳．论高职旅游英语专业课程设置改革 [J]. 职教论坛，2005（8）.

[5] 林艳丽．高职旅游英语专业人才培养探析 [J]. 漯河职业技术学院学报，2005（4）.

[6] 吕睿中．高职院校应用英语专业特色建设探索 [J]. 广东教育·职教，2012（11）.

[7] 强琛，赵江涌，安博．旅游英语专业课程设置体系分析研究 [J]. 新课程（中），2008（6）.

[8] 夏美莲．基于工作过程的旅游英语专业课程体系研究与开发 [J]. 长沙铁道学院学报（社会科学版），2010（1）.

[9] 闫丽，赵立芳．高职旅游英语专业课程体系与教学模式探索 [J]. 中国科教创新导刊，2011（2）.

[10] 张晓艳．高职旅游英语专业课程体系的优化建设与实践 [J]. 时代教育（教育教学），2010（10）.

[11] Simmons，John S. A Gap to Be Narrowed（A），Selected addresses delivered at the Conference on English Education, No. 6, Part 2: Teaching the Teacher of English（1968）, 15-20, National Council of Teachers of English, 2014.

构建就业为导向的高职模块化课程体系
——以北京青年政治学院旅游英语专业（出入境服务与管理）为例

栾丽君[1]

摘要：高职教育中以就业为导向的模块化课程体系是在仔细分析专业特征的基础上，结合行业需求，对学生需要掌握的知识进行模块化分解，并以此为基础整合课程内容。北京青年政治学院旅游英语专业课程体系主要包含综合素质模块、职业基础知识模块、职业能力模块、职业素养模块和其他教学环节五大模块。

关键词：高职教育 就业导向 模块化课程体系

项目来源：北京青年政治学院2014年教育教学建设项目“旅游英语专业课程体系改革研究”（委托项目01；主持人：何明华）

1 栾丽君：北京青年政治学院英语系副教授，英语系教学副主任。

模块化课程体系建设是在仔细分析专业特征的基础上，结合行业需求，对学生需要掌握的知识进行模块化分解，并以此为基础整合课程内容。以就业为导向指以毕业生求职应聘、职场交际及实际工作当中将要面临的业务活动为核心，确定教学目标和教学内容，构建高职学生职业和岗位所需的能力要素。

2006 年教育部在《关于全面提高高等职业教育教学质量的若干意见》中提出，高等职业教育要服务区域经济和社会发展，以就业为导向，加快专业改革与建设。面向社会、面向市场办学是高职教育改革创新的方向，也是高职教育的立足之本。根据经济和社会发展要求，培养多层次、多样化的技能型人才，是职业教育的根本任务。因此，加强高职模块化课程体系的开发与研究，构建符合高职教育规律、适应 21 世纪学生未来发展的以就业为导向的模块化课程体系至关重要。

一、构建以就业为导向的模块化课程体系的基本思路

（一）专业调研

2008—2010 年间，北京青年政治学院英语系旅游英语专业围绕专业建设、课程建设、教师队伍建设等核心问题开展了专业调研工作。通过实地走访、电话咨询、网络查询等方式对北京地区中青旅、国旅总社、中旅总社、神州国旅等 20 家涉外优秀旅行社进行深入调研，旨在了解北京地区旅游行业发展现状、趋势及岗位人才需求，以便及时调整英语系的课程设置和人才培养方向，满足旅游市场的需求。调研内容包括旅行社招聘中常见的职务岗位、旅行社未来急需的岗位人才、旅游英语类高职学生在旅行社工作中的优势与不足。

经过专业调研了解到：旅行社招聘中常见的与高职旅游英语专业相关的职务岗位包括导游 / 票务、旅游销售、网络销售 / 网络推广、旅游计调、证照专员和国际领队。旅行社急需的高薪岗位人才是旅游咨询师和旅游策划师。旅游英语类高职生的优势有：具有一定的专业技能，踏实肯干，与人沟通较好，更适宜服务性岗位和管理类岗位。不足之处表现

在：与本科生相比，高职生的专业素养、认知能力和学习能力略有不足，创造性更是缺乏，不太适宜开发类岗位。

（二）专业定位

根据专业调研结果，经过旅游英语专业教学指导委员会专家的论证，学院旅游英语专业进一步明确了专业定位和人才培养目标：以英语为主线是旅游英语专业的属性定位，也是该专业教学内容的设计原则；以旅游为背景是旅游英语专业的人才定位，也是该专业教学环境的优化原则；以实践为核心是旅游英语专业的目标定位，也是该专业教学方法的基本原则。旅游英语专业主要培养的高素质技能型人才为：拥护党的基本路线，德、智、体、美等全面发展，适应旅游市场发展需要，具有比较扎实的英语语言基本知识，系统掌握旅游行业基本理论知识和综合操作技能，熟悉中国国际旅游业方针、政策和法规，具备较强的英语沟通能力和交际能力，具有创新精神和实践能力，服务于旅行社、签证公司、涉外酒店等行业。

（三）就业岗位及典型工作任务分析

1. 就业岗位

基于专业调研和专业定位研讨，明确了适合北京青年政治学院旅游英语专业学生的就业岗位。

（1）中英文导游

尽管每年都有一大批新导游出现，但是真正带团的导游所占比例较少，旅行社还是需要有经验的导游。传统上，凡是进入旅行社工作的人，大多从导游开始做起，然后逐渐熟悉旅行社的其他各个岗位。旅行社的部门经理和总经理也大多是从导游一步步做上来的。服务行业的实质是与人打交道，做导游是对人际交往的一种很好的磨练，为从事其他岗位打下了良好的基础。

（2）旅游计调和旅游销售

人才市场对于旅游销售和旅游计调岗位的需求量是很大的，这两个岗位也不像旅游策划需要太多的专业知识，更多的是需要从业者善于沟通、富有经验、能够吃苦。如果学生注重培养吃苦耐劳的精神，第三年在旅行社认真实习，毕业后是完全能够胜任这两个岗位的。

（3）出入境服务业务员

近年来出境游人数激增，签证业务市场空前繁荣，市场对出入境服务业务员的需求量逐年上涨。该岗位对从业者的学历要求不高，而是需要从业者既有一定的旅游业务知识又有够用的英语技能，并且具有良好的交际能力和踏实肯干的精神。签证公司的工作稳定性强、薪酬较高、福利待遇好、工作环境舒适，是高职旅游英语专业学生不错的选择。

2. 典型工作任务分析

根据对旅游市场人才需求的调研情况，目前市场最缺乏的是既掌握较高的英语专业知识，又具备较强的英语口语交际能力的高素质旅游英语人才。因此，本专业将人才培养对应的主要就业岗位设定为中英文导游员、旅行社计调员和出入境服务业务员，其典型工作任务及能力和素质要求如表 1 所示：

表 1　职业岗位分析表

工作岗位（群）	典型工作任务	能力和素质要求
中英文导游员	1. 接站服务 2. 行李交接 3. 途中讲解 4. 饭店入住 5. 景点讲解 6. 餐饮服务 7. 购物服务 8. 娱乐活动 9. 送站服务 10. 突发事件处理	1. 具有良好的社会公德和职业道德； 2. 懂得本行业的政策法规并能自觉遵守； 3. 具有认真负责、锲而不舍的敬业精神； 4. 良好的交际沟通能力； 5. 运用英语处理旅游业务的能力； 6. 较强的独立工作能力和特殊问题的处理能力，能分析和处理旅游服务工作中发生的实际问题； 7. 熟悉有关英语国家的风土人情和文化知识，具有跨文化交际的能力； 8. 适应旅游行业的特殊要求，形成良好的礼仪风貌，有良好的心理素质和审美能力； 9. 创新能力、团队合作能力和可持续发展能力。

（续表）

工作岗位（群）	典型工作任务	能力和素质要求
旅行社计调员	1. 信息资料：收集各种资料和市场信息，为有关部门决策提供参考 2. 计划统计：根据本部门的业务要求编制各种业务计划，统计旅行社的各种资料，并做好档案管理工作 3. 对外联络：对外联络和信息反馈 4. 订票业务：旅游团（组）各种交通票据的订购 5. 订房业务：旅游团（组）各种客房的预订 6. 内勤业务 7. 调度变更	1. 具有良好的社会公德和职业道德； 2. 懂得本行业的政策法规并能自觉遵守； 3. 具有认真负责、锲而不舍的敬业精神； 4. 良好的交际沟通能力； 5. 运用英语处理旅游业务的能力； 6. 认真细致的工作态度； 7. 精确的预算能力； 8. 较强的应变能力； 9. 良好的计算机应用能力； 10. 适应旅游行业的特殊要求，形成良好的礼仪风貌，有良好的心理素质和审美能力； 11. 创新能力、团队合作能力和可持续发展能力。
出入境服务业务员	1. 驻华使馆签证代理服务 2. 外国人在华签证服务 3. 中国公民证照服务和翻译服务 4. 公证认证服务	1. 具有良好的社会公德和职业道德； 2. 懂得本行业的政策法规并能自觉遵守； 3. 具有认真负责、锲而不舍的敬业精神； 4. 良好的交际沟通能力； 5. 运用英语处理签证相关业务的能力； 6. 一定的中英文互译能力； 7. 认真细致的工作态度； 8. 良好的计算机应用能力； 9. 创新能力、团队合作能力和可持续发展能力。

（四）构建课程体系

本专业课程主要包含五大模块：综合素质模块、职业基础知识模块、职业能力模块、职业素养模块、其他教学环节。

1. 综合素质模块

本课程模块主要针对学生职业素质和职业能力的需求，着重培养学生正确的思想政治观念，良好的职业道德和品质，良好的沟通与协作能力、信息处理能力、解决问题能力等职业必备素质和能力。主要涉及思想政治素质类、语言类、信息技术类、身心发展类、国防教育类、职业指导类、公共技能综合训练等七类课程，具体情况如下表：

表 2　综合素质模块课程一览表

子模块 / 序号	课程名称
思想政治类课程	毛泽东思想和中国特色社会主义理论体系概论
	思想道德修养与法律基础
	形势与政策
语言文化类课程	大学语文
信息技术类课程	办公软件应用基础
	计算机文化基础
身心发展类课程	大学体育
	大学生心理素质教育
国防教育类	军事理论、军事训练
职业指导类课程	职业生涯与发展规划
公共技能综合训练类课程	实训学期 1（公共技能训练）

2. 职业基础知识模块

职业基础知识模块课程主要从英语语言基础能力和职业发展规划两个方面让学生对专业能力要求及未来职业规划有初步的了解和认知。从英语语言基础能力上来说，要求学生打下较扎实的语言功底，为将来的语言能力测试或考取相关证书作好准备；从职业发展规划上来说，要求学生初步了解旅游业的发展历史，结合旅游业拓展中国历史和地理知识，同时了解旅游法基本原则、基本方法，解决旅游活动中的法律问题等，为有效帮助学生获得导游行业从业资格证书打基础。

表 3　职业基础知识模块课程一览表

子模块 / 序号	课程名称	子模块 / 序号	课程名称
1	导游基础	6	英语语法（词法）
2	专业英语（基础）	7	英语语法（句法）
3	专业英语（初级）	8	中国旅游文化
4	专业英语（中级）	9	初级翻译
5	专业英语（高级）	10	中级翻译

3. 职业能力模块

职业能力课程主要帮助学生进一步拓展基础能力和职业素质。在语言能力方面要更加强化专业能力的培养，突出学生在语言综合能力与实际运用能力等方面的单项训练；在职业能力方面帮助学生理解旅游服务的原则，领会各岗位的素质要求与修养，掌握旅游服务程序及服务质量要求。

表 4　职业能力模块课程一览表

子模块 / 序号	课程名称
理实一体类	英语口语（基础）
	英语口语（初级）
	英语口语（中级）
	英语口语（高级）
	英语听力（基础）
	英语听力（初级）
	英语听力（中级）
	英语听力（高级）
	导游业务
	北京导游
	英文写作基础
	英文写作实务
	旅游英语口笔译实务
	旅游英语视听与讲解
	涉外服务礼仪
	英语速记（旅游）
	旅游英语网络阅读
	旅游客源国概况
	商务英语实务
	饭店英语实务
	旅行社实务
	出入境服务实务
综合实践类课程	实训学期 2（中英文导游职业素质与综合能力实训）
	实训学期 3（出入境岗位职业素质与综合能力实训）
	实训学期 4（旅行社岗位职业素质与综合能力实训）
	毕业实习
	毕业设计

4. 职业素养模块（公共选修模块）

职业素养是指人们从事相应的工作所具备的个性心理品质，是从事专门工作的人自身所必须具备的条件，具体表现为职业道德、职业情感、职业技能、职业习惯等。旅游英语专业课程体系设置了职业素养模块（公共选修模块）供学生选择学习，旨在根据学生个性化发展需求，提升学生的文化素养和人文素质。

表 5　职业素养模块课程一览表

子模块 / 序号	课程说明
素质教育模块	政治、经济、法律、管理、历史、文化、语言、文学、自然科学、美学、艺术、心理、体育等课程
职业技能模块	通用职业能力类课程
	专项技能类课程
	职业资格类课程
	技能提高类课程
其他课程	以上模块不能涵盖的课程

5. 其他教学环节

本模块主要包括入学教育、毕业教育、社会实践等内容，具体如下：

表 6　其他教学环节一览表

子模块 / 序号	课程名称	课程说明
1	入学教育	新生入学教育是学校思想教育、学业指导、生涯规划和生活指引的重要一环。课程主要内容包括：爱国爱校教育、党的基本知识教育、行为规范教育、职业规划教育、安全教育和心理健康教育。
2	社会实践	社会实践活动是学生认识社会、了解国情的重要形式，也是加强大学生思想政治工作、锻炼提高实践能力、拓展自身综合素质的重要途径。社会实践活动要求学生深入城镇、乡村等城乡各地、部队、科研院所、企事业单位，开展社会考察和社会调查活动。
3	毕业教育	毕业教育是大学生在校期间受教育的最后一课，是学校开展大学生思想政治教育工作的重要环节。主要内容包括：理想信念教育、择业观教育、就业形势与政策教育、创业成才教育、诚信教育和心理健康教育。通过毕业教育可以激发学生的爱国主义情怀，培养学生爱校荣校、感恩回报的意识，引导学生树立正确的择业观、就业观、创业观、人生观、世界观。

二、实施以就业为导向的模块化课程体系取得的成效

（一）课程质量方面

英语系开设的课程中，已有2门课程被评为北京市精品课程，达标课程率为100%，优质课程率达到20%。

（二）学生就业方面

根据麦可思数据有限公司提供的“旅游英语专业社会需求与培养质量年度报告主要指标比对”中对2012届毕业生的调研数据，英语系旅游英语专业毕业生就业满意度、毕业半年和毕业一年就业率、月收入、专业相关度、职业期待吻合度、岗位升迁率、专升本率、校友推荐度、校友满意度、核心知识满意度等均超过旅游英语专业全国平均值。

（三）教师队伍方面

1．专职教师队伍

在课程体系构建过程中，专业教师主动提高业务技能，积极参与行业实践。2010年以来，该系85%以上的专业教师到企业挂职锻炼。教师在企业真实的工作岗位上，亲身体验实际工作过程，掌握企业的岗位需求和工作流程，并进一步加深对理论知识的理解，提高专业技能和职业素养，将所学到的经验、专业技能应用于教学，提高教学质量。

2．兼职教师队伍

英语系的兼职教师来自英语培训机构、签证中心、旅行社、文化交流中心、音像公司、电台、出版社等各个行业。他们参与英语系的课堂授课，课程开发，专业建设，学生实训、实习、毕业设计指导等工作，为提高学生的职业技能、丰富学生的实际工作经验提供了很大的帮助。

此外，为了更好地了解学院和英语系的相关政策制度，他们积极参与英语系举办的培训、研讨会等，已经成为英语系师资力量的有力补充。

三、结语

旅游英语专业模块化课程体系充分体现了以就业为导向的高职办学原则。课程体系的目标面向职业岗位群，把增强学生的职业适应能力和应变能力作为基本要素，缩小了学生在校期间所学技能与行业需求之间的差距，实现了旅游英语专业课程体系与相应旅游行业岗位的无缝对接，有利于实现现代高职教育目标。

参考文献

[1] 邓海燕 . 以就业为导向的高职英语模块化课程体系研究 [J]. 咸宁学院学报，2011（5）：161-162，168.

[2] 黄冬梅 . 论我国高职商务英语专业课程体系建设 [J]. 教育与职业，2013（32）：129-130.

[3] 刘东风，钱群雷，周月友 . 高职院校职业素质模块化理论及其实现途径研究 [J]. 科技创新导报，2009（30）：191，193.

[4] 中华人民共和国教育部 . 关于全面提高高等职业教育教学质量的若干意见（教高 [2006]16 号）.

[5] 中华人民共和国教育部 . 关于印发《教育部关于加强高职高专教育人才培养工作的意见》的通知（教高 [2000]2 号）.

职业教育英语教材建设与英语考试教材建设

——以北京青年政治学院为例

闵阅[1]　老青[2]

摘要： 进入新世纪以来，职业教育改革发展围绕重点领域行业和经济社会发展的需要这一特点更为显著，对英语类专业教材建设提出了更具针对性的迫切要求。英语类教材（英语教材和考试教材）建设不仅对各学科专业和产业企业岗位对接、课程内容和职业标准对接、教学过程和生产过程对接、英语能力证书和职业教育证书对接、职业教育和终身教育对接等方面起到促进作用，还能在师资培养、信息化建设、国际化拓展、社会化服务等方面发挥积极的作用。

关键词： 职业教育　英语教材　考试教材

项目来源： 教育部职业教育与成人教育司（教职成司函[2013]184号）“十二五”职业教育国家规划教材选题立项项目：旅游职业英语（项目编号：高等教育出版社680和512、513；主持人：老青）

1　闵阅：高等教育出版社外语与国际汉语出版事业部副总经理，副编审。

2　老青：北京青年政治学院教授，英语系主任。

教材建设始终是促进人才培养质量提升的重要保证之一，北京青年政治学院始终高度重视各类英语教材的建设。自 2003 年以来，作为主编单位（之一），北京青年政治学院出版了英语教材 34 册，其中英语听力与速记实训类 15 册，公共英语基础类 2 册，国家外国专家局、北京市人民政府外事办公室及北京市民讲外语活动组委会考试专项教材 17 册；参编教材 4 册，其中“十一五”国家规划教材专业英语基础类 2 册，旅游专业非英语类 2 册。其中《实用英语速记基础教程》和《实用英语视听速记实训教程（旅游专业）》2 册被评为北京市高等教育精品教材成果。教材建设成效在北京地区独立设置的高职院校英语类教材建设中名列前茅。2014 年主持“十二五”职业教育国家规划教材立项项目 2 项，包括高等教育出版社出版的《旅游职业英语》（新编 10 册、改版教材 2 册）、北京语言大学出版社出版的《新航标职业英语》（改编 2 册、改版 1 册）。本文将从“十二五”职业教育国家规划教材建设、文科院校高职英语实训教材建设、国外原版教材引进与考试教材建设等方面进行梳理总结，分享教材建设在促进职业院校英语教学改革、英语教师发展和学生培养过程中所取得的成果。

一、“十二五”职业教育国家规划教材建设

（一）教材立项情况（以教育部职成司审批立项文件为准）

北京青年政治学院主编的“十二五”职业教育规划教材建设立求实现“五新”，即理念新、结构新、形式新、内容新、队伍新；兑现“两接”（外部对接、内部衔接），即与就业岗位群有效对接，与岗位核心技能有序衔接；营造“三化”，即职场工作文化环境、行业企业文化环境和跨文化交流环境，确保职业素质与专业能力有机结合，课证、课赛融通互促。

表 1 “十二五”规划立项教材一览表

<table>
<tr><th colspan="2">旅游职业英语
（新编系列）</th><th>新航标职业英语
（系列之三）</th><th>英语速记
（改版系列）</th></tr>
<tr><td>听说实务（第 1 册）</td><td>读写实务（第 1 册）</td><td rowspan="2">英语写作实训教程
（旅游专业）改版</td><td rowspan="2">文秘英语速记
（单机版软件）</td></tr>
<tr><td>听说实务（第 2 册）</td><td>读写实务（第 2 册）</td></tr>
<tr><td>听说实务（第 3 册）</td><td>读写实务（第 3 册）</td><td rowspan="2">空乘及旅游英语听说
（原版引进改编）</td><td rowspan="3">实用英语视听速记实训教程（旅游专业）
（单机版软件）
（网络交互平台）</td></tr>
<tr><td>口笔译实务（第 1 册）</td><td>口笔译实务（第 2 册）</td></tr>
<tr><td>中国旅游地理
（英文版）</td><td>英语报刊选读
（英文版）</td><td>酒店饭店英语视听说
（原版引进改编）</td></tr>
<tr><td colspan="2">总主编：老青</td><td>分册主编（之一）：
老青</td><td>单册主编：老青</td></tr>
</table>

（二）教材基本框架（以《旅游职业英语》系列为例）

《旅游职业英语》围绕旅游行业重点岗位群与核心技能分模块设计。其中，景点景区模块（基础—提高—综合）包括了景点景区场馆导游（含讲解员）、线路导游、出境领队等岗位；旅行社模块（基础—提高—综合）包括了旅游销售管理、团组计调、证照票务、客服咨询等岗位；酒店模块（基础—提高—综合）包括了前台接待、销售行政、客房餐饮、娱乐休闲、客服会务等岗位。各分册及模块具体结构分解如下：

表 2 听说实务（第 1~3 册）、读写实务（第 1~3 册）框架

<table>
<tr><td>听说读写—1
主题内容</td><td>Scenic Spots
景点景区导游
场馆讲解员
（境内为主）</td><td>Travel Agencies
涉外旅游咨询
涉外旅游销售
涉外旅游证照
（境内为主、境外为辅）</td><td>Hotels
涉外酒店接待
涉外酒店前台
涉外酒店销售
（境内为主）</td></tr>
<tr><td>听说读写—1
单项核心能力</td><td colspan="3">听读（Imitation）+ 听写（Dictation）
会话（Conversation）+ 陈述（Presentation）
精读（Intensive Reading）+ 泛读（Extensive Reading）
基础写作（词、句、段、篇）</td></tr>
<tr><td>素质培养</td><td colspan="3">涉外旅游礼仪常识（境内 50%；境外 50%）</td></tr>
<tr><td>文化风采</td><td colspan="3">中国传统文化知识（京内 50%；京外 50%）</td></tr>
</table>

听说读写—2 主题内容	Scenic Spots 境内地接 入境全陪 （境内→境外）	Travel Agencies 出入境计调 出入境团组 出入境客服 （境内→境外）	Hotels 涉外酒店客房 涉外酒店餐厅 涉外酒店休闲 （境内→境外）
听说读写—2 单项核心能力	听记（Note-taking）+听释（Interpretation） 演讲（Speech）+研讨（Discussion） 精读（Intensive Reading）+泛读（Extensive Reading） 应用写作（表、函、信、文）		
素质培养	涉外旅游安全常识（境内 50%；境外 50%）		
才艺风采	中国传统技工技艺（京内 50%；京外 50%）		
听说读写—3 主题内容	Scenic Spots 境外地接 出境领队 （境外）	Travel Agencies 涉外旅游娱购 涉外旅游休闲 涉外旅游管理 （境内→境外）	Hotels 涉外酒店会展 涉外酒店行政 涉外酒店管理 （境内→境外）
听说读写—3 综合实操能力	根据全套出入境旅游的工作流程编制 （导游实务项目 1~2、旅行社实务项目 3~5、酒店实务项目 6~8） 根据英语语言核心技能综合应用编制		
素质培养	涉外旅游应急常识（入境 50%；出境 50%）		
竞技风采	职业技能大赛与职业资格证书 （大赛 50%；证书 50%）		
课证对接：英语导游员资格证（初级、中级），酒店英语证（初级、中级），领队证（初级），商务英语证（初级、中级），旅游咨询师证（初级），旅游礼仪师证（初级），旅行社计调师证（初级）等。			

（三）教材创新特色（以《旅游职业英语》系列为例）

《旅游职业英语》以英语为主线，以旅游行业知识为载体，以培养语言实际应用能力为龙头，以强化岗位实操技能为核心，以提高职业竞争力和岗位提升潜力为目标。

《旅游职业英语》注重语料选择的多元文化性与职场实用性，充分体现时代性、适用性、趣味性、多样性和语言规范性，并融入人文思想，使学生在学习英语的同时扩展个人视野，提高人文和科学素养。在选材上遵守“真实、实用”原则，确保专业岗位实操技能内容和英语听说读写译内容有机融通，有效培养学生在今后工作实践中的应用能力。

《旅游职业英语》注重语料制作效果的开放性和实效性，提高学生在全球化环境和真实工作中与异质多元文化人群用英语工作的能力，具备准确地理解和交流能力，为学生搭建体验国际化环境的平台。

《旅游职业英语》配套数字化资源丰富，软件光盘为教师和学生提供教学参考、背景材料、补充材料等。网络服务与管理平台为教师和学生提供开放的学习、查询、指导与交流平台，提供更多的语言输入材料和教学辅助材料，为教与学提供一个真实的语言学习环境。

《旅游职业英语》是专门为高职旅游类专业师生编写的集传统介质、软件光盘、网络实训平台为一体的英语教材，与新的旅游英语专业目录和专业建设标准完全吻合。

（四）总结与反思

1. 教材建设与专业基础调研相结合

要坚持英语类专业基础调研工作，在深入行业企业和国内同类院校开展专业调研的过程中，注重搜集一线岗位群实际案例，了解现有教材应用在人才培养质量中的影响因素，分析研讨专业英语类教材建设的实用性、职业性、前瞻性和再生性，为不断优化专业定位、拓展专业方向、整合教学资源、提升教材建设质量奠定扎实的基础。

2. 教材建设与师资队伍建设相结合

要把组织一线教师编写教材的过程视为教师发展和队伍建设的有效手段之一。为此，应坚持教师全员参与教材编写工作制，积极搭建与教师教科研项目配套执行的平台，认真帮助教师解读教材与专业建设、教材与课程设置、教材与教学实施、教材与信息化、教材与教师发展的相关性，注重有序开展教材的设计、选材和编纂等基本功培训，做到“编中学—学中编→编中思—思中编”，为提高教材应用的实效性奠定良好的基础。

二、文科院校高职英语实训教材建设

（一）教材立项情况（以北京市教育委员会立项通知文件为准）

北京青年政治学院主编的英语类系列实训教材遵循以听力为主线的原则，将英语语法、英文写作、英汉翻译列为切入点，重点围绕文科类专业（教育、社会工作、法律、商务、秘书、旅游、新闻等）基础知识，搭建了基于信息化环境下“小领域、大需求”的速录速记技能实训平台。

表 3　高职英语实训教材成果及依托项目一览

北京市高等学校教育教学改革立项项目（2006 年）	北京市高等教育精品教材立项项目（2007 年）	北京市高等学校精品课程建设专项（2008 年）	北京市属高等学校人才强教深化计划－创新人才专项（2009–2011 年）
英语听力速记基础训练教程（含单机版软件）北京理工大学出版社 2007.3	实用英语速记基础教程（含单机版软件）高等教育出版社 2008.9	新编英语听力速记训练教程（含单机版软件）世界知识出版社 2008.1	实用英语视听速记实训教程（含单机版软件和网络版交互平台）高等教育出版社 2011.12
2013 年第 1 版第 2 次印刷	2011 年北京市精品教材成果 2014 年课件参赛	分学科 10 种再版	2013 年北京市精品教材成果 2011 年部分课件参赛获市级优秀奖
主编：老青	主编：老青	总主编：老青	主编：老青

（二）教材基本框架（以《实用英语视听速记实训教程（旅游专业）》为例）

《实用英语视听速记实训教程（旅游专业）》实训模块包括：关键词笔记（词、句、段落为主）、大纲式笔记（段落、篇章为主）、图解图示笔记（篇章为主）和问答式笔记等。

《实用英语视听速记实训教程（旅游专业）》（纸质图书）由两部分组成，第一部分的语料选取着眼于导游员岗位工作内容，如接送游客、景点讲解等；第二部分的语料选取基于中国文化相关内容，包括中国文字、饮食、节日、少数民族等。每个单元英语速记技能模块编排结构如下：

表 4　英语速记技能模块编排结构

模块	实训任务		实训技能
Part One	3 Tasks	Word Dictation（听写） Spot Dictation（听记） Note-taking Card（笔记卡）	句中关键词记录 段中关键词记录 图解图示笔记
Part Two	4 Tasks	Compound Dictation（听释） Comprehensive Dictation（听译） Note-taking Folder 1（笔记夹） Note-taking Folder 2（笔记夹）	大纲式笔记 英汉诠释笔记 图解图示笔记 1 图解图示笔记 2
Part Three	1 Task	FAQs（Frequently Asked Questions）	问答式笔记

（三）教材创新特色（以《实用英语视听速记实训教程（旅游专业）》为例）

《实用英语视听速记实训教程（旅游专业）》注重语料选材的语篇结构特点，具体表现为 Part One 侧重选择的语篇结构为 Time、Process、Space，Part Two 侧重选择的语篇结构为 Generalization & Example、Definition、Comparison & Contrast、Classification，并在每个单元的 Structure Spot 栏目中予以相关说明。

《实用英语视听速记实训教程（旅游专业）》注重语料制作效果的开放性和实效性，提高实训者在全球化环境和真实工作中听懂各类人群讲英语并准确记录相关信息的能力。语料朗读者来自多元文化背景的外籍人士，也有中国学生，实训者真正体验应对非标准英语环境下的速录与速记实训。

《实用英语视听速记实训教程（旅游专业）》注重实训分类指导性栏目的设计，除 Structure Spot 以外，还设有 Skill Spot（针对语料的笔记技巧予以指导）、Notes Spot（针对语料的符号及缩写予以提示）、Corpus Spot（针对语料的综合性笔记结构常识予以说明）和 Vocabulary Spot（针对语料涉及的相关词汇予以补充）等。

《实用英语视听速记实训教程（旅游专业）》配有交互式助学型实训软件（单机版和网络版）。软件由两部分组成，即课内实训和课外实训。课内实训与纸质图书的内容完全一致，旨在方便教师开展英语速记技能实训的讲解与演示（如前述）；课外实训无纸质图书（存于光盘软件中），旨在帮助学生以限时性或非限时性等形式完成拓展性自主实训与测试，包括听写实训（全文听写速录、节选听写速录）、听记实训（文本图卡匹配、图卡识记排序）、听释实训（信息关键词释记、结构信号词识记）、听译实训（中文关键词释译、中文摘要释译）等。此外，单机版光盘软件中设有课内外实训语料的音视频文稿（配有中文大意）、参考答案（含笔记卡、笔记夹）等。

（四）总结与反思

1. 教材建设与现代信息技术相结合

要更新教材数字化设计理念，创新立体化教材编写思路，自主开展英语教材信息化建设，积极鼓励师生应用信息技术与手段完成教与学等各项任务，整体提高教材信息化及其应用水平。北京青年政治学院主编出版的所有英语实训教材配套的单机版软件集成了文字、图片、音视频等多种媒体，并辅以多种交互操作模式，有效地将英语知识学习和技能训练与现代信息技术融为一体，构建了“课内课外”与“线上线下”教与学的平台，扩展了纸质教材的再生空间和实用价值。

2. 教材建设与实践教学环节相结合

要更新教材实践、实训环节设计理念，创新教材编写工学结合的思路，整体提高教材的实践教学应用效果。北京青年政治学院主编研发的所有与英语实训教材配套的单机版软件均为在校学生的专业实训、毕业设计成果，均属于北京市大学生科学研究与创业行动计划项目的学生成果，教材本身实践环节的设计与编制是教师和学生真实项目的展示，软件制作过程的本身即为学生工学结合的实践产品，也是取之于学生用之于学生的实践成果，并受到认可，成为高职文科类专业英语实践实训教材的范例（参见出版教材中学生作者名单）。

三、国外原版教材引进与考试教材建设

（一）教材立项情况（以北京市相关部委专项通知文件为准）

北京青年政治学院参与主编的英语系列考试类教材遵循的原则是：

以促进英语学习兴趣的提高为突破口，以促进良好英语学习习惯的养成为出发点，以促进英语各项能力自我发展为落脚点，改变为考试而考试的测试训练单一环境。

表 5　英语考试教材成果及依托项目一览

北京市人民政府外事办公室 北京市民讲外语活动组委会专项项目 （北京英语水平考试）		国家外国专家局培训中心专项项目 北京市优秀人才培养专项（青年骨干专项） （全国出国培训备选人员外语水平考试）
标准教程 1~3 级	学习指导 1~3 级	BFT 写作
同步训练 1~3 级	全真模拟 1~3 级（5 册）	BFT 阅读
高等教育出版社，2006.5-2009.3		辽宁大学出版社，2004.8
主编 / 副主编之一：老青		主编之一：老青

（二）教材基本框架（以《北京英语水平考试标准教程》为例）

北京青年政治学院参与主编的《北京英语水平考试标准教程》1~3 级是在英国剑桥大学出版社出版的剑桥通用英语证书考试（KET、PET、FCE）英文原版考试用书的基础上改编的。

表 6 《北京英语水平考试标准教程》1~3 级模块结构

语法活页夹	词汇活页夹	写作活页夹	复习活页夹	自学活页夹	测试活页夹
Grammar Folder	Vocabulary Folder	Writing Folder	Revision	Self-Study Folder	Exam Folder
根据微观知识设定	根据级别水平设定	根据微技能分解设定	根据学习进程设定	根据复习重点设定	根据测试认知体验设定

（三）教材创新特色（以《北京英语水平考试标准教程》为例）

《北京英语水平考试标准教程》突破国内传统考试教材的编写模式，以日常生活和工作话题为纽带，将英语语言学习和英语能力应试训练有机地结合起来，既有助于提高综合英语水平，又规避了机械枯燥的备考模式，大大增强了教材的趣味性和实用性。

《北京英语水平考试标准教程》中设计的各类活页夹有序编排，其重点均放在了英语语言实际应用能力的训练上，初步营造出微缩型“翻转课堂”学习模式与应用环境，引领读者以英语为主线开展轻松学、学中练、练中测、测中用的体验，发挥了“体验英语、体验快乐”的功效。

（四）总结与反思

1. 考试教材与社会服务相结合

要突破传统考试教材的设计理念，自主转变“单向题型题解”模式的编写思路，认真汲取原版引进考试教材的营养成分，创新性地构建具有游戏特色的多形态学练体系，对延长教材的生命线、拓展教材的适用人群、提升教材社会服务价值起到一定的促进作用。

2. 引进教材与中国特色相结合

在改编原版引进教材中，既要注重与中国特色相结合，以满足本土化英语语言知识与应用能力的教学之需，又要注重与异域文化特色相结合，以满足跨文化交流与国际化社交实践体验之需。

总之，职业教育英语教材的顶层设计要跳出“唯英语”的圈圈，教材建设要提升宏观视野，夯实微观内涵；教材编写既要从行业视角、企业视角切入，强调职业性和针对性，又要从教师视角、学生视角出发，突出应用性和实用性，要力争在教材建设的信息化、标准化、国际化、社会化等方面不断有新的突破。

参考文献

[1] 葛道凯．搜狐访谈：教育部职业教育与成人教育司葛道凯司长谈职教热点．中国高职高专教育网（http://www.tech.net.cn/web/index.aspx），2014-02-28.

[2] 老青．实用英语视听速记实训教程 [M]. 北京：高等教育出版社，2011.

[3] 老青．英语实践实训教学设计 [M]. 北京：世界知识出版社，2014.

[4] 王晓明，老青．北京英语水平考试标准教程 [M]. 北京：高等教育出版社，2009.

[5] 中国就业培训技术指导中心编．职业概论 [M]. 北京：中国劳动社会保障出版社，2009.

高职翻译教材建设原则与思路

刘晓晶[1]

摘要： 翻译教材是翻译课程教学重要的组成部分，翻译教材建设在翻译教学和实践中的地位举足轻重，教材质量的优劣对教学质量的高低有至关重要的影响。随着社会对英语翻译人才需求的不断提高以及高职教学要求对英语相关课程的教学目的、形式、内容等方面要求的不时推陈出新，高职翻译教材的编写原则和思路也随之有所改变和侧重。探讨新形势下高职翻译教材的建设原则与思路，对编制符合语言学及教学规律、体现社会及师生需求并切实提高翻译知识、水平、能力的教材意义重大。

关键词： 高职 教材 翻译 课程

项目来源： 教育部职业教育与成人教育司（教职成司函[2013]184号）"十二五"职业教育国家规划教材选题立项项目（项目编号：高等教育出版社680；主持人：老青）

1 刘晓晶：北京青年政治学院英语系讲师，英语系实训主任。

一、高职翻译教材编写要求

什么才是好的英语教材？教育部教材审定委员会专家组组长刘道义认为，好的英语教材，它的编写应符合四个方面的基本要求，即符合国家各项政策法规，符合国家课程标准，符合学生的发展要求，符合各地教改实际。“符合国家各项政策法规”指教材要符合中国的国情，包括中国的人口、民族、经济、政治、外交等政策以及交通、环保等方面的法律法规。“符合国家课程标准”指教材要根据各类“英语课程教学基本要求”而编写，在课程目标、基本理念、实施建议等方面符合“基本要求”的相关规定。“符合学生的发展要求”指教材要立足于学生的实际情况，注重学生的个性和潜能发展，在最大程度上满足学生对于知识技能的需要。“符合各地教改实际”指教材要符合当地教学改革的进程，考虑到当地英语教育的师资、软硬件设备以及城乡差异等因素。

《高等教育“十二五”全国规划教材编写要求》（下文简称《编写要求》）为优秀教材的编写提供了一些参考标准，其中一些要求也适用于英语教材的编写。《编写要求》指出，教材内容应符合教学大纲的要求，教学的方式和方法要有创意，要有明确的教学目标，要能够重点解决教学中的难点和重点，同时注意教材的思想性、启发性和适用性。另外，教材的编写要理论和实际相联系，注意培养学生分析问题和解决问题的能力。教材要使学生对相关领域的问题进行拓展和思考，启迪学生的遐想空间。在教材内容上，要以学生为本、为教学服务。适时地去除教材中比较陈旧的内容，增加教育教学中前沿的内容。最后，教材的编写要循序渐进、由浅入深、由易到难。

结合上述英语教材和国家规划教材的编写要求以及高职翻译教学大纲的相关内容，高职翻译教材的编写需要遵循以下几点要求：

（1）遵循英语语言学、汉语语言学以及翻译学的一般理论，体现相关学科的前沿动态。

（2）要将翻译理论与翻译实践有机结合在一起，使讲解与练习相辅相成。

（3）要体现高职特色，以培养“技术型”、“应用型”、“复合型”英语人才为目的。

（4）要符合高职“课证结合”的要求，将适合学生级别的翻译证书考试的题型和内容巧妙融入到教材当中，例如，全国外语翻译证书考试英语四级笔译证书和四级口译证书等。

二、高职翻译教材编写原则

教材编写除了需要按照一定的要求进行外，还需要遵循一些具体的原则。其实，从事教育教学研究的人们一直没有停止对教材编写原则的探究：1988 年赵贤州提出教材编写的四性原则，即针对性、实践性、趣味性、科学性；1993 年吕必松提出教材编写的普遍原则，即实用性、交际性、知识性、趣味性、科学性、针对性；束定芳等人在 1996 年出版的《现代外语教学》中，概括了教材编写的六个原则，分别为真实性、循序渐进、趣味性、多样性、现代性和实用性；刘珣则把教材编写归纳为针对性、实用性、科学性、趣味性与系统性等“五性”；2004 年李泉在总结前人成果的基础上进行了有效补充，提出了第二语言教材编写的十大通用原则，即定向原则、目标原则、特色原则、认知原则、时代原则、语体原则、文化原则、趣味原则、实用原则、立体原则。

结合上述教材编写的一般原则以及高职高专翻译教学大纲的相关内容，笔者认为高职翻译教材需要遵循以下“九性一化”的原则：

1. 实用性原则

实用即有用，即教材要在师生的教与学中派上用场。教材在编写前应该明确编写目的和实际应用价值，教材的内容要尽量满足学生的学习和将来工作的需求。同时，教材要满足教师授课的需求，成为教师课堂教学的有力保障。

2. 真实性原则

即翻译的语料要来自于各行各业的具体工作岗位，要反映实际的工作内容，这样可以突出高职“产学研”一体化的教学理念，并增强教材的实践性。另外，真实的语料也更能引起学生的兴趣。

3. 创新性原则

即有新意、有特色。每年都有很多高职翻译教材面市，有创意并在某些方面具有鲜明特色的教材会获得更高的关注度。教材的创新和特色可以体现在多个方面，例如将儿童绘画和英汉翻译结合在一起的教材，将旅游和翻译结合在一起的专业翻译教材，将文体学和翻译结合在一起的教材，将翻译与写作结合在一起的教材，等等。

4. 时代性原则

教材的更新之所以比其他类型的书籍快是因为教材要紧跟时代的步伐，反映最新的教育教学理念，体现新的教学大纲的要求，适应新的课程标准，符合不同时代学习者的不一样的需求。翻译教材更是如此。就新闻翻译而言，新闻语料的时效性很强，如果仍然对几年前的新闻进行翻译，估计学生会兴趣索然。另外，翻译涉及两门语言，然而语言的更新是随时存在的，每年都会有一些新词、热词出现，如果能及时将其反映在教材中，就会让使用者产生共鸣。因此，翻译教材要反映语言的发展，反映新时代青少年的生活和精神面貌，反映社会的发展和科技的进步。

5. 针对性原则

主要指教材针对的专业领域及适用者。通常而言，教材针对的领域决定了它的适用者，高职翻译教材的适用者为高职英语相关专业的学生或对翻译感兴趣的入门学习者。教材的针对性越强、越集中在某一细分领域，其适用者就越少。例如，《大学英语》广泛应用于本科院校的大学英语教学中，而《高职高专旅游英语翻译》的使用则主要集中在高职高专的旅游英语专业教学中。依笔者之见，以岗位为导向的高职翻译教材应有较强的针对性，在翻译的一般理论和技巧的介绍外，要增加更多针对专业领域的内容。

6. 系统性原则

系统性主要表现在两个方面。第一，教材要做到系统、全面地反映一门课程的内容。第二，教材不是孤立存在的，要与配套的教师用书互为补充；如果作为系列教材的分册，则要与其他分册在内容上保持衔接，形式、风格上保持一致。高职英语翻译教材的系统性体现在对翻译技巧系统的介绍和讲解，要包括直译意译、增译减译、正译反译、拆译合译等一系列常见翻译技巧。另外，如果以职业岗位为主题编写翻译教材，则应对岗位涉及的主要内容进行系统、全面的介绍，例如，商务英语翻译应该尽量涉及销售、商务合同、广告、国际贸易、电子商务，等等。

7. 认知性原则

教材编写要符合学习者的认知规律。在翻译教材编写中，内容的铺陈要循序渐进，难度要由浅入深。从翻译内容的多少看，教材应该先讲解词汇、短语的翻译，然后是句子翻译，最后是语篇翻译。从翻译过程看，口译教材应该先描述听辨技巧，然后是笔记技巧，而后是视译，遵从这个从听到记到译的全过程。此外，教材要有利于学生拓展思维、增强思辨能力，要能培养使用者独立学习和自主学习的能力，继而为其终身学习创造条件。

8. 文化性原则

翻译教材的文化性可以从两个角度予以呈现，即源语文化和目的语文化，通常为中国文化和英语国家文化。语言、思维和文化密不可分，相辅相成，语言承载着文化，因此翻译除了是语言的转换外，还是思维的改变以及文化的渗透。好的翻译教材一定要很好地体现两种语言各自代表的文化，在翻译技能之外，培养学生的跨文化交际意识，对于一些旅游、法律、艺术等专业的翻译教材而言更是如此。

9. 趣味性原则

趣味性对于教材的重要性不言自明。对于初学者而言，有趣的教材能快速抓住他们的注意力，激发学习兴趣。如何在翻译教材中体现趣味性呢？高职学生与中小学生有所不同，除了在形式上——页面颜色、插图、标题、字体等方面下功夫外，更应该注重内容的趣味性。这就需要了解他们的思想动态、价值观，迎合他们的审美需求。翻译的语料要贴近他们的生活，抓住他们的兴趣点。

10. 立体化原则

立体化是教材建设和发展的新方向。立体化一方面指教材除了学生用书外，还应该包括教师用书、学生练习册、实训指导教程等配套用书；另一方面指教材不仅局限于纸质文字的书籍，还要充分利用现代教育技术和科技手段增加一些图片、声效、影音等多媒体制作。由此可见，教材立体化发展后，教材的形式更加丰富，在此基础上，教师组织课堂的手段、授课的方式也更加灵活。在学习效果上，立体化教材能充分调动学生听、说、动手等各种能力，增加了学习的趣味性，学习效果也随之增强。

综上所述，要编写优秀的高职翻译教材，需要遵循一定的要求和原则。只有这样，教材才能体现时代的特色，满足师生的需求，成为课程的有力支撑。

三、高职翻译教材建设现状

近年来，随着高职英语教育的蓬勃发展，大量的高职英语教材出版问世，高职翻译教材也不在少数。这些教材的编写情况如何？是否体现了上述教材编写的一般原则？是否体现了高职教材实用、创新、趣味性等特点？

（一）目前高职翻译教材的特点

在《国内高职高专翻译教材现状分析（2000—2012）》一文中，作者对 2000 年到 2012 年出版的 49 本高职高专翻译教材进行了研究，发现这些教材具有以下特点：

1. 笔译教材数量远远多于口译教材数量

在进行分析的 49 本教材中，笔译教材在数量上占有绝对优势，共计 41 本，占 84%；口译教材 7 本，占 14%；口笔译综合类教材仅 1 本，占 2%。

2. 英译汉的教材多于汉译英的教材

49 本中有 41 本为英译汉教材，占 84%；汉译英教材 4 本，占 8%；英译汉和汉译英都涉及的翻译教材仅有 4 本，占 8%。

3. 商务翻译类教材居多

通过对教材的内容和主题统计发现，商务翻译类教材最多，共 23 本，占 47%；实用翻译教材共有 9 本，占 18%；外贸翻译 2 本，占 4%；会展翻译教材 1 本，占 2%；导游翻译教材 1 本，占 2%；翻译考试类教材 4 本，占 8%。

除了上述特点外，笔者发现高职翻译教材还普遍具备以下三个方面的特点：

1. 注重实践，突出实用性

翻译教学需要理论联系实际，体现在翻译教材上，即既要有理论介绍，又要有翻译实践。相比较本科翻译教材，高职翻译教材对翻译理论的处理较为简单，不会长篇赘述，通常只是利用一个单元或在每个单元的开篇处或结尾处对翻译的定义、标准、过程等进行简单说明。而对翻译的发展史，中西方翻译理论、流派及其代表人物等知识则鲜有提及。这跟高职教育的特点有关，注重实践，突出实用性，重在解决实际问题。另外，理论通常较为枯燥，而丰富的实践活动会极大地激发学生的学习兴趣。

2. 注重技巧，突出练习

绝大多数翻译教材会对翻译技巧进行讲解，并附有大量的练习。翻译技巧通常包括直译法和意译法、增词法和减词法、词类选择和引申、词类转换、拆分法和合并法、正译法和反译法、定语从句的译法、强调句的译法等。口译技巧通常包括听辨、笔记法、视译等。只有掌握了一定的翻译技巧，翻译实践能力才会得到很大的提升。

3. 注重应用文体，突出岗位特色

高职翻译教材的主题通常与工作岗位挂钩，例如商务、旅游、酒店、汽车等。即使是翻译综合教程，内容也多以应用文体为主，如名片、明信片、邀请函、企业介绍、广告等。这些应用文体与学生将来的工作密切相关，对这些文本的翻译不仅能积累翻译知识，还能储备专业知识，一举两得。

（二）高职翻译教材存在的问题

1. 译例的选择

有些教材在译例的选择上过于随意，有很大的重复性。句子译例通常与教材的主题不相关，体现不了职业特色。有时候句子译例过短，没有上下文很难理解。

2. 没有配套的教师用书

现在绝大多数翻译教材只有学生用书，并没有编写配套的教师用书，教师需要花费大量的时间制作与教材配套的课件，查找课外资料，并自行设计课堂活动，费时费力。

3. 教材的实训特色尚未有效凸显出来

实训是高职的显著特点，也是教材编写中需要融入的重要内容。到目前为止，与翻译相关的“实训教程”或教材中的“实训项目”少之又少。虽然教材的主题和内容尽量体现岗位特色，但是对于真实工作环境的模拟尚显不足。实训是“实习”加“培训”，是对学生进行动手能力的实际训练。作为职业化培养非常重要的一个环节，实训需要给学生营造一个企业的实际操作环境，这就需要教材中采用真实工作中的实际案例。而目前教材的练习虽然与岗位有关，但是并不系统，没有以岗位任务为中心形成体系，多为孤立的语篇。

四、高职翻译教材开发的新思路

基于上文对高职翻译教材编写现状的分析，笔者认为教材建设可以从以下几个方面入手：

1. 增加口译教材以及口笔译综合教材的开发

由于口译涉及听力、口语、翻译等多种英语技能，并且对学生的英语基础知识要求较高，因此口译课一直是很多高职英语专业尚未开设的课程，高职口译类教材也相对较少。但是随着社会对涉外文秘、导游、导购等岗位的不断需求，相关领域的口译人才培养刻不容缓，应该加紧对专业领域初级口译或口译入门教材的建设与开发。

2. 增加汉译英教材以及英汉—汉英综合教材的开发

虽然高职阶段的学生应该主要掌握英译汉的翻译技能，但是实际工作中会遇到很多汉译英的情况，因此应该在汉英教程或英汉—汉英综合教程的建设上下些功夫。尤其对于旅游英语专业的学生而言，在接待国外游客的过程中，会涉及大量中国景区景点、建筑、历史文化的讲解，汉译英技能显得尤为重要。

3. 增加旅游、会展类翻译教材的开发

目前高职翻译教材以商务类居多，随着旅游业、会展业以及其他行业的迅猛发展，相关领域的翻译教材也应该加紧开发，并且要根据实际需求，编写口笔译综合、英汉—汉英综合教材。

4. 增加翻译实训教材的开发

在未来的高职教材开发中，要将岗位有效地融合在翻译技巧和练习当中，着力突出实训特色；要使教材能够实现让学生在模拟的工作环境中完成各类翻译任务；要将行业翻译标准引用到教材当中。

5. 增加机器翻译教学方面的内容

机器翻译已经深深地渗入到人们的学习和生活当中。面对翻译任务，很多情况下，学生直接将其录入到翻译网站或网络翻译工具中依靠机器翻译，然后稍作改动或原封不动地上交，学生并没有通过翻译任务得到锻炼。如何利用网络机器翻译来锻炼学生的翻译技能呢？众所周知，网络翻译仅仅把原文中能够识别的词或词组进行翻译，而句子结构和时态则很难保证。教材可以结合学生实际需要，介绍常用的在线翻译方法和技巧，讲解如何将机器翻译进行修改，最终形成合格的人工翻译。相信这样的教材会受到学生的欢迎。

教材建设是课程开发重要的组成部分，高职翻译教材的编写要紧随时代的步伐，反映社会和师生的需求，体现高职英语教育的特色。编写与选用具有时代性、实用性、趣味性、文化性的翻译教材是每位从事翻译教学工作的教师需要完成的任务。

参考文献

[1] 方祯鑫 . 高职高专翻译教材编写的现状、问题与原则 [J]. 英语广场，2013（4）：48-50.

[2] 苟丽梅 . 国内高职高专翻译教材现状分析（2000—2012）[J]. 甘肃高师学报，2013（18）：130-132.

[3] 李泉 . 第二语言教材编写的通用原则 [A]. 中国应用语言学会 . 第三届全国语言文字应用学术研讨会论文集 [C]. 香港：香港科技联合出版社，2004. 447-460.

[4] 刘道义 . 浅议英语教材的评价标准 [J]. 教育实践与研究，2004（12）：14-16.

[5] 人民美术出版社艺术教育专家委员会编 . 高等教育“十二五”全国规划教材编写要求 [M]. 北京：人民美术出版社，2009.

浅谈旅游英语教学中的素质养成教育

——以“中国旅游文化”教法改革为例

刘卫红 [1]

摘要： 随着毕业生人数的增加，就业竞争愈演愈烈，就业市场对人才提出了不同层次的需求，而毕业生的素质在就业面试及职场上也起着至关重要的作用。因此，大学生的素质教育及养成早已成为高校教育的重要环节。本文从企业需要员工具备的基本素质中的四项入手，即注重细节、自我学习、沟通技能、团队精神，以笔者所在院校的旅游英语专业教学为例，论述了理论教学与实践教学中如何对高职学生进行素质教育，帮助其素质养成。

关键词： 素质教育 旅游英语 高职学生

项目来源： 2014 年北京青年政治学院教育教学建设项目“中国旅游线路设计方案实训教学探索——基于“中国旅游文化”课程的教学改革”(自选项目编号 04；主持人：刘卫红)

1 刘卫红：北京青年政治学院英语系教师，副教授。

随着社会经济与体制改革的快速发展，近20年来，中国的高等教育已经从精英教育向大众化教育转型。今天的大学毕业生早已不再拥有毕业包分配的精英特权，而是不得不在毕业之后面对就业市场的优胜劣汰。随着毕业生人数的增加，就业竞争愈演愈烈，就业市场对人才提出了不同层次的要求，而毕业生的素质在就业面试及职场上也起着至关重要的作用。因此，大学生需要具备更高的素质和能力去适应就业市场的激烈竞争。

统计表明，大约超过一半或者更多的人毕业后不能从事本专业的工作，甚至不能从事与本专业相关的工作。这时候基本综合素质的高低，往往比专业技术更能在其职业生涯中起到至关重要的作用。企业在招聘新员工的过程中，如果专业技术相同的情况下，企业往往倾向于聘用综合素质高的求职者，在招聘毕业生时更愿意培养那些综合能力较强的求职者。根据调查，企业对员工的要求最重要的几项为：注重细节、自我学习、沟通技能、团队精神。下面就以笔者所在学校旅游英语专业教学为例，谈谈在课堂内外如何对学生进行这几方面的素质教育与养成。

一、注重细节

可能很多人都听说过这样一个应聘的例子：面试过程中，考官事先将面试地点弄得一团糟，再将扫帚横放于大门口，然后观察应聘者对此的反应。结果几乎所有的应聘者对此熟视无睹并“大方地”跨过了横在门口的扫帚。最终只有一个人将扫帚捡起，并将地上的垃圾清扫干净。这样，被录取的幸运儿就是他了，其他的人都被淘汰。道理很简单，就因这名应聘者是个注重细节的人！

笔者所在学校的旅游英语专业教室基本都是每桌一台电脑。为保证电脑不受损及环境的整洁，教师要求学生不在教室吃东西，把水杯放在窗台上，离开教室前关闭电脑，并随身带走垃圾，不在课堂上随便接打电话等。教师在课前、课中、课后一直在强调这些，但始终有学生置之不理，有时还反驳教师，常常置教师于尴尬之地。面对这种情况，教师绝不能采取听之任之的态度。教师的角色是教育者，培养这些学生注重细节的素质，“晓之以理”的做法一般不会有效果，只能“动之以情”。即每次规范要求后，如若有人报以无声或有声的抗拒，教师可以帮助其做好这些事。要帮助学生理解“办公室5S运动”（来源于日本，即整理SEIRI、整顿SEITON、清扫SEISOU、清洁SEIKETSU、素养SHITSUKE五个项目，因这几个日语词的罗马拼音均以“S”开头，故简称为5S）对提高工作效率的重要性。当违反规定的人越来越少时，对个别学生可以适当悄声单独提醒。老师用“身教”、“人格魅力”等人文素质来影响学生、感召学生，要相信这种长时间“以身作则”的示范作用会起到潜移默化的作用。

中国有句古话：“泰山不拒细壤，故能成其高；江海不择细流，故能就其深。”所以，大礼不辞小让，细节决定成败。注重个人生活细节，保持好的细节习惯，是让自己表现得更出色、得到别人更多认可的一大关键，并将对个人日后的发展有着不可忽视，甚至是必不可少的帮助。

此外，为提高学生“注重细节”的思想意识，在旅游专业课堂教学中，也要根据教学内容适时培养学生这方面的素质。比如，给学生展示某一景区讲解线路的设计时，笔者特意省略了景区参观时间、交通工具等细节，要求学生讨论；讲解客源国概况时，让学生特别注意各个国家的国旗颜色所代表的文化内涵、其习俗禁忌等。

优秀职员与平庸员工的最大区别就在于，前者注重细节，后者往往忽略之。这就是一种工作的态度、生活的态度。看不到生活细节的重要性或根本不把它当作一回事的人，对待工作的认真程度与热情都是有限的。面对日益激烈的竞争，大学生若能注重生活、学习细节，以饱满的热情去完善自我、迎接各方面的竞争与挑战，就将获得日后不断发展的砝码。因此，加强学生行为习惯养成教育是真正落实素质教育、促进教育均衡发展、提高教育教学质量的必然要求。实施素质教育必须从最基础、最细小的工作抓起，必须从加强学生行为习惯的养成教育着手。

二、自我学习

自我调节学习是由西方的 Zimmerman 等心理学家提出的一个关于教育心理学方面的重要理论。它的内涵是指学习者为了保证学习的成功、提高学习的效果、达到学习的目标而主动运用和调控元认知、动机与行为的过程。自我调节学习者能够通过选择和利用元认知、动机策略来提高自己的学习能力，能主动选择、建构甚至创造优良的学习环境，能够选择自己所需要的学习方式。

企业对员工的素质要求中很多都提到“创新能力”，大家也常常听到“头脑风暴”这个创新思维方法，这就要求员工要具备自我学习的能力。不会自我学习，就不能获取最新的信息，就无法汇集所有可用的素材进行决策前的“头脑风暴”，相应地也就无法作出科学有效的决策，无法在实施决策的过程中发现问题，进而无法创造性地解决问题。因此，在培养学生“创新能力”这一素质方面，教师要教会学生养成自我学习的习惯。

探讨培养学生自我调节学习能力的途径是高校教师在教学方面研究的重点。以旅游英语教学为例，可以从两个方面入手：第一，以思维训练为核心，以探究问题为目的。企业常常要求员工在实施某项计划时要思考六个问题，简称为 5W1H：（1）为何制订此计划——Why?（2）计划的目标是什么—— What?（3）在何处执行此计划——Where?（4）何时执行此计划——When?（5）何人执行此计划——Who?（6）如何执行此计划——How? 在实训课上，让学生设计某个景点的旅游线路时，就可以利用 5W1H 帮助学生学习展开景点的设计思路：（1）为何选择该景点——Why?（2）景点参观的主要内容是什么—— What?（3）游客在哪里集合，从哪里出发——Where?（4）何时是参观该景点的最佳时间——When?（5）什么身份、什么年龄段的人是该景点的潜在游客——Who?（6）该景点的参观线路——How? 学生有了这样的思维习惯，自然就会养成探究问题的习惯。所有的教学方法都应是为了探究问题而设计的，都要给学生机会去了解事物的基本情况，使学生去深入探讨。第二，以教师引导为主导，以学生参与为形式。使学生积极主动地参与教学，这也是教学得以真正开展的关键性问题。这样学生成为课堂的主体，教师则起主导作用。如前面提到的例子，让学生自己思考并设计旅游景点线路，能激发学生的创新欲望，提升学生学习的自信心和成就感。

1999 年在全国教育工作会议上，教育部明确提出了教育的重心必须从掌握知识转移到发展学生能力、培养学生学习的独立自主性上来。“授人以鱼，不如授人以渔。”作为教师，应与时俱进，紧跟时代发展的需要，改变教育教学观念。传统的以知识积累为主的教学和学习模式已无法适应社会对人才的要求，学校应给予学生比知识更重要的东西——方法，使学生通过学习活动，不仅学会了知识，而且更重要的是学会了学习即具备自我调节学习的能力。所以，提高学生学习的自我调节能力是发展学生能力、提高学生素质的重要因素。

三、沟通技能

很多人认为，沟通能力是评价一个人素质高低的重要指标。沟通对于企业的重要性更是不言而喻。可以说，沟通成本是企业最大的成本。企业非常重视每个员工的沟通能力，尤其是管理者的沟通能力，这是保证企业运营质量的前提。麦可思（专精于就业能力测量与评估，为中国各高校提供基于数据库的就业能力评估报告和教育咨询服务的机构）中国大学生就业研究课题组所进行的全国性大学生就业能力调查发现，在所有工作都必须具备的 35 项基本工作能力中，有效口头沟通和积极学习的能力在重要性排序中分列前两位，但在满足度排序中却排在最末两位。因此，培养学生的沟通技能是有效提高学生基本素质的重要方面。

从定义上讲，沟通，是为了一个设定的目标，把信息、思想和情感在个体或群体间传递，并达成共同协议的过程。对于旅游英语专业的学生，可以从以下几个方面培养他们的沟通技能：（1）指导学生阅读经典文学作品来提高自己的文学素养，尤其是涉及景点描述的古诗词。（2）把中西文化、旅游专业文化相结合的英语教育贯穿到各层次旅游英语教学中；在旅游英语教学的各个层面上进行文化教学，培养学生对各种文化的敏感性和鉴别能力。同时指导学生阅读国外古今名人传记，因很多旅游英语专业学生的就业岗位是国际旅行社，需要接待外国游客。理解中西文化差异、了解外国名人是打开其与外国游客沟通的钥匙。（3）指导学生注意接待游客的文明礼貌，除了言语恰当外，行为举止也要合适。沟通有两种方式：口头语言及肢体语言。在沟通过程中，口头沟通传递的最重要的是信息，而肢体语言沟通的是人与人之间的思想与情感。课堂学习除了帮助学生提升智商外，情商的培养同样重要。教师应该教会学生学习聆听，注意眼神的交流、手势的运用、各国问候的方式、话题的禁忌，以及如何避免过多的口头禅等，这些都是沟通过程中必备的情商因素。有了沟通技能，无形中会提升学生的自信心及职场魅力，提升工作效率。

旅游业是应用性、综合性很强的行业，其服务性质、服务对象、服务方式、服务内容等决定了它是一项人文内涵丰富的文化事业。这就要求旅游英语专业学生的培养目标不仅仅局限于英语语言知识和英语语言技能的学习，而更应该提高学生的整体素质，特别是人文素质，以便他们将来能够有效地利用语言及其沟通技能为现实需要服务。

四、团队精神

团队是由两个或两个以上的人组成的共同体，该共同体合理利用每一个成员的知识和技能协同工作，解决问题，达到一个共同的目标。团队成员在工作上相互依附，在心理上彼此意识到对方的存在，在感情上相互影响，在行为上有共同的规范。团队精神是指一个组织具有的共同价值观和道德理念在企业文化上的反映。团队精神是企业发展的精神支柱，是企业的灵魂之所在。因此，企业需要员工一定具备团队意识。

国际 21 世纪教育委员会于 1996 年 4 月向联合国教科文组织提交了《教育——财富蕴藏其中》的报告。该报告认为，为了实现人的全面发展，教育必须围绕四种基本的学习过程来重新设计、组织，即学会求知、学会做事、学会共处、学会做人。学会共处就是培养在人类活动中的参与和合作精神，就是要培养学生的团队精神。

旅游英语专业的很多课程集理论和实践于一体，非常重视培养学生的实际岗位操作能力，因此，在很多实践课或实训课中，教师都特别注意学生团队精神的养成。比如，“旅游地理文化”和“旅游客源国概况”的实践课堂部分，笔者的课堂就采取团队合作方式制作并演示国内外著名旅游景区介绍的PPT，文稿中要体现小组成员人人参与、劳动分工、个人的长处、配合的默契等。

教学中逐渐培养学生的团队精神，使学生的认知水平逐渐提高，行为表现逐渐增强，从而适应社会的发展。培养大学生的团队精神可以让学生体会到互相帮助、互相学习的益处并提高他们共同解决问题的能力，有利于提高大学生与人共事时团结协作的主动性，培养良好的个性，塑造健全的人格，提高其综合素质，为将来适应社会、提高就业竞争力及工作效率奠定基础。

当然，任何一种能力或者素质都不是听几节课、看几本书就能形成的，需要个人经过长期有意识的训练，积累知识，并参与实践才能够获得与提升。随着我国高校的扩招，高等教育的规模不断扩大，这在一定程度上造成了高校教学质量的下滑和人才培养能力结构的缺陷。高职院校学生生源多元化，学业水平参差不齐，绝大多数学生文化底子薄、知识结构不均衡、应用能力差，这些反映在学业上的人文素质也在一定程度上关系到学生自身的行为素质。面对这种情况，高校要注重以人为本，即以学生、以教学、以培养人为中心，全面开展和实施素质教育质量工程。高职院校在着力培养应用型人才的同时，更要重视大学生从一名学生走向社会，完成向职业人转变所必需的、区别于专业技能的基本综合素质的养成训练，以适应企业的变化，符合国家、社会对高职人才的需求。

参考文献

[1] 陈亚丽 . 团队精神及其在高职生素质教育中的应用 [J]. 无锡商业职业技术学院学报，2011（8）：59-61.

[2] 崔昌华 . 高校大学生团队精神培养的现状及思考 [J]. 科技创业月刊，2009（6）：69.

[3] 刘世明 . 浅谈素质教育在职业院校应用英语专业教学中的实施 [J]. 科教导刊，2010（1）：15.

[4] 杨音. 高职院校涉外旅游英语专业学生职业素质培养研究[J].消费导刊，2013（8）：185.

[5] 周爱梅.基于SWOT分析的高职旅游英语专业课程体系改革[J].新西部，2012（15）：177.

[6] Zimmerman，Barry J. 自我调节学习——实现自我效能的超越 [M]. 徐守森，译 . 北京：中国轻工业出版社，2001.

高职英语课程考核评价体系管理与制度保障

——以北京青年政治学院旅游英语专业为例

栾丽君[1]

摘要： 高等职业教育的特点决定了考核过程中既要有理论知识考核，又要有实践经历的考核。北京青年政治学院旅游英语专业实行知识考核与实践能力考核相结合、形成性评价与终结性评价相结合、课程考试与职业资格考试相结合的多元化考核评价体系。同时，实施了有效的考试管理，提供了切实可行的制度与条件保障。

关键词： 高职教育　考核评价　考试管理

1　栾丽君：北京青年政治学院副教授，英语系教学副主任。

教育部《关于加强高职高专教育人才培养工作的意见》指出，高职高专教育是我国高等教育的重要组成部分，其根本任务是培养“适应生产、建设、管理、服务第一线需要的，德、智、体、美等方面全面发展的高等技术应用型专门人才”。同时还指出，要改革教学方法和考试方法，“着重考核学生综合运用所学知识、解决实际问题的能力，通过改革教学方法和考试方法，促进学生个性与能力的全面发展”。

一、建立高职考核评价体系的基本思路

（一）知识考核与实践能力考核相结合

高等职业教育作为高等教育的一个重要组成部分，除了具有高等教育的特点外，还具有其他教育不具备的独特的特点。从培养目标来看，高等职业教育的人才培养目标为培养生产、经营、管理与服务一线的高等技术应用型人才。从人才培养模式来看，是“以能力为中心”，强调职业性和适应性。高等职业教育的这些特点决定了考核过程中既要有理论知识考核，又要有实践经历的考核，二者密不可分。要处理好基础理论知识与专业知识的关系，既要突出人才培养的针对性和应用性，又要让学生具备一定的可持续发展能力。

（二）形成性评价与终结性评价相结合

形成性评价是对学生的学习过程进行的评价，旨在确认学生的潜力，改进和发展学生的学习。形成性评价的任务是对学生日常学习过程中的表现、所取得的成绩以及所反映出的情感、态度、策略等方面的发展作出评价。

终结性评价就是对课堂教学的达成结果进行恰当的评价，指的是在教学活动结束后为判断其效果而进行的评价。终结性评价的目的是对学生阶段性学习的质量作出结论性评价，评价的目的是给学生下结论或者分等级。

形成性评价与终结性评价相结合的评价体系有助于学生监控、调整

自己的学习目标和学习策略，有助于学生增强学习的自信心。

（三）课程考试与职业资格考试相结合

随着我国经济建设的高速发展和现代科学技术的提升，企业对生产一线的技术岗位人才提出了更高的要求，不仅要有扎实的理论知识水平，还要具有娴熟的操作技能。学历证书固然重要，相关的专业职业资格证书也十分重要。《中华人民共和国职业教育法》第一章第八条规定："实施职业教育应当根据实际需要，同国家制定的职业分类和职业等级标准相适应，实行学历证书、培训证书和职业资格证书制度。"

实施课程考试与职业资格考试相结合的考核形式可以促进教学内容与教学方法的改革，并更加重视实践教学，使学生的职业技能、职业素质和就业能力得到提高，真正体现"能力本位"的教育思想。

二、考核评价体系的实施与考试环节管理

（一）课程考试实施方案的制定

课程考试实施方案是任课教师根据课程类型对考试环节进行整体设计，是课程进行考试的主要依据。北京青年政治学院旅游英语专业的课程考试实施方案中包括的主要内容有：课程信息、教学目标、考核内容、考核形式、比例、评价形式、评价标准等。

旅游英语专业课程考试分为试卷类考试、非试卷类考试和课证结合类考试。试卷类考试包括开卷考试和闭卷考试，非试卷类考试包括口试、设计（论文、报告）、实际操作和上机考试。课证结合考试课程包括导游基础、导游业务、北京导游、旅行社实务、出入境服务实务、商务英语实务、旅游英语口笔译实务和专业英语。

（二）考试环节管理

北京青年政治学院考试工作在学院主管教学工作的院长领导下由教务处及各系部依据专业培养方案及相关规定组织实施。考试组织工作主要包括：考前教育，安排考试时间、地点及监考教师，考试资格审查，

试卷检查，组织考场巡视，处理考试中发生的各种问题，对考试成绩进行分析，对考试进行总结。

（三）成绩评定与管理

考试成绩原则上按百分制计分，60 分为及格。实训类课程一般采用等级制计分。课程的总成绩由平时成绩和期末考试成绩综合评定。在课程总成绩中，理论课期末考试成绩占总评成绩的比例原则上不低于 70%。理实一体课期末考试成绩占总评成绩的比例原则上不低于 60%。实践课期末考试成绩占总评成绩的比例原则上不低于 50%。

（四）考核结果反馈

1. 考核评价标准的制定

无论采取何种考核方式，旅游英语专业每门课程都有明确的考核内容、考核标准和考核结果分析，由教研室主任和系主任审定。其中，试卷类考试有标准答案，非试卷类考试有具体的评价标准。

2. 成绩提交

任课教师在考试后一周内完成阅卷、成绩评定和网上登录成绩工作。按要求完成成绩分析，并将学生成绩册下载打印，经系主任审核签字后交教学秘书保存。

3. 考试总结

考试工作结束后，教研室主任结合任课教师提交的成绩册及相应的课程成绩分析，撰写旅游英语专业学期考试工作总结。总结包括学期考试工作的组织与管理、专业课程考核方案实施情况、学生学习情况分析（不及格情况、学生成绩分布）、存在问题与改进措施、工作特色等内容。

三、考核评价体系实施的保障条件

（一）明确专业培养目标和课程质量标准

学校学业考试具有全面、客观地评价教学目标的实现程度的功能，因此考试的基本依据是专业培养目标与课程质量标准。

北京青年政治学院旅游英语专业的人才培养目标是：培养拥护党的基本路线，德、智、体、美等全面发展，适应旅游市场发展需要，具有比较扎实的英语语言基本知识，系统掌握旅游行业基本理论知识和综合操作技能，熟悉我国国际旅游业方针、政策和法规，具备较强的英语沟通能力和交际能力，具有创新精神和实践能力，服务于旅行社、签证公司、涉外酒店等行业的高素质技能型人才。

本专业的所有课程都有简明扼要的课程质量标准，包括课程目标和课程主要内容。专业英语、英语听力、英语口语、导游基础、导游业务、北京导游等专业核心课程制定了详细的课程标准，包含课程定位、课程目标、教学衔接、课程内容与要求、教学方法与手段、实践条件、评价方法和课程资源八个方面。

（二）完善校内外实训基地建设

新的课程评价体系注重对学生岗位能力及核心能力的考核。为保证新的课程评价体系的有效实施，教学活动也将更多地选择在专业实训室或校外实训基地中进行。

1. 校内实训基地建设

旅游英语专业校内实训基地包括六个实训室，总面积约 350 平方米，主要用于开展课程内实训、课程外实训、顶岗类实训及社会服务实训项目。旅游英语专业实训室按“情景＋技能”的模式设定功能和定位，包括“会展+翻译”、“导游+讲解”、“旅行社+会话”、“出入境+速记”、“语言＋测试”、“语言＋跨文化交流”等六个方面。

2. 校外实训基地建设

旅游英语专业校外实训基地建设包括三类：英语语言类（如北京人民广播电台外语广播）、出入境旅游类（如北京双雄对外服务公司）、跨文化交流类（如中国社会科学院研究生院国际文化教育中心）。校企合作项目分为四类，包括服务政府类（如数字东城英文网站翻译项目）、服务企业类（如北京双雄对外服务公司员工翻译培训项目）、服务教学产品研发类（如欧佳龙软件 TELL ME MORE 合作项目）、服务社会公益活动类合作项目（如望京地区文明公交服务项目）。

（三）建立院系两级教学质量保障体系

考试管理不只是考试环节的管理，而是在整个教育过程中，以考试为手段，以实现人才培养目标为目的，对教育教学全过程实施全面质量管理。

1. 教学质量组织保障

北京青年政治学院成立了教学指导委员会、教学督导组、教务处教学质量监控岗、系部教学质量监控小组等机构负责教学质量保障。

学院教学指导委员会由学院领导和系部领导组成，主要负责学院重大教学工作的咨询、研讨和决策。

学院教学督导组由具有丰富教学和教学管理经验的校内外教授组成。督导专家分专业对教师进行全方位听课，提出评价意见，定期反馈给学院、系部和教师。同时，督导专家参与抽查试卷，教学大纲、教学日历审核等专项工作，对教学质量保障发挥重要作用。

教务处设有教学质量监控岗和教学运行岗来负责教学质量的保障工作。其中，教学质量监控岗专门负责教学专项检查，学院教学质量的评价、信息搜集、反馈等工作；教学运行岗主要负责教学的基本运行，保障教学运行平稳有序。

旅游英语专业成立了教学质量监控小组，由行业、企业、高校等专家与本专业学术带头人和学术骨干组成并形成有效的工作机制。

2. 教学质量制度保障

学院制定了教学日常检查，期初、期中、期末教学全过程检查，教师随时听课，期中教师评学，期末学生评教，试卷抽查，教研室主任座谈会，教师座谈会，学生信息员座谈会等工作机制，构建了一个较完整的教学质量保障工作机制。

学院制定了《北京青年政治学院听课制度》、《北京青年政治学院教师教育教学行为规范》、《北京青年政治学院关于教学责任事故认定及处理规定》、《北京青年政治学院学生学籍管理细则》等规章制度。这些制度对学院领导、教学管理人员和专任教师听课、教学评价，对教师教育教学行为规范、教学事故及处理，对学生学习行为要求、旷课及处理作出明确规定，形成了较完善的教学质量保障制度体系。

3. 教学质量保障专项措施

为保障教学质量，英语系采取了一系列教学质量保障专项措施，具体内容如下：

（1）进一步健全教师教学工作档案。该档案应记载教师每学年授课门数、授课时数、指导论文篇数、教学质量等级、教学获奖、教学事故、师德和教风等教学工作情况。教师教学工作档案由系里负责记载，每学年结束时，经审核后存档，并作为教师教学工作量计算和职称评审中教学条件的主要依据。

（2）完善教师教学质量评估体系。不断完善教师教学质量评估体系，教师的教学效果，在学生评分，同行教师互评，教师自评，教务处、教学单位和教学督导检查的基础上综合评定。评定结果记入其业务档案，并作为职称评聘、年终考核、津贴分配的重要依据。

（3）建立教学工作质量奖惩制度。在认真、严格考核和评选的基础上，系里每年对教学工作质量优秀的教师给予奖励。对于教学效果较差、学生意见较大的教师，系里将根据学校的有关规定暂停或取消其授课资格。被暂停授课资格的教师，及时安排其进修学习，以提高教学水平，待重新试讲合格后，方能恢复其授课资格。

四、努力方向

北京青年政治学院旅游英语专业虽然建立了旨在培养高等技术应用

型专门人才的考核评价体系，对课程考核进行了全方位的监控与管理，并且取得了一定的成效，但为了提高教学质量，进一步完善课程评价体系，还应在以下方面不断改进：

（一）师资建设

1. 提高专业教师的师资水平

要抓好“双师型”教师的培养，加大对教师培训的力度，增强对教师培训的针对性；要鼓励教师利用课余时间到合作企业兼职并给予一定的补贴。通过“走出去、请进来”的培训方式提高中青年教师的技术应用能力和实践能力，使他们既具备扎实的基础理论知识和较高的教学水平，又具有较强的专业实践能力和丰富的实际工作经验。

2. 积极引入行业教师

积极从企事业单位聘请兼职教师，实行专兼结合，改善学校师资结构，以适应专业发展的要求。在聘请企业兼职教师的过程中，常常遇到的一个问题是上课时间。企业兼职教师很难像专职教师那样在每周固定的时间来上课。因此，要根据兼职教师的工作需求，灵活安排教学时间和教学场所，应该将授课时段适当集中，甚至安排在周末。

（二）教材建设

教材是教师组织教学的主要依据，是阐述教学内容的重要载体，而教学内容决定考核内容。目前高职教材存在的问题主要表现在：大部分教材偏重于本科特点，内容偏多，理论偏深，实践性内容不足；实践（实验、实训）教材不足；大部分教材内容与职业资格证书缺乏衔接；教材建设的立体化程度不够等。北京青年政治学院旅游英语专业虽然在教材建设方面取得了很大成就，出版了一系列精品教材，包括以行业知识为载体的英语速记系列教材等，但仍然缺乏操作性较强的、与旅游英语专业密切相关的、立体化的系列实训教材。因此，加强实训教材建设是摆在我们面前的首要任务。

参考文献

[1] 北京青年政治学院考试条例（修订）(院发 [2012]46 号).

[2] 罗映霞．对高职教育课程考核方式的探索 [J]. 山西高等学习社会科学学报，2008（11）：106-108.

[3] 杨小峻．布鲁姆的教学评价理论及其现实意义 [J]. 咸阳师专学报（综合双月刊)，1995（5）：53-55.

[4] 余向平．高职教育课程考核方式改革的基本思路 [J]. 职业技术教育，2006（13）：52-54.

[5] 中华人民共和国教育部．关于全面提高高等职业教育教学质量的若干意见（教高 [2006]16 号).

[6] 中华人民共和国教育部．关于印发《教育部关于加强高职高专教育人才培养工作的意见》的通知(教高 [2000]2 号).

高职旅游英语专业实训教学体系的重构与再思考[1]

老青[2]　郭健忠[3]

摘要：自觉转变英语教育教学观念，自主创新英语教育教学模式，夯实英语教育教学质量内涵，是落实党的“十八大”报告中关于深化教育领域综合改革、加快发展现代职业教育、努力办好人民满意的教育的具体努力方向。高等职业院校旅游英语专业实训教学应由重校园学习拓展到职场工作实践，由唯英语能力拓展到综合素质培养，由强文化独尊拓展到多元文化融通，由倾单向展示拓展到交互分享共赢。

关键词：高职院校　旅游英语　专业实训　综合素质

项目来源：北京青年政治学院 2014 年教育教学建设项目“旅游英语专业课程体系改革研究”(委托项目编号 01；主持人：何明华)

1　本文主要内容源于《中国教育学刊》2013 年 S4 期《高职院校公共英语教育教学的新特点与新对策》一文，作者：老青、董丽。

2　老青：北京青年政治学院教授，英语系主任。

3　郭健忠：北京安捷之旅国际旅行社副总经理，教育部职业院校外语类专业教学指导委员会委员。

2013年7月16日公布的《2013中国高等职业教育人才培养质量年度报告》从社会大众，尤其是学生、家长和用人单位的视角切入，以实现学生价值为主线，围绕高职学生成长、成才的个人价值和高职教育不可替代的社会价值，把人们最关心的信息浓缩在质量关键点的“记分卡”里，具体包括学生毕业半年后的就业率、月收入、自主创业比例、专业相关度、对母校总体满意度等五项指标。《报告》细化了现阶段高等职业教育社会属性的部分内涵，同时表明高等职业教育的社会化职能和正能量作用将越发凸显。

毋庸置疑，现代高等职业教育的培养目标要求我们所培养的人才不纯粹是社会所需要的职业人，而是要生存、要发展的社会人——高素质技能型人才，这决定了高等职业院校英语教育教学具有面向职业发展、面向综合素质、面向国际化、面向高科技等特点。因此，提高高等职业院校人才培养质量，科学地设定专业人才培养工作思路，全面推进专业人才培养模式改革创新具有重要意义。

具体地讲，现代高等职业教育既要为人的生存又要为人的发展打下坚实的基础，这对人才职业发展潜力的培养起着至关重要的作用。因为一个人要从事职业活动，除了必需的专业知识和专门技能外，还要学会学习、学会工作，养成科学、创新的思维习惯，而综合素质培养是指从事职业活动所需要的基本行为规范及主流核心价值观念，学会共处、学会做人，确立积极人生态度的社会能力培养，否则人才即转为社会的闲置品或废品，甚至危险品。不容忽视的另一点是，英语教育教学离不开全球化、国际化的平台，在合作办学、合作育人中更需不断提高人才的本民族综合文化素养和跨文化交际意识。与此同时，计算机应用技术、无线电通信技术、互联网技术、3G以及MOOC时代的到来，使移动双向交互的学习空间、学习工具和学习过程成为英语教育教学与高科技融通的具体体现。高等职业院校旅游英语专业实训教学应由重校园学习拓展到职场工作实践，由唯英语能力拓展到综合素质培养，由强文化独尊拓展到多元文化融通，由倾单向展示拓展到交互分享共赢。

一、高职院校旅游英语专业实训教学的新特点

（一）由重校园学习拓展到职场工作实践

学生学英语不应局限于完成几本教科书，满足于顺利地应付各种英语考试或获取课程学分；学生用英语也不应受限于完成一些模拟训练，满足于成功应对各类英语比赛或获取资格证书。为了使学生毕业后能更好地满足社会、经济和行业发展对各类岗位人才英语能力的需要，高等职业院校旅游英语专业应拓展实训教学的领域，使学生走出校园步入社会，跨入行业企业，涉足行业人、企业人职业群体的实践之中。校企合作、工学结合的职业教育决定了在旅游英语专业实训教学领域里要建立基于多个学习地点的非学校式教育，尝试一种具有新话语体系的教育。只遵从教育规律、认知规律是不够的，还要遵循职业发展、职业成长的规律。不能只用传统的普教规范、标准来判定和确认职业教育层次及其价值，还要避免“英语语言 + 学科内容”这种形式上的简单替换。具体地讲，在旅游英语专业实训教学的过程中，应既侧重职业活动（职业岗位职责范围内的一切工作行为，它和特定的职业岗位、职责、工艺联系在一起，是工作时间内的劳动活动），又兼顾职业生活（与职业岗位、职责、工艺虽有联系，但不在工作实践范围内实施的一切活动）；既关注工作文化，又融通企业文化，搭建“工学结合”平台，使工作文化和企业文化融入校园文化（包括精神文化、制度文化和行为文化）。

（二）由唯英语能力拓展到综合素质培养

把立德树人作为旅游英语专业实训教学的重要任务，是全面实施素质教育的基本要求。创新以英语训练为主线、素质教育为龙头、能力培养为核心的“三位一体”旅游英语专业实训教学模式，关注学生的学习能力、实践能力、就业能力以及可持续发展能力，努力在创新精神、创新思维、创新方法和创新能力培养等方面有所突破。以多维立体的“英语 +X”项目为依托，整体提高学生综合素质，包括责任与制度意识、安

全与应急意识、文化与环境意识、实效与质量意识、合作与创新意识和诚实守信品质及牺牲奉献精神；整体提高学生的自我管理与执行能力、沟通协调与资源整合能力。对内到岗到位，深度管理；对外互惠互利，广度管理，搭建与其在校外实训基地的社会实践、专业实训有异曲同工之妙的旅游英语教育教学实践实训环境。

（三）由强文化独尊拓展到多元文化融通

中国悠久的历史文化从未断裂，而且在不断地发展和变化着，“和而不同”是异于国际社会和谐发展的中国文化观念。而文化独尊本身具有强烈的排他性，要么强烈地排斥异质文化，要么过分地热衷于异质文化，这与多元文化融通和包容是对立的，也是造成文化休克的因素之一。跨文化意识是指在异文化背景下，人们在开展交际活动的过程中所运用的某种特定的思维。它需要在世界观、人生观、价值观及思维模式、非言语行为规则、时空观念、礼仪习俗等诸方面突破在非异文化背景下开展交流活动的思维定式，使其能够对异文化获得主观上恰当的反应和理解，以促使跨文化间的交流的信息沟通得以实现。提高高职院校学生的综合文化素养和跨文化交际意识，有利于他们在全球化视野下动态地认识和审查中国文化和异质文化，在跨文化交际过程中能以积极的态度对待本民族文化和非本民族文化，适时适度表现。即使产生文化碰撞和冲突，交流者之间也可以以相互尊重、包容理解的态度对接收到的信息再解读、再沟通，以便使交流得以有效完成。

（四）由倾单向展示拓展到交互分享共赢

随着计算机应用技术、无线电通信技术、互联网技术和现代教育的迅速发展，以及 3G 和 MOOC 时代的到来，具有高效性、广泛性和个性化特征的，继远程学习、电子学习之后的移动学习模式已经起步。与此同时，追求自由、张扬个性、勇于创新、依靠自我、与众不同的 90 后成为高等职业教育的主体对象，教育工作者更需要用全新的视角审视旅游英语专业实训教学，处理好教学和学教的关系，并积极拓展英语学习空间、丰富英语学习工具、创建英语学习过程的认知领域，如博客、脸谱、播客、iTunes 和 YouTube 等，以利教师和学生在移动中双向交互分享教与学的过程及成果，达到师生 LEGO 式共赢性发展。

二、高职院校旅游英语专业实训教学的新对策

（一）教学计划与方案管理的策略调整

教学计划与方案管理将从顶层“自顶向下”设计（如某专业的培养方案）转变为“自顶向下”与“自底向上”相结合的设计模式（如行业证书、技能证书），突出大众化与个性化的统一。提高旅游英语专业实训教学质量的重要性体现在它与学生英语技能的真正提高和职业综合能力的有效培养之间有着密切联系，对学生的就业和发展潜力具有显性或隐性的影响，因此要因学制宜、因业制宜，不断提高英语人才培养的质量和水平，有效拆解和重构旅游英语专业实训教学体系。

重构以导游领队服务综合能力实训、出入境业务实操综合实训和涉外旅行社实务综合实训为主的旅游英语专业实训教学体系，细化岗位职场多模态微技能，包括英语听力与口语、英文网读与写作、英语速录与速记、英汉笔译与口译等。实训项目分解为：

（1）跨文化交际环境下：英语听力与英语口语实训 / 英文网读与英文写作实训 / 英语速录与英语速记实训 / 英汉（汉英）笔译与英汉（汉英）口译实训；

（2）MOOC 模式环境下：英语听力与英语口语实训 / 英文网读与英文写作实训 / 英语速录与英语速记实训；

（3）项目管理环境下：北京市大学生科学研究与创业行动计划项目（英语类为主）。

与此同时，拓展专业实训教学的社会服务领域，具体包括：

1. 社会服务类

（1）北京市民外语游园会志愿服务；

（2）北京市民讲外语活动公益讲座活动志愿服务；

（3）北京市公交站点、首都国际机场 T3 航站楼志愿服务。

2. 赛会服务类

（1）全国高职高专实用英语口语大赛赛会志愿服务；

（2）全国青少年“全能王”英语大赛赛会志愿服务；

（3）全国高职高专院校英语速录速记比赛赛会服务；

（4）《英语沙龙》杂志国际英语大赛赛会志愿服务。

3. 测训服务类

（1）北京英语水平考试测训志愿服务；

（2）剑桥少儿英语考试测训志愿服务。

4. 行业企业项目服务类

（1）北京市东城区英文网站编译服务项目；

（2）北京双雄对外服务公司翻译培训服务项目；

（3）北京市公交集团公司英语助教服务项目；

（4）北京文华在线科技有限公司英文速录服务项目。

（二）教学评价与质量管理的策略调整

教学评价中不局限于教学体制内的主管、教师权威性“一言堂”，应积极引导开展学生评价、同行评价，拓展校外评价、教育体制外评价。实践和探索“英语 +X”师评、生评多角度融合（校内为主）和行业企业并进（校外为主）的多元评价体系，主要包括：（1）多视角的评价策略——技能竞赛、成果展示、项目研讨、课题汇报；（2）自主参与的评价策略——构建学生自主评价内涵，促进学生自主开展自我分析、自我适应能力的提升；（3）同伴互评的评价策略——同步同质互评、同位异质互评；（4）差异性融通的评价策略——科学设计符合学生自身擅长或专业领域的可自主选择的不同层次的工作任务，并进行评价；（5）促潜力发展的评价策略——有序设计从学生个人角度出发，能逐步增强学生自尊、自信和进取心的工作任务，并进行评价；（6）显性即时的评价策略——从创造机会的角度出发，搭建多次重测平台；（7）社会化的评价策略——以促进社会人发展潜力为目的，构建行业专家与企业同行重组评价的模式。

评价架构元素要既体现近期实效性目标，又考虑长远目标要素；既关注过程性，又注重发展性，做到程序化、组织化、标准化。

（三）英语教师定位与发展的策略调整

英语教师不能只把关注点锁定在提高自身英语语言水平上，更应注重在英语语言与职场岗位能力融合的教学能力上下功夫（某种情况下这会演变成部分职业院校英语教师发展的瓶颈），努力提高职业教育的能力。

一方面，重构“教”与“学”模式，改变课内教学与课外教学的关系，引入“翻转课堂”教学模式，同步教学与异步教学相结合，从侧重传授知识转变为侧重传授学习和思维方法。

另一方面，教师自身定位应适时适度提升，即从学校围墙内的只会教英语语言的教师拓展至企业人、行业人、社会人。英语教师个人发展可依托“双师结构”（引进校外行业企业教师）平台起步，在培养“双师素质”平台中历练（进入企业挂职锻炼），在“双师型”（获取职业资格证书）平台中名副其实发展。

总之，在旅游英语教育教学中，应坚持工学结合常态化以应对英语核心技能岗位应用之需，让学生以其一技之长立足于社会，确保人才成品出口时英语不成为其发展的瓶颈；坚持文化学习与平等交流常态化以应对世界多元文化环境之需，让学生以其文化素养立足于世界；坚持服务社会企业常态化以应对复合型现代职业人发展之需，让学生以其社会责任感立足于自身发展。

参考文献

[1] 陈炜．新时期高职院校的发展趋势与策略——基于校企战略联盟视角[J]. 内蒙古师范大学学报（教科版），2013（01）.

[2] 李婧，兰继华．多元化背景下大学生理想信念教育对策探究 [J]. 内蒙古师范大学学报（教科版），2012（05）.

[3] 刘晓玲．培养对外汉语人才注重跨文化能力是关键 [N]. 中国日报网，2012-10-29.

[4] 徐存善．谈经济全球化背景下跨文化交际能力的培养 [J]. 商业时代，2009（12）.

[5] 中国高职高专教育网（http://www.tech.net.cn/web/index.aspx），2013-07-30.

[6] 中国就业培训技术指导中心编．职业概论 [M]. 北京：中国劳动社会保障出版社，2009.

高职旅游英语专业工学结合实训、实习模式探究

——以北京青年政治学院为例

彭洪明[1]

摘要：“工学结合”是打破传统办学模式，学校开启大门，迎接企业介入学校的人才培养，同时也将学生推向企业，直接面对行业工作的做法。旅游英语专业学生的实训、实习阶段尤其值得推崇。职业教育应该以就业为导向，校企合作条件下的“工学结合”为推动学生就业提供了优势与便利条件。

关键词：工学结合　实训　实习　校企合作

1　彭洪明：北京青年政治学院英语系教师，讲师。

一、引言

随着中国改革开放的不断深化，首都北京实现产业升级，服务业得到大力发展，在首都的经济中发挥着越来越重要的作用。旅游业作为第三产业中非常重要的组成部分，已经被列为重点发展对象，要成为国民经济的战略性支柱产业。在北京的服务业越来越兴旺发达的背景下更是如此。因此，文科高职院校如何培养出产业需要的合格人才，是一个值得研究的课题。通过校企合作、工学结合的方式进行实训和实习课程也许是解决问题的途径。本文以北京青年政治学院为例，就旅游英语专业进行的校企合作、工学结合的实训、实习模式进行探讨，以期实现更佳的效果。

二、研究背景

中国经济持续平稳增长趋势明显，而旅游业的发展与经济的整体走势趋同，而且近年来中国的旅游业增长比例甚至超过整体经济发展水平，尤其是包括北京在内的一线大城市的出境旅游的增长明显。北京市旅游发展委员会官网数据显示：2013 年，北京市旅游总收入 3963.2 亿元人民币，同比增长 9.3%；旅游总人数 2.52 亿人次，同比增长 9%；旅游增加值 1448.7 亿元，同比增长 8.4%，占全市 GDP 比重 7.43%；全市共接待入境旅游者 450.1 万人，同比减少 10.1%；旅游外汇收入 47.95 亿美元（合人民币 296.9 亿元），同比下降 6.9%。2013 年，接待国内其他省、市、自治区来京旅游者 14755 万人次，同比增长 8.3%；旅游收入 3332.3 亿元，同比增长 10.4%；人均花费 2258 元 / 人次，比去年同期增长 1.9%；人均天花费 468 元 / 人天，比上年增长 5.9%。北京市特许经营中国公民出境游业务的旅行社组织出境旅游（首站）人数 331 万人次，同比增长 21.5%。

以上数据表明，社会对旅游英语专业学生的需求会不断增长，尤其是出入境业务和涉外业务方面的人才需求增长趋势明显。但是，人才市场又存在供需矛盾，一方面，企业、行业需要大量具备熟练技能的人才却招不到满意的人员；另一方面，每年高校都有大量的毕业生找不到满意的工作，甚至找不到工作，一毕业就面临失业和待业问题。要解决这一矛盾需要各方的共同努力。教育部《关于全面提高高等职业教育教学质量的若干意见》(教高 [2006]16 号)中指出，要针对高等职业院校学生的特点，培养学生的社会适应性，教育学生树立终身学习理念，提高学习能力，学会交流沟通和团队协作，提高学生的实践能力、创造能力、就业能力和创业能力，培养德、智、体、美全面发展的社会主义建设者和接班人。高等职业教育要服务区域经济和社会发展，以就业为导向，增强学生就业能力；高等职业院校要积极与行业企业合作，大力推行工学结合，突出实践能力培养，改革人才培养模式。人才培养模式改革的重点是教学过程的实践性、开放性和职业性，实验、实训、实习是三个关键环节。校企合作，加强实训、实习基地建设，加强和推进校外顶岗实习力度，使校内生产性实训、校外顶岗实习比例逐步加大，提高学生的实际动手能力。逐步建立“双师型”教师资格认证体系，研究制定高等职业院校教师任职标准和准入制度。重视中青年教师的培养和教师的继续教育，提高教师的综合素质与教学能力。

要解决人才供需矛盾，就需要很好地执行教育部 2006 年 16 号文中提出的校企合作、工学结合的实训、实习模式，该课题的研究刻不容缓。

三、校企合作、工学结合的必要性

“工学结合的本质是教育通过企业与社会需求紧密结合，高等职业院校要按照企业需要开展企业员工的职业培训，与企业合作开展应用研究和技术开发，使企业在分享学校资源优势的同时，参与学校的改革与发展，使学校在校企合作中创新人才培养模式。”(教育部 2006 年 16 号文)美国著名的教育学家约翰·杜威认为，“教育即生活”、“学校即社会”。他主张突破学校与社会的隔阂，将学校转变成一个小型的社会，着重强调从实践中学习，学校教育须与社会联系。中国著名的教育家陶行知先生是杜威的学生，他继承了老师的思想，反对传统的机械性、灌输式的教育，提倡“教、学、做”一体化教学方式。通过“做”，也就是通过实践来获取知识，真正获得实际应用能力，以适应生活。根据教育部文件，高职院校必须与行业企业合作，真正做到工学结合，锻炼学生的实践能力，培养出既具备扎实的理论基础知识，又具备企业真正需要的操作能力的人才，以满足社会的人才需求，同时更好地解决学生的就业问题。

四、北京青年政治学院旅游英语专业校企合作、工学结合的实训模式

自2004年以来，北京青年政治学院英语系旅游英语专业就与北京相关行业的知名企业建立合作关系，建立校外实训基地，至今已达十几家。通过校企合作、工学结合模式解决学生实践、实训、实习的工作流程，真正实现校企对接、合作办学，实现“教、学、做”一体化。在实训方面，旅游英语专业的实训项目计划主要有三大模块，即导游服务实训模块、出入境实务实训模块和旅行社业务实训模块。导游服务实训模块包括中英文景点讲解实操，全陪、地陪岗位技能实操和旅游商务礼仪实训；出入境实务实训模块包括证照编译实训、跨文化交际实训和英语速录速记竞赛实训；旅行社业务实训模块包括旅游英语文案编写实训和旅游网络资讯编译实训。

1. 导游服务实训模块

中英文景点讲解实操，地陪、全陪岗位技能实操和旅游商务礼仪实训：导游讲解和生活服务是导游服务的两个不可或缺的技能，同时在导游过程中必须注意礼仪和礼节。该实训项目是旅游英语专业学生的一个基本能力训练模块，首先让学生通过查阅图书、网络等资料，整理编辑出适合自己的景点讲解词（限北京著名景点），然后以小组形式自主练习，在校内实训室通过模拟景点进行讲解，以达到熟练程度。同时熟悉导游服务技能和知识，了解导游服务中的礼仪和礼节。到了实训阶段和假期，企业（旅行社、公园、景区）来招聘导游人员或讲解员，从以上各方面进行综合考核，合格者优先到单位实训、实习，担任景区、景

点讲解员或咨询服务志愿者等。对于未合格者，用人单位如果还有需要，会对他们再次进行培训，合格后也予以聘用。学生到单位实习、实训时，首先要接受单位的岗前培训，按照单位员工守则的要求按时上下班，按照工作流程严格操作，并完成工作任务。在此环境下，学生的自觉性和警惕性大大提高，很多都是教师在学校无法操作的。首先，面对不同的游客，选择不同的导游词，而且必须清楚地意识到导游讲解绝不等同于背书，因为你面对的是活生生的游客；不同的游客有不同的需求，同时也会提出不同的问题，而导游必须解答游客的提问。另外，从心理上他们也开始变得更加成熟。他们的实习和实训就是面对来景区参观游览的中外游客，面对的是真正的顾客、消费者，如果工作有严重失误就会给单位带来不良后果，造成不良影响，同时也给自己今后就业带来影响，因此，他们在学习和工作时会更加认真，更具责任心。这也是比校内实训、实习更具优势的地方。当然，实地实习、实训对业务提高更明显。学生在真实环境中讲解，带领游客游览，第一需要选择最佳游览路线，其次途中可能发生意外或紧急突发事件，这些都是学校实训中不可能遇到的真实环境；如果发生类似事件，学生需要及时正确处理，从而锻炼他们处理应急事件的能力，综合素质方面得到了很好的锻炼，导游业务技能也得到了提高。还有，导游服务工作之所以能够顺利进行，还需要与各方面密切配合，需要与景区工作人员配合、与旅行社办公室计调等人员配合、与餐饮服务人员配合、与饭店服务人员配合、与政府旅游管理工作人员配合，等等。因此，“工学结合”模式的实训、实习也培养了学生的人际交往能力，使他们学习与不同人群打交道，全面提高交际能力。

2. 出入境实务实训模块

证照编译、跨文化交际和英语速录速记竞赛实训：在中国改革开放不断深化、出入境旅游蓬勃发展时期，出境旅游业务快速增长，人才需求旺盛，高职院校旅游英语专业学生的就业机会增多。但是，如何让学生在校期间能得到更多的锻炼，有机会到企业进行实际操作、熟悉工作流程、提高工作技能、锻炼工作能力，是学校和教师必须思考的问题。

北京青年政治学院通过学校与企业合作，实训、实习阶段直接将学生送到相关单位进行培训、现场实训和顶岗实习，来提高学生的动手能力，锻炼工作能力，熟悉工作流程，全面提高综合素质，使培养出的人才完全符合用人单位的要求。具体操作如下：

从第二学期开始，每学期学生都到校外实训基地（北京双雄对外服务公司、北京凯撒旅行社有限公司、阳光假日旅行社有限公司、凤凰国际旅行社有限公司、安捷之旅国际有限公司、北京音像公司等）进行为期三周的小学期实训。根据用人单位的需求派遣学生，时间可能是小学期（第 18~20 周），也有可能是暑假 2 个月。平时如果企业有临时需求，在学校同意的情况下派遣少数学生参加实训。主要工作就是出入境的证照编译、资料录入等。国人出国（境）需要办理签证，而签证手续需要大量资料和文件，其中很多都需要翻译，签证表也需要用中英文双语或英文填写。这方面工作不难，但是非常繁杂，需要耐心、细心，很多东西是绝对不能填写错误的，如护照号码、出生日期、住址等。

学生在企业以“工学结合”的模式进行实训和实习期间需要熟悉不同国家签证需要的材料，以及翻译件的要求、材料份数、签证表填写格式和要求等。当然，实际工作过程中出错是难免的，但是必须养成仔细检查每项工作的习惯，争取将出错率降到最低，直到达到零错误的水平，才能算是独立完成了工作。另一方面，如果顾客的资料不完整，签证业务员还得尽快通知顾客，请其配合，抓紧时间补齐材料，以免耽误行程。在这个过程中他们要具备很好的沟通能力，让顾客接受，并积极配合自己的工作，这样自己才能顺利完成工作；而不能让顾客觉得是签证业务员把自己应该做的工作加到他们身上，因为很多资料需要顾客自己去才能办理，业务员无法替代。因此，在沟通过程中要给顾客讲清楚道理，要讲究沟通技巧。此外，每一个旅游团的签证时间都很有限，必须在有限的时间完成大量的工作，因此工作压力很大，这些是他们在学校训练无法体会的，所以“工学结合”模式让学生学会承受压力，通过实践提高抗压能力，增强工作能力，以便今后更好地适应工作。

除了签证资料和证件编译外，部分学生还从事出口影视作品英文字幕的录入和审校工作，这个工作除了训练以上技能外，还能训练学生速录、速记的能力。

3. 旅行社业务实训模块

旅游英语文案编写实训和旅游网络资讯编译实训：旅行社业务模块中，旅游英语文案编写主要为旅游营销文案和客服文案编写，包括旅游目的地景区、景点特色介绍，相关设施、宾馆、饭店推荐，娱乐、购物等项目推荐，游客注意事项等，呈现形式为英语系合作企业的旅游宣传网站资讯编译，包括政府旅游推介网站。旅游网络资讯编译包括境内旅游资讯和境外旅游资讯，主要就以上旅游相关方面中某一个最具特色的项目进行编译，如韩国美食，主要呈现形式为学生的毕业设计。

五、结语

通过校企合作、“工学结合”的实训、实习模式，学生的实际工作能力得到了很大提升，对社会的要求有了更直观、更具体的体会，更加清楚自己努力的方向和追求的目标，同时也更清楚自身的缺陷，为今后的工作找准了方向。很多学生在实训和实习过程中给用人单位留下很好的印象，实训、实习结束后，通过考核，直接留在用人单位工作，就业问题得到了解决。正是通过这样的校企合作、工学结合的模式，北京青年政治学院旅游英语专业学生近年来就业率非常高，达到95%以上。极少数未及时就业的学生是因为其他原因不愿马上就业。

当然，其中也存在一些问题，需要进一步完善。比如学生在企业实训、实习期间，学校或许会有要事需要学生回校处理，时间上会发生矛盾，此时学生该听从学校还是企业的指挥？这需要校企双方充分沟通协调，找到最佳解决矛盾和冲突的途径。另外，学生在工作过程中发生意外怎么办？因此，学校必须要求企业给所有参加该单位实训、实习的学生购买意外保险。还有一个问题，学生到企业实训、实习是否属于企业临时用工？如果是，薪酬待遇问题也应该事先告知学生，而且不得低于本地最低工资标准。诸如此类的问题还有待进一步研究和探讨，以完善合作模式。

实践证明，校企合作、工学结合的实训、实习模式值得推广，各高职院校应该大力实践，使培养出的学生具备出色的服务技能，成为高素质的技能型人才，符合用人单位要求，能够顺利就业，满足社会需求，为本地区经济发展作出贡献。

参考文献

[1] 北京旅游发展委员会 . 2013 年北京旅游业概况 [Z]. www.bjta.gov.cn.

[2] 李栋学．工学结合的动因分析及其有效实施 [J]．中国职业技术教育，2006（29）：15-17.

[3] 首珩．高职人才培养模式 [J]. 教育与职业，2003（7）：26-27.

[4] 赵继荣．对校企合作背景下高职翻译教学的思考 [J]．湖北函授大学学报，2009（3）：101-102.

[5] 赵志群 . 对工学结合课程一些基本概念的认识 [J]．中国职业技术教育，2008（33）：50-51.

[6] 中华人民共和国教育部 . 关于全面提高高等职业教学质量的若干意见（教高 [2006]16 号）.

高职旅游英语专业实践教学的探索与创新

张克民[1]　蔡启胜[2]

摘要：高职旅游英语专业实践教学的探索与创新是保证培养应用型、高技能人才的关键。本文基于目前国内高职院校的现状，提出要通过改革实践课程教学模式、提高学生信息素质、建立校外实践基地和增强师资水平等手段切实提高高职院校旅游英语专业实践教学效果，以培养出更多、更好的从事旅游英语一线工作的高素质人才。

关键词：旅游英语　实践教学　信息素质

1　张克民：廊坊燕京职业技术学院教师，讲师。
2　蔡启胜：廊坊燕京职业技术学院教师，助教。

改革开放以来，我国的经济建设取得了举世瞩目的成就，经济的高速发展给旅游业的发展带来了很大的发展空间，特别是2008年奥运会和2010年上海世博会的成功举办更使我国的旅游业呈现出了蓬勃发展、空前繁荣的景象，这使得旅游产业的规模不断扩大，从业人数不断境加。同时，旅游产业经营方式的不断创新和近期《旅游法》的出台更是为旅游产业的进一步科学发展提供了良好的契机。旅游产业已成为我国经济的一个重要增长点，这就使市场对具有熟练外语表达能力同时具备丰富的旅游及导游专业知识的旅游英语一线人才产生了巨大的需求。

一、旅游英语专业的特点

为了满足市场需求，国内的高职院校纷纷开设了旅游英语专业，以便培养面向旅游第一线的高等复合型人才。高职英语课程是以职场交际应用为目的，培养学生实际应用英语的能力，特别是听说能力，使他们在与未来职业相关的活动中能够掌握一般的口头和书面交流技能。另外，学生还需具备深厚的文化底蕴。一方面，由于中国幅员辽阔、民族众多，历史、地理、气候、宗教、文化、风俗各有不同，这就要求这个专业的学生尽可能多地掌握这方面的综合知识，以便在今后的实际工作中更好地运用。另一方面，出、入境旅游的不断升温、出入境规模的不断扩大和人数的不断增加还要求学生对国外的文化有一个比较全面的了解，这样就能在未来的工作中更好地尊重对方，避免由于文化的不同而引起误会。学生未来的工作将会贯穿到客人的全部活动中，服务质量的好坏直接影响着国外客人对我国服务业的整体印象，可以说旅游英语从业者的整体素质是展示我国服务业形象的一个重要窗口。

总之，高职旅游英语专业是一个综合性、应用性强，面向市场程度高，对市场的各种需求极其敏感的专业，因此实践课程环节的重要性就凸显了出来。

二、实践环节在旅游英语专业中的重要性

美国在“行为科学”盛行的20世纪60年代便兴起了能力本位教育，

强调学生的能力应达到课程所制定的标准，才算学有所成。这与我国古代圣贤孔子的“有教无类”、“因材施教”的理念相同，即主张只要经过适当的训练，每个人都是有用的人才。这些理念都体现着实践的重要性。

从国际层面来看，国外一些发达国家一直以来都对实践教学给予高度重视，且实践教学业已为其经济的发展奠定了稳固的基础并作出了巨大的贡献，经过多年的经验积累业已形成了比较科学成熟的体系。例如德国、加拿大、美国、英国、澳大利亚、日本、韩国等都有符合自己国情特点的先进的实践教学体系，但对于这些理念我们不能搞拿来主义、完全照搬，还是要根据我国的国情特点将其作为参考和借鉴，切实研究、探索出一套符合我国教学实际情况的实践教学方法。

教育部《关于全面提高高等职业教育教学质量的若干意见》(教高[2006]16号)指出，高等职业教育要服务区域经济和社会发展，以就业为导向，加快专业改革与建设；加大课程建设与改革的力度，增强学生的职业能力；大力推行工学结合，突出实践能力培养，改革人才培养模式；实施校企合作，加强实训、实习基地建设；注重教师队伍的“双师”结构，改革人事分配和管理制度，加强专兼结合的专业教学团队建设；加强教学评估，完善教学质量保障体系；切实加强领导，规范管理，保证高等职业教育持续健康发展。

上述意见突出体现了国家对高职院校实践、实训、实习环节的高度重视。旅游英语专业实践教学环节教学效果的好坏直接影响着学生的培养质量。对于学生来讲，唯有通过实践环节，在真正的实践中产生新的信息需求，进而通过学习完善自己的知识结构，使自己不断进步，牢固地掌握旅游英语专业从业技能。

三、目前我国高职旅游英语专业实践教学培养现状

(一) 教学形式单一

目前国内很多高职旅游英语专业的授课模式仍然在沿袭着传统的教

师讲、学生听、以教师为中心的局面，讲课的内容往往按照传统的思路仍然以单词、词组、语法、句子结构、篇章段落大意为主。课堂上教师讲得过多，学生缺少参与的机会。这种重语法、轻听说的教学方法是无法达到语言实践效果的，极大束缚了学生实践能力的培养。

（二）实践类教材建设滞后

实践教学的教材建设是在进行实践教学过程中的焦点和难点之一。目前可供高职院校选用的旅游英语类教材，还普遍遵循着本科教材的模式，理论内容过强，实践性的指导和说明得不到强化；教材内容往往滞后于真正的教学实践，不能得到及时反馈和更新，不能和实际工作中可能出现的具体情况保持同步；出版社为了扩大潜在的读者群，编写教材时往往是面向全国定位的，这就使得大多数教材地域特色不够鲜明，不能够针对某一地域的特点而量体裁衣地打造精品教材。因此编写实践性强、实用性强、有特色的高职旅游英语实践教材对该专业的良好发展具有非常重要的意义。

（三）双师型教师不足

目前高职院校旅游英语专业教师大多为英语语言文学教育背景，具备良好的英语语言功底和扎实的教学基本功，他们基础英语的教学能力非常强。但对大多数教师来讲，却存在着对旅游英语知识积累不够，对实际旅游英语工作的亲身经历不足、经验欠缺等问题，导致教师缺乏有效指导实践教学的能力，不能在实践教学的过程中给予学生深层次的指导，不能保证学生全面、系统、高质量地完成旅游英语实践教学任务。

四、解决途径和方法

（一）进行课程教学改革，突出实践教学

课程教学是人才培养模式的核心，课程教学改革是人才培养模式改革的切入点。旅游英语教学应该改变传统的以教师为中心的教学模式，

在教学过程中应强调学生的主体地位，坚持以学生为中心，在日常教学的各个环节渗透实践教学的理念；通过优化课程设计，采用启发式、讨论式的教学方法，让学生能充分融入到每一节课中，激发学生的学习兴趣，真正体现实践教学的精髓。在课程实践实训创新改革实践环节中，应着重开展围绕核心技能的实践、实训，探索以听说记写为主线、以职场英语为载体、以综合素质能力为核心的实训模式。同时还应加大开设选修课的力度，如设立英美文化、英美概况、英美电影、音乐赏析、珠宝鉴赏、京剧赏析、建筑等和旅游相关的课程。还可拓宽思路与汽车驾驶学校合作来培训学生的驾驶技术。通过上述措施来拓宽学生的知识面，增强学生的实践能力。

（二）开展丰富的第二课堂活动

第二课堂活动是学校课堂教学的延伸，是其有效的补充。在大学生活中，学生自己可支配的时间明显增多。如何有效地利用好课余时间，通过课外活动来提高学生的实践能力就成了一项非常重要的任务。学校可开设多种形式的第二课堂活动，例如在校内开设英语文化节，通过开展英美文化知识讲座，举办英语节日晚会、英语角、英语演讲大赛、英文歌曲大赛、英文配音比赛、英文写作比赛等活动来增强学生的实践能力。这些比赛或活动一方面拓展和丰富了实践教学，丰富了学生的学习内容，营造了良好的语言学习氛围；另一方面让参与的同学通过实践活动得到了锻炼，提高了职业技能。

（三）加强学生信息素质培养

信息素质概念最初是由美国信息工业协会主席保罗•泽考斯基于1974年提出的。1979年，该协会又对信息素质作出了官方解释，他们认为具备信息素质的人即“掌握了利用信息工具的知识和技能，并应用于解决实际问题之中”。对于旅游英语专业这样一个应用性比较强的学科来讲，学生信息素质的培养对实践性教学环节来讲就显得尤为重要了。但许多高职学校从思想上和行动上忽视信息素质的核心——信息检索和利用能力的培养，虽然少数高职院校的一些专业开设了指导学生重视和利用信息资源的文献检索课程，但就整个高职院校而言，对如何指导学生获取和利用信息资源来提高自己的信息素质的研究则是刚刚起步，基本上处于一个探索阶段；学生对于在网上查找信息与利用图书馆查询、检索数据的能力也比较弱，学生对信息的获取能力和对信息意识的认识较为欠缺，从而使他们的职业生涯发展受到制约。因此学校要加强学生信息素质的培养。学生信息素质的养成和提高，是完成旅游英语专业实践教学目标的重要保证，二者是相辅相成的统一整体。

改善学生的信息能力要从学习的各个环节入手，由教师逐步介绍理念，引导培养，待学生发现规律、养成习惯便可独立地解决处理问题，在这个过程中学生的信息能力也就不自觉地提高了。要使学生充分利用好图书馆，针对旅游英语专业的学生要特别对其进行外文数据库如 Gale，EBSCO，Emerald 等数据库使用方法的讲解，使学生具备利用数据库进行检索的能力。对即将毕业的学生应加开面向市场求职的就业信息教育课程，以帮助学生认清市场的需求，准确给自己定位，及时调整自己，使自身能满足社会的需求。对于中间层次的在校学生来讲，要抓住一切有利时机充分利用学生在校的宝贵时间培养其信息能力。要定期开设信息检索讲座，提高其信息意识，并将旅游英语专业与实践课程和信息检索讲座有机结合起来，逐步培养学生能独立运用信息手段解决自己在实践过程中出现的种种问题。一旦学生具备了信息素质，不但能使实践课教学质量和效果大幅提升，还能培养学生可持续学习的能力，使其受益终身。

（四）充分利用多媒体教学手段进行实践教学

教师可在教学中利用多媒体技术将模拟出来的各个场景通过声光电的方式生动地展现在学生面前，同时将其中需要学生重点掌握的地方通过问题的方式让学生主动思考，安排学生利用实验室中数据库的资源去寻找解决问题的最佳方法，这样不但锻炼了学生的英语能力，还锻炼了学生借助信息工具去发现、消化、吸收信息，独立解决问题的能力。这种实践式的教学，极大促进了学生将书本上学到的知识转化成其真正职业能力的过程，能使学生在能力方面有一个质的飞跃。

（五）建立校外实践教学基地

高职院校应充分调动各种资源，发动一切可以发动的力量，积极拓展校外实践教学基地的建设。应根据自己学校所在的地理位置和外部环境，认真分析研究，明确学科定位，根据旅游英语的实际情况与校外负责任、信誉好的公司建立联系，共同建设实践教学基地。譬如可以和一些大型旅行社、酒店、旅游景区建立长期合作关系，将其作为稳定的实践教学基地，这样就可以为旅游英语专业的学生提供真实的校外实习环境，能使学生在真实的场所中得到锻炼。通过这些实践，学生不但能将自己在课堂中所学的知识运用到实践中，对各个岗位的工作有深度的感性和理性认识，还能在实践中清楚地认识到自己的差距和不足，以便在今后的学习过程中不断加强和完善。

（六）加强双师型师资队伍建设

《国家中长期教育改革和发展规划纲要（2010—2020年）》提出，职业教育要加强双师型教师队伍和实训基地建设，提升职业教育基础能力。要想培养出优秀的学生就必须拥有一流的教师队伍。教师应是既能胜任专业教学任务，又能指导实践教学的高素质“双师型”人才。这就要求旅游英语专业教师不但要具备扎实的旅游英语专业基础知识，还要拥有丰富的旅游方面的从业经验。因此，高职院校应制定相应的激励措施，鼓励教师在职进修，不断拓宽自己的知识面并积极考取旅游英语从业资格证。校方应和旅游英语相关的单位建立长期合作关系，安排教师顶岗锻炼，这样教师不但能不断丰富理论知识，而且还能在实习锻炼中积累宝贵的实践经验，在日后的实践教学中就能对学生给予有针对性的指导，真正提高实践教学的质量。同时还要大力培养和提高教师的信息素质。教师的信息素质被认为是构成高职综合实力的重要因素，只有教师具备了较高的信息素质，才能影响学生，才能使学生的信息素质得到提高，从而改善和提高实践课的教学水平。

总之，新的形势对高职院校的实践教学提出了新的、更高的要求，实践教学始终是高职教育的核心。学生只有具备了较高的实践能力，才能适应不断变化的市场需求，并在激烈的市场竞争中站稳脚跟，找到自己的一席之地。因此，学校要大力加强实践课教学，通过改革实践课教学、提升学生的信息素质水平、建立优质的校外实践基地、加强教师队伍建设、不断提高师资水平等一系列措施来提高实践课教学水平。不断总结实践教学经验，不断探索新方法、新模式，推陈出新，只有这样才能增强高职旅游英语专业学生的综合竞争力。

参考文献

[1] 丁雅玲，潘发勤．能力本位训练中的课程目标确定与教学过程分析 [J]. 职业教育研究，2004（4）：6.

[2] 国家中长期教育改革和发展规划纲要（2010—2020 年）[M]. 北京：人民出版社，2010.

[3] 教育部高等学校高职高专英语类专业教学指导委员会．高等职业教育英语课程教学要求（讨论稿）.2008.

[4] 老青．高职工学结合英语实训模式构建 [J]. 职业技术教育，2010（8）：78-80.

[5] 王翔，谭谊．信息检索课程与高职学生的信息素质培养 [J]．湖南信息职业技术学院，2006（3）：18.

回眸校企合作：北京双雄对外服务公司
——北京青年政治学院旅游英语专业校外实训基地

老青[1]　郭威[2]

摘要：十八届三中全会关于全面深化改革的决定，把职业教育摆在了非常重要的位置，提出“加快现代职业教育体系建设，深化产教融合、校企合作，培养高素质劳动者和技能型人才”。北京双雄对外服务公司与北京青年政治学院旅游英语专业在工学结合、订单培养、对口就业、师资发展、产教融合、社会服务等领域所取得的成绩具有显著示范效应。

关键词：校企合作　北京双雄　旅游英语

项目来源：2013年全国旅游服务业校企合作课题项目“旅游服务业校企合作人才培养模式的研究”(一般项目编号12；主持人：何明华)

1　老青：北京青年政治学院教授，英语系主任。

2　郭威：北京双雄对外服务公司人力资源总监，教育部职业院校外语类专业教学指导委员会委员。

2013年10月，北京青年政治学院和北京双雄对外服务公司被国资委商业饮食服务业发展中心校企合作工作委员会授予“优秀校企合作奖”。2013年4月，北京青年政治学院英语系老青荣获“优秀‘双师型’专业带头人”称号。

一、社会实践－专业实训－顶岗实习→工学结合、订单培养、对口就业

2008年5月，经北京市朝阳区职业介绍所搭桥，双雄公司进校面试，旅游英语专业张立娟等22名应届毕业生首次被双雄公司录用，自此拉开了北京青年政治学院英语系与北京双雄对外服务公司校企合作的序幕。到目前为止，旅游英语专业有六届毕业生共计66人在双雄公司就业，累计岗位提升率（不含离职人员）超过30%，在职专升本率超过50%，离职率低于10%。在双雄公司就业的旅游英语专业历届毕业生在就业竞争力以及就业质量等方面优势显著（①初次就业率[1]、②月收入[2]、③专业相关度[3]、④就业满意度[4]、⑤职业吻合度[5]、⑥离职率[6]）。

以2012届为例	①	②	③	④	⑤	⑥	数据来源
北京青年政治学院旅游英语专业	99%（毕业实习并被录用）	2966元	98%	95%	88%	0%	北京双雄公司
全　国 旅游英语专业	87%（毕业实习并被录用）	2721元	50%	68%	48%	44%	麦可思报告

2009年11月开始，启动大三学生半年以上的毕业实习项目（第六学期）；2010年6月，新增大一和大二学生暑期顶岗实践项目（累计45天/学生，含餐补或加班补贴）；2012年4月，开展大三学生“4+1”顶岗实

1　毕业半年后，即毕业第二年的1月以后的数据。

2　毕业半年后实际月收入的平均值。

3　全职工作与所学专业知识相关性。

4　毕业生对受雇全职工作现状的满意情况。

5　毕业生的工作与职业匹配情况，包括核心知识的重要度、核心知识的工作要求水平、核心知识毕业时的掌握水平、核心知识的满足度。

6　从毕业时到毕业当年的12月31日。

训项目（第五学期，每个学生每周4天在学校、1天在企业）。这些为旅游英语专业学生就业率在北京地区高职院校同类专业中排名第一奠定了基础。

值得一提的是，双雄公司为参与上述项目的所有学生支付劳务费（平均80~100元/天/学生）。此外，校企双方分别为参与上述项目的所有学生购买保险，还共同为离职升迁（含升本）或自主创业的往届毕业生搭建再就业或扶持发展的平台。

二、双师证－双师素质－双师结构→走出去、请进来，师资队伍建设与发展

2008年12月至今，英语系50%的教师陆续为双雄公司提供技术服务和培训，包括技能竞赛培训（2期，30人次）、笔译培训与测试（2期，42人次）、中层后备能力测评（1期，23人）等；2008年11月至今，双雄公司60%的签证中心业务主管直接指导旅游英语专业学生的毕业实习、专业实训、暑期实践和毕业设计；2012年11月至今，英语系与双雄公司共同为双方的在职员工开展了旅游礼仪师培训（3期，225人）、旅游咨询师培训（1期，23人）和旅游英语教师实践实训教学能力培训（2期，25人）。

2009年3月至今，旅游英语专业30%的教师（含教学副主任、实训主任、教研室主任、青年骨干教师等）在双雄公司完成挂职（平均90天/教师）。这些为进一步深化旅游英语专业双师型师资队伍建设内涵、有效提高专业教学水平、确保人才培养质量、双师率达标奠定了基础。

三、专业建设－课程建设－教材建设→立足行业、产教融合，互惠共建共赢

经过专业调研，为适应出入境行业小领域、大需求的发展态势，2012年6月，旅游英语专业方向调整为“出入境服务”；2013年6月，旅游英语专业方向拓展为“出入境服务与管理”。在保持原有招生规模的

前提下，不断提高招生质量（第一志愿满足率和录取分数逐年攀升），增加京外招生省数和指标。2011 年 5 月完成课程计划调整，新增必修课《出入境服务实务》、《旅游英语口笔译实务》、《旅游英语速记》等；在实践教学环节中引进证照编译、旅游礼仪等专业实训项目。自 2009 年 5 月开始，双方共同开发教材，如《旅游英语听力速记实训教程》、《旅游英语写作实训教程》等。此外，《旅游职业英语》系列教材（10 册）入选"十二五"职业教育国家规划教材建设项目。这些为进一步丰富旅游英语专业教学资源，不断提高产学研水平，创建品牌专业、精品课程、精品教材奠定了基础。

四、行业指导－企业参与－院校主责→服务北京、服务全国，互利协作共荣

2012 年 11 月，作为行业企业代表，双雄公司人力资源总监受聘为教育部职业院校外语类专业教学指导委员会委员；作为院校教学代表，2013 年 6 月，旅游英语专业带头人受聘为教育部职业院校外语类专业教学指导委员会旅游英语分委会委员。这更有利于旅游英语专业人才培养方案的顶层设计和落地实施，为有序提升校企对接平台、有效拓展校企衔接领域奠定了基础。

双方参与完成教育部职业院校旅游英语专业教学标准制定，参与开展教育部职业院校旅游英语专业目录修订工作。此外，双方共同为京内外旅游管理和旅游英语专业院校及其校外实训基地开展师资培训（2 期，55 名，参训教师来自新疆、西藏、陕西、吉林、安徽、福建、广东、四川、江西等）。

五、校园文化－工作文化－企业文化→服务市民、服务社会，文明和谐发展

2012 年 6 月起，英语系师生和双雄公司员工（以英语系旅游英语专业往届毕业生为主，如刘云鹏、张立娟等）共同参与了北京国际化都市

建设、文明社区建设和服务市民、服务行业的大型活动，包括北京市外语游园会志愿者（1 次 / 年）、北京市民讲外语公益讲座活动志愿者（1 次 / 年）、北京市公共场所英语标识识错活动志愿者（1 次 / 年）等。

双方共同为培养青年人社会责任感、加强服务奉献意识、开展精神文明建设，以及提高全球化环境下青年人跨文化交流能力作出了应有的贡献。

北京双雄对外服务公司 英语笔译培训暨校企合作研讨 （2011 年 5 月）	北京双雄对外服务公司 校企合作年度汇报 （2011 年 12 月）

北京双雄对外服务公司 后备管理人才综合能力测试 （2012 年 4 月）	北京双雄对外服务公司 职工礼仪培训 （2012 年 12 月）
	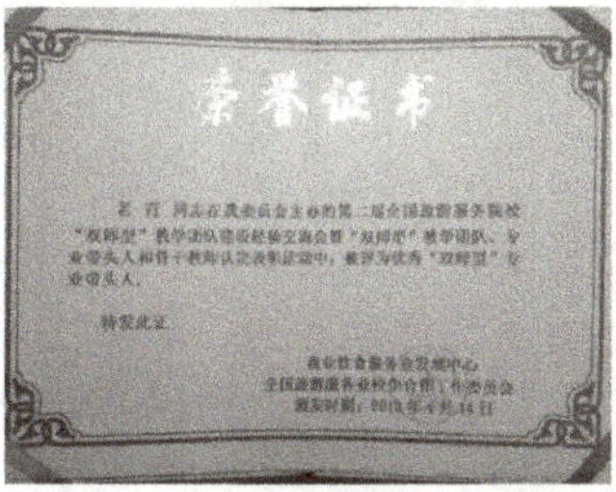
2013 年度优秀校企合作奖	2013 年优秀“双师型”专业带头人

参考文献

[1] 北京青年政治学院人才培养 2014 年度报告 . 高等职业教育人才培养质量年度报告专栏（http://www.tech.net.cn/web/rcpy/articleview_sch.aspx?id=871），2014-02-28.

[2] 葛道凯 . 搜狐访谈：教育部职业教育与成人教育司葛道凯司长谈职教热点，中国高职高专教育网（http://www.tech.net.cn/web/index.aspx），2014-2-28.

[3] 麦可思数据公司 . 北京青年政治学院人才培养数据分析 [R]，2014.

[4] 麦可思数据公司 . 教育部职业院校外语类专业教学指导委员会旅游英语专业人才培养数据分析 [R]，2014.

[5] 全国旅游人才教育网（http://www.ctht.org.cn/），2013-04-25.

依托社会服务，构建旅游英语校外实践平台

刘秀荣[1]　老青[2]

摘要：本文根据当前旅游市场对高职旅游英语专业复合型人才的需求，分析当前校内理论教学存在的不足，并结合高职旅游英语专业学生实践教学的特点，研究和探索构建一个以社会服务为依托的校外实践平台，从而帮助大学生有效地提高外语听说能力、业务综合素质和社会适应能力，培养其团队协作精神和服务社会的奉献精神。让学生在真实的工作环境中了解社会、验证所学、积累工作经验，把课堂延伸到真实岗位，从而锻炼和提升综合能力。

关键词：旅游英语　校外实践　综合能力

项目来源：2014年北京青年政治学院教育教学建设项目“旅游英语专业课程体系改革研究”(委托项目编号01；主持人：何明华)

1　刘秀荣：北京北海公园琼华岛队队长助理，文化队副队长，北海咨询站负责人。
2　老青：北京青年政治学院教授，英语系主任。

一、旅游英语专业校外实践的背景分析

随着社会经济的不断发展，我国旅游业较长期保持了7%的年均增长率，并带动了相关产业和社会经济的全面发展，已经成为我国经济发展的支柱性产业之一。据《2011中国旅游市场趋势观察研究预测报告》预测，2015年我国旅游业占国内生产总值比重为8%，2020年将达到11%。旅游业的飞速发展对专业旅游英语人才的需求大幅提升。在旅游业迅猛发展的今天，旅游市场更需要的是有实践经验、外语过硬、熟悉旅游业务的复合型人才。旅游英语教学，应重在实践。传统的理论教学已经远远不能满足市场和旅游企事业单位对毕业生实际操作能力方面的需求。当前，普通高校的传统教育模式大多数是重理论而轻实践甚至无实践，培养的人才很难适应当前社会的高速发展。著名教育学家吕型伟曾撰文对我国传统教育进行了回顾与总结：教学内容死板，教学大纲多年不变；单纯的知识教育，旧有经验的复制，忽视实践，没有培养学生动手能力；以考试分数评高低；忽视人文教育，没有进行全面素质教育等。为了弥补传统教学的不足，越来越多的高职院校开始引入实践教学的理念，积极为学生搭建校外实践的平台。

二、校企合作的优势与弊端

目前，国外对于高校实践教学的研究多以应用型大学和职业学院为对象，强调实践教学体系的建设，在校外实践教学模式上比较典型的有以北美为主的CBE模式、德国的“双元制”模式和澳大利亚的TAFE模式。这些模式共同的特点就是强调应用型人才培养离不开企业的参与。在这种教学理念的影响下，校企合作成为国内很多旅游院校的必然选择。

校企合作，顾名思义，是学校与企业建立的一种合作模式。当前社会竞争激烈，包括教育行业，因此大中专院校等职业教育院校为谋求自身发展、抓好教育质量，采取与企业合作的方式，有针对性地为企业培养人才，注重人才的实用性与实效性。校企合作是一种注重培养质量，注重在校学习与企业实践，注重学校与企业资源、信息共享的“双赢”

模式。与市场接轨、与企业合作、实践与理论相结合的全新理念，为教育行业发展带来了春天。

通过产学结合的方法，让学生体验旅游企业真实的业务；利用企业真实的生产经营环境、真实的对客服务过程，培养和提高学生的专业技能和职业素质。但是当前的诸多实情告诉我们：学校要与企业建立稳定的合作关系是比较困难的，学生实践需求的长期稳定性和企业经营变动性的矛盾比较突出，很少有企业能连续几年成为校外实践教学基地。而一个实践教学基地从初建到能完全发挥功能需要一个周期，因此校外实践教学基地的不稳定也给校外实践教学效果带来了负面影响。由此可知，与企业合作、创建校外实践教学基地虽然可以弥补校内实践教学资源的局限性，但要实现应用型人才培养目标，单靠创建校企合作式的校外实践教学基地还是远远不够的，因此，校外实践教学基地的建设必须要开辟多条路径。

除了校企合作模式外，高校亦可以与相关事业单位合作，创建“校事合作”式的校外实践教学基地。随着市场经济的发展和文化旅游的兴起，目前旅游业已融入了国内部分事业单位的工作业务，如公园景区内的志愿服务，包括免费的旅游咨询，殿堂、景区的义务讲解，游船服务等。

三、公园景区作为院校社会服务平台的优势

“志愿者”是指不以获取物质报酬为目的，利用自己的时间、技能，自愿为社会和他人提供服务和帮助的人。“志愿者”，英文表述是volunteer。在香港、深圳、广州等地，“志愿者”通常被称为“义工”；在台湾地区称为“志工”。志愿者组织主要是各级志愿者协会和各类专业性志愿者协会。

随着我国旅游业的飞速发展，尤其是奥运会前后，出入境游客大幅增加，旅游志愿者的需求量大幅攀升，与国际接轨的旅游咨询站如雨后春笋般出现在北京的各大机场、饭店、街道及旅游景点。旅游咨询站成

为外国人、外地人了解北京旅游的重要途径。目前，全市已有351家咨询站和1600名咨询员。即便如此，由于多方面的原因，旅游志愿者的数量依然不能完全满足中外游客的需求。

公园志愿服务始于20世纪90年代初，起初他们只是利用岗下时间，义务为游客讲解公园景点，推荐游览路线。随着2008年奥运会的到来，北京各大著名景点都设立了旅游咨询站，公园志愿服务的内容从单纯的公园讲解发展到旅游活动相关的食、住、行、游、购、娱等方方面面，接待对象也从外地游客为主转向外国游客为主。这些对公园志愿者的数量和质量都提出了更高的要求。特别是在2011年公园景区的旅游咨询站划归公园管理之后，由于公园人事编制相对固定，很难增加新人，再加上旅游行业淡旺季比较明显，在旅游旺季时就会出现旅游英语专业人才紧张的现象，因此对旅游英语志愿者的需求大幅攀升。

而这时，大学生正处于暑假期间，他们有良好的语言基础、专业的知识，他们的参与有效地弥补了公园志愿者数量上的不足。院校为景区提供了优质的志愿者资源，公园景区为院校提供了校外实训的实践基地，实现了校企合作的“双赢”。相对其他实践基地，公园景区的优势如下：

（1）公园景区属于事业单位编制，管理规范，运作稳定，可以建立长期合作机制，契合了院校校外实践长期性、稳定性的需求。

（2）公园景区以服务社会为宗旨，注重社会效益，不急功近利。一般的旅游企业单位都是以创造利润为目的，难以为学校提供有损经营的实习条件。同时，绝大多数企业都不愿意因为充当了学生的“实践部、培训基地”而流失顾客或降低服务质量。虽然一方面他们迫切地需要能够马上上岗并且独当一面的“熟手”、“高手”，但是另一方面又不愿意给学生从“生手”到“熟手”的锻炼时间和机会。而公园景区的服务岗位因为不触及利益和经济效益，只要符合公园服务规范、遵守公园的规章制度、有热情和爱心为游客积极服务即可，因此公园景区可以让学生有足够的“过渡期”和“适应期”。

（3）公园景区的旅游咨询工作紧密贴合旅游英语专业社会实践的需求。旅游英语注重口语表达，专业性强，涉及内容广泛。咨询站的基本工作就是用英语向前来咨询的各国、各地游客传播中国文化、北京文化，将与旅游相关的历史、名胜、风土人情等用英语表达出来。所以，该岗位对旅游业务知识的要求也是比较高的。

（4）公园景区的社会服务岗位不以营利为目的，让学生在志愿服务中提升服务意识、掌握服务技能，有利于培养学生服务大众、服务社会的奉献精神。

四、如何开展实践活动

（一）考察阶段管理

1. 了解工作内容、岗位需求

社会服务实践教学的目的是为了培养应用型、复合型人才，因此在选择合作单位和服务项目时首先要考虑的是用人单位提供的岗位是否与旅游英语专业结合紧密，工作岗位能否给学生提供充足的实践锻炼机会。同时还要考虑用人单位的实际岗位需求，以达到互惠共赢的效果。最好是提前了解服务岗位的岗位职责和服务规范。

2. 实地考察服务岗位环境和服务流程

院校负责人现场考察服务岗位，了解学生要参加的社会服务岗位的综合条件，如交通、用餐、饮水、休息室环境等，了解服务工作性质，清楚工作流程。

3. 签订合作协议

在校方和用人单位双方认可的前提下，签订合作合同。大学生在自愿的情况下与用人单位签订志愿服务意向书。合同应包括志愿服务的时间、内容、形式，用人单位为学生提供社会服务必要的劳动保障，学生必须遵守用人单位的劳动纪律等内容。

（二）培训阶段管理

1. 院校方面

院校按照用人单位提供的培训资料，对报名参与社会服务的学生进行统一培训。要求学生掌握规定景区或指定殿堂的中英文讲解内容，发音准确，清晰流畅；掌握咨询服务中应知应会的基本业务知识，熟练掌握景区内各景点的位置，以及洗手间、餐厅、派出所的位置；了解景区周边的交通情况，熟悉附近地铁、公交车站、银行的位置；熟练掌握景区游船的位置和中英文游船讲解内容。

2. 用人单位方面

用人单位派专门的指导老师授课并考核。指导老师现场做服务流程演示，讲解服务礼仪和服务过程中有可能遇到的问题及处理方法。

3. 院校与用人单位双方

由院校老师和用人单位指导老师共同对参加培训的学生进行考核、选拔。考试成绩合格者方能录用。

（三）实践阶段管理

1. 学校派专职老师负责监督学生的出勤情况和服务质量

监督用人单位按合作协议为学生提供必要的劳动保障。随时协调学生与用人单位之间的问题。指导学生充分利用社会实践平台，锻炼服务技能，积累工作经验。

2. 用人单位的指导老师负责控制、监督学生的现场服务流程

安排岗位时尽量让有经验的正式职工和学生搭配，确保学生在服务过程中出现疏漏时有人及时弥补，避免游客投诉。

3. 现场岗位负责人管理

把学生纳入正式职工的管理范围，将学生视同为正式职工，按标准化的服务规范执行统一管理，让学生真正体会到真实的工作管理标准。

4. 学生分组管理

把参加社会服务的学生划分为若干小组，指定小组负责人。锻炼学生的团队精神和协作意识。

通过不同层次的管理，让社会服务校外实践的功能充分发挥出来，确保实践活动的效果和质量。

五、目前取得的成果

1. 锻炼了学生的英语口语

对于旅游英语专业的学生而言，语言环境非常重要。公园景区特别是咨询导游讲解岗位，每天都有机会接触到来自世界各国的游客。游客咨询的问题五花八门，从食、住、行、游、购、娱等方方面面到北京京味文化。学生从刚开始的不敢说到主动说再到滔滔不绝，越来越熟练。通过旅游咨询，学生在不知不觉中提升了英语的实际应用水平。

2. 了解工作状态

在校学生因为没有接触过社会，刚刚接触工作岗位时往往会感到无助和迷茫。社会服务，虽然是志愿服务岗位，没有激烈的竞争，但是学生必须遵守用人单位的劳动纪律，服从岗位规范。工作岗位上，不能迟到早退，不能打盹开小差，不能因为心情不好发脾气。只要在工作岗位上就要始终面带微笑，以饱满的工作热情完成各项工作。从这个角度让学生在步入社会之前对工作状态有所了解，为今后走上工作岗位打下良好的基础。

3. 丰富旅游知识

服务游客的过程也是充实完善知识的过程。不论是殿堂讲解、游船讲解还是旅游咨询，实际工作中会涉及旅游行业的方方面面。导游讲解要求学生运用英语向外宾传播中国文化，将历史、地理、建筑、书法、宗教等内容贯穿到讲解过程中，学生不光要在语言上过硬，更要在文化上下功夫，还要掌握跨文化交流的方法和技巧。旅游咨询工作中，游客的问题涉及旅游线路、交通、餐饮、购物、娱乐、旅游投诉、维权等，这不仅可以让学生将课堂学习的知识在实践中验证、加深理解，还能对课堂中未涉及的知识进行有益的补充。

4. 积累工作经验

大学生有良好的知识储备，有积极的工作热情，但是最缺乏的就是工作经验。参与社会服务，在全真的工作岗位上进行锻炼，通过帮助游客解决问题、了解游客需求，从真实的工作环境中认识旅游行业，了解相关的旅游知识，掌握相关的政策法规，学会分析问题和解决问题的方法，为走向社会积累宝贵的工作经验。

5. 提升自信

通过参与社会服务，从单纯的学生成为独当一面、能够独立开展工作的讲解员、咨询员；从腼腆羞涩看到人多就脸红的青涩少年到从容有礼、侃侃而谈的阳光少年；从工作之初心虚的“我行吗？”到坚定自信的“我能行！”很多刚开始自我评价“英语不好”的同学在外宾一声声赞美、一句句“你的英语真棒”中建立起骄傲和自信。社会服务不仅给游客带来了温暖的帮助、贴心的便利，更让大学生在不断的尝试和改变中提升了自信。最后，培养了服务意识，形成了服务社会的奉献精神，加强了团队意识和协作意识。

六、结语

不以营利为目的的公园景区志愿服务岗位为学生提供了参与社会实践的校外平台，帮助学生积累了工作经验，补充了公园景区旅游人才队伍，促进了高校高技能实践型人才的培养，同时也让中外游客得到了贴心的服务。这种合作方式让学生、院校、用人单位和服务对象一举四赢，为今后院校的实践教学提供了很好的借鉴。

参考文献

[1] 陈丁和，李忠群.高职旅游专业校外实践教学探讨[J].教职通讯，2005（4）：42-43.

[2] 董鸿安，汪焰，况宝根.高职旅游专业校外实践教学改革的创新探讨[J].成人教育，2004（3）：66-67.

[3] 黄煜栋.基于社会服务构建高职IT技能校外实践平台[J].黑龙江生态工程职业学院学报，2013（2）：96-97.

[4] 李萍.广西新建地方本科院校旅游管理专业创建校外实践教学基地的创新思考[J].语文学刊，2012（7）：98-99.

[5] 刘爱服.旅游英语专业实践教学体系的探索与实践[J].中国成人教育，2009（8）：112-113.

注重名师培养　激励名师发展　拓展名师风采

——以北京青年政治学院英语系为例

老青[1]　江洁[2]

摘要：教学名师的作用不应仅仅局限于课堂上，也不应仅仅局限于为学生付出的努力，名师还应在专业建设与发展、师资队伍建设与发展和服务社会政企等方面发挥引领、表率和示范作用。北京青年政治学院高度注重名师培养，不断激励名师发展，有效拓展名师风采。

关键词：名师　培养　发展　风采

项目来源：2013年全国旅游服务业校企合作课题项目“旅游服务业校企合作人才培养模式的研究”(一般项目编号12；主持人：何明华)

1　老青：北京青年政治学院教授，英语系主任。

2　江洁：北京青年政治学院副教授，英语系教师。

教学中需要优秀教师，需要名师，但教学名师的作用不应仅仅局限于课堂上，也不应仅仅局限于为学生付出的努力，名师还应在专业建设与发展、师资队伍建设与发展和服务社会政企等方面发挥引领、表率和示范作用。

一、注重名师培养，发挥其对专业建设与发展的引领作用

（一）创新旅游英语专业（出入境服务与管理）

北京青年政治学院英语系在专业建设与发展的重点难点工作中始终坚持教学名师挂帅，让名师完成专业带头人工作，充分发挥其引领作用。

（1）通过专业论证与调研、专业教学计划调整、专业人才培养方案编制，创新性地调整英语专业的基本定位（旅游英语）与发展方向（出入境服务与管理），将其打造成为“小领域、大需求”的品牌专业（目前国内唯一），使之更加顺应北京国际城市建设的需要。该专业受到教育部职业教育外语类教学指导委员会以及越来越多企业的高度关注。

（2）通过专业学生暑期见习、日常 4+1 兼岗实践、专业集中顶岗实训、订单式毕业实习与就业“全年全覆盖”实践教学模式，2010 年以来专业学生就业率高出全国职业院校旅游英语专业平均就业率 7 个百分点（达到 98% 以上），呈明显的逆势上扬态势，在全国就业最好的前 100 个专业排名中列第 34 位；专业对口就业率高出全国高职高专平均线 10 个百分点（达到 69%），就业质量指数高，尤其在就业岗位条件与环境、就业能力（一次性就业率）、劳动者报酬（薪金起点及提升率）、优化转岗升迁率等方面更为突出。

（3）基于专业方向调整、实际就业率上升、教学质量提高和社会服务面拓展，专业的社会影响力不断扩大，有效提升了专业招生的实际效果，成为北京地区高职高专中“小清华”的一分子，2013 年生源比例占全国高职高专旅游英语专业招生规模的 1%。

（二）拓展市级精品课程示范效应

北京青年政治学院英语系在精品课程建设、精品教材建设中始终坚持教学名师挂帅，让名师承担精品课程主讲人任务，充分发挥其示范作用。

（1）北京青年政治学院成为北京地区独立设置的高职院校中唯一一个获得两门市级英语类精品课程的院校（大学英语、英语速记），其示范效果及影响至今犹存。其中“英语速记”课程在自主实训交互平台及网络环境等方面不断丰富完善，优化组合。结合校内实训室建设项目，研发 2 套专项技能测评管理平台（局域网），包括英语听力速录速记测训系统、旅游商务英语笔记技巧及英汉互译实训评测管理系统；建设网站 2 个（行业基础知识阶段英语速记和基础阶段英语速记）。课程资源广泛服务于国内各高职高专院校相关实训教学和赛训项目（如第一届全国高职高专院校英语速录速记比赛），也服务于北京市各委办局（如北京市委组织部、北京市科委等）和区县政府（如顺义区人民政府等）、国有大中型企业和上市公司（如中海油、中石化、北京双雄对外服务公司等）组织的优秀青年骨干、国际化管理人才英语测训项目，成为特色核心技能实训模块之一。

继两门市级精品课程之后，英语系按照教育教学质量工程要求，不断优化课程体系，积极开展课程达标、优质课程和网络资源平台建设等工作。目前旅游英语专业与各类证书一站式对接（课证合一）或与竞赛匹配课程门数不断增加，其累计课时数占计划总课时数的 30%。一些与企业岗位对接的课程的实效性明显加强。公共英语在第 1、2 学期与水平证书对接的基础上，创新性地构建了以英语听说为主线、以行业基础知识为背景的分阶段的职场实践及赛训体系（包括“A/B 级机训 + 听力机训 + 口语机训 + 综合能力机训”和“口语比赛 + 听力速录速记比赛 + 写作比赛”到综合水平竞赛），引起国内职业院校的广泛关注，使得京内外越来越多的院校来北京青年政治学院实地考察和交流（年接待累计平均百余人次，涉及城市及省份包括北京、天津、河北、山西、辽宁、上海、江苏、安徽、湖南、四川等）。

（2）北京青年政治学院成为北京地区独立设置的高职院校中唯一一个获得市级英语类精品教材成果数量最多的院校（《实用英语速记基础教程》和《实用英语视听速记实训教程（旅游专业）》，高等教育出版社，同时入选“十二五”职业教育国家规划教材）。此外，《实用英语视听速记实训教程（旅游专业）》软件荣获北京市属高校“创想杯”多媒体教育软件大奖赛优秀奖，相关教学课件荣获教育部高职高专英语类教学指导委员会“全国高职高专英语课堂教学课件大赛”英语专业组三等奖（北京地区唯一获奖的高职院校）。

二、激励名师发展，发挥其对师资队伍建设与发展的表率作用

（一）开展公共英语和旅游英语双师素质培养

北京青年政治学院英语系在双师素质队伍建设中始终坚持教学名师挂帅，让名师主持英语教师技能培训项目，充分发挥其表率作用。

（1）目前既有双证书且又有六个月以上校外实训基地挂职经历的英语专业教师已达到 80%。值得一提的是，公共英语教师的双师型比例也有较大提升，具有双证书（含年内人均 1~2 次顶岗实操）的教师比例也提升到了 80%。上述两种比例排名目前保持北京地区独立设置的高职院校（英语类）之首的地位。

与此同时，协助教学名师主持完成专业实训课程、社会实践活动、暑期见习、“4+1”兼岗实践、专业集中实训、订单式毕业实习、毕业设计等项任务的实训基地外聘教师队伍趋于稳定，其中两名（北京双雄对外服务公司人力资源总监和安捷之旅国际旅行社有限公司副总经理）成为新一任教育部职业院校外语类教学指导委员会成员，这为公共英语教育教学及旅游英语专业就业创业和产学研成果的应用，北京地区高职高

专院校英语口语比赛、全国高职高专院校英语速录速记比赛、全国旅游礼仪培训师师资培训项目以及开展的职业院校旅游英语专业师资培训项目、职业院校旅游咨询师培训和考点建设项目、全国旅游院校“校企合作”对话活动等奠定了扎实的基础。

（2）北京青年政治学院英语系创新了英语实训教学管理师的培养模式，结合校内实训师队伍建设，与近两年内围绕教育教学质量工程开展的教师实践技能培训与考核项目、教师教学能力展示活动等相吻合，使得专业实训和公外实训师资水平整体提高。北京青年政治学院英语系编制并进一步细化了实训教学管理师工作内容，包括实训室基础操作与管理、专业实训项目软硬件操作与管理、专业技能拓展项目设计与管理等，以及考核体系，如双证年审考核制、企业挂职考核制、赛训组织与指导考核制、专业实训组织与指导考核制等。

（二）创建高职英语优秀教学团队

北京青年政治学院英语系在打造高职优秀教学团队中始终坚持教学名师挂帅，让名师负责英语优秀教学团队建设，充分发挥其积极作用。

（1）英语教师入选北京市优秀青年骨干教师（含创新人才项目）的比例高于 40%，入选北京市教育教学成果奖的比例高于 25%，上述两种比例排名目前保持北京地区独立设置的高职院校英语类之首的地位。

（2）英语教师获得北京市高等学校青年教师基本功比赛二等奖（北京地区独立设置的高职院校英语类唯一的获奖教师），获得北京青年政治学院青年教师教学基本功比赛（讲课与说课）一、二等奖及以上的比例高于 25%，获得北京青年政治学院教育教学成果二等奖及以上教师的比例高于 30%。

（3）英语教师指导的学生参加各类比赛（如教育部高职高专院校北京地区英语写作比赛、北京市职业院校英语口语比赛、导游服务比赛、全国高职高专英语速录速记比赛、全国大学生英语竞赛等）一、二等奖获奖比例也名列前茅。

三、拓展名师风采，发挥其对服务社会与企业的示范作用

（一）甘当社会社区服务分子

北京青年政治学院英语系在服务社会、服务基层、服务百姓中始终坚持教学名师挂帅，让名师主抓社会服务项目，充分发挥其先锋作用。

英语教师和学生每年全员参与服务社会、服务基层、服务百姓的主要项目有：北京市民讲外语活动、北京市外语游园会、北京市民讲外语公益讲座、北京市公共场所英语标识识错活动、中英韩语公交指南志愿服务活动、首都机场T3航站楼志愿服务活动、北京人民广播电台外语广播“名师在线”节目等。上述部分活动曾被北京日报、北京青年报、北京考试报、北京人民广播电台交通台、北京电视台等媒体报道。教学名师是首批入选北京市民讲外语活动的公益讲师（北京地区高职院校唯一一个），并荣获北京市民讲外语活动先进个人称号。

（二）愿为行业政企服务基石

北京青年政治学院英语系在服务政府、服务企业、服务行业中始终坚持教学名师挂帅，让名师开拓创新并有序深化服务领域，充分发挥其模范作用。

英语教师和学生每年全员参与服务政府、服务企业、服务行业的主要项目有：北京市总工会职工职业技能比赛公园英文讲解员赛项培训，北京市东城区“数字东城”英文网站编译，北京市教育考试院北京英语水平考试专项（二、三级为主，主持完成北京地区各级考官上岗定标培训及考点测试等项工作），北京市高等教育自学考试综合英语课程考试工作，北京市公园管理中心讲解员及北京双雄公司员工旅游礼仪培训及翻译岗位测训，北京市委组织部优秀人才英语培训，中海油、中石化和燕山石化的中国国际化人才外语测训等。此外，北京青年政治学院成功承办了北京市高职高专英语口语比赛、全国高职高专院校英语速录速记比赛。服务的水平和实际成效成为北京地区同类院校的范例，受到上级行政主管部门及企业、行业的高度认可与好评。

附表：英语系教师获得的市级奖项（2006 年以来）

序号	奖项名称	发证单位	获证时间
1	北京市高等学校精品课程：大学英语	北京市教育委员会	2006 年
2	北京市高等学校精品课程：英语速记	北京市教育委员会	2007 年
3	教育部高职高专英语类教学指导委员会 精品课程　英语速记	教育部高职高专 英语类教学指导委员会	2008 年
4	北京市高等学校教学名师	北京市教育委员会	2008 年
5	北京市民讲外语活动先进个人	北京市民讲外语组委会 北京市人民政府外事办公室	2008 年
6	北京市高等学校教育教学成果一等奖	北京市人民政府	2009 年
7	北京市属高校“创想杯”多媒体教育 软件大奖赛　优秀奖	北京市教育委员会人事处 北京市高等学校师资培训中心	2011 年
8	全国高职高专英语课堂教学课件大赛 英语专业组　三等奖	教育部高职高专 英语类教学指导委员会	2011 年
9	北京市高等教育精品教材 《实用英语速记基础教程》（高等教育出版社）	北京市教育委员会	2011 年
10	北京市“三八”红旗奖章	北京市妇联、北京市总工会 北京市人力社保局	2012 年
11	北京市高等教育精品教材 《实用英语视听速记实训教程 （旅游专业）》 （高等教育出版社）	北京市教育委员会	2013 年
12	北京市高等职业院校职教名师	北京市教育委员会	2013 年
13	北京市高等学校青年教师基本功比赛 二等奖	北京市教育委员会	2013 年
14	北京市职业院校技能大赛英语口语比赛 一等奖　优秀指导教师	北京市教育委员会	2012 年 2013 年 2014 年
15	全国高职高专院校英语写作比赛三等奖 全国高职高专院校英语写作比赛 北京赛区特等奖 优秀指导教师	教育部职业院校外语类专业 教学指导委员会	2013 年
16	全国高职高专院校英语速录速记比赛 一等奖　优秀指导教师	中国高教学会 秘书专业教学学会	2013 年
17	北京市属高校“创想杯”多媒体教育 软件大奖赛 （微课二等奖、软件三等奖）	北京市教育委员会人事处 北京市高等学校师资培训中心	2014 年

（续表）

序号	奖项名称	发证单位	获证时间
18	第四届黄炎培职业教育奖——杰出教师奖	中华职业教育社 中国职业技术教育学会	2014 年
19	第五届“外教社杯”全国高校外语教学大赛 北京赛区三等奖	北京市高等教育学会 上海外语教育出版社	2014 年
20	北京市职业院校教育信息化大赛课堂教学三等奖	北京市教育委员会	2014 年
21	北京市高等学校英才项目青年骨干教师项目	北京市教育委员会	2008 年—2014 年

参考文献

[1] 北京青年政治学院人才培养 2014 年度报告 . 高等职业教育人才培养质量年度报告专栏（http://www.tech.net.cn/web/rcpy/articleview_sch.aspx?id=871），2014-02-28.

[2] 北京市高等学校教师培训中心（http://106.2.165.196:8080/web/base/index_step.action），2014-03-31.

[3] 北京市教育委员会高等教育处（http://gjc.bjedu.gov.cn/publish/portal8/tab544/）.

[4] 全国旅游人才教育网（http://www.ctht.org.cn/），2013-04-25.

[5] 中国职业教育社（http://www.zhzjs.org.cn/AfficheDetail.aspx?id=91），2014-05-06.

英语速记实训教学设计引入文本数据挖掘技术的创新探索

老青[1]　姜睿奇[2]

摘要： 随着新世纪信息电子化的迅速发展和“大数据”时代的到来，大量文本数据可以更加灵活有效地为人们所使用。对大量文本数据按照多种计量方法进行分析，从中发现模式和规律，提取有用的知识和信息，这种方法被称为文本数据挖掘技术。本文着眼于探讨在速记实训教学设计中如何培养职业速记人员利用文本数据挖掘技术发现潜在的、有用的知识，以便更加有效地开展速记前的信息储备工作。

关键词： 文本数据　挖掘技术　速记实训　教学设计

项目来源： 北京青年政治学院2013年科研项目“行业英语速记笔记符号的研究与设计”(项目编号：MY201321；主持人：刘晓晶)

1　老青：北京青年政治学院教授，英语系主任。

2　姜睿奇：北京工商大学商学院2011级注会专业学生。

文本数据并非数字形态的数据。以往对这类数据比较常见的分析方法是截取、引用原文的一部分，再添附分析者的说明、研究等。与之相比，被称为文本数据挖掘的计量分析方法则提出对文本数据加以某种数字化操作，从而进行计量分析。

对文本进行计量分析的目的主要有两个：提高客观性和数据搜索性。例如，一个人以肉眼阅读演讲和发言内容后，能够对演讲或发言内容有一个大概的印象。但是，怎样才能将这些印象客观地展示给第三方呢？当文本数据数量庞大，多至无法全部阅读的时候又该如何做呢？若想根据年代、受众等特征来搜索演讲内容发生了什么变化，又该如何操作呢？这就需要利用文本数据挖掘的计量分析优势，来解决这些问题。

在实际运用中，文本数据挖掘有三大要素：第一是提取数据；第二是数据分析；第三是分析结果的可视化。也就是说文本数据挖掘必须考虑：怎样减少误差，正确、有效地收集必要的信息；该用什么样的方法对这些信息进行科学分析；如何以一目了然的形式来说明、体现分析结果。我们可创建数据库，对数据进行处理分析，并对其结果进行研究（具体流程见下图）。

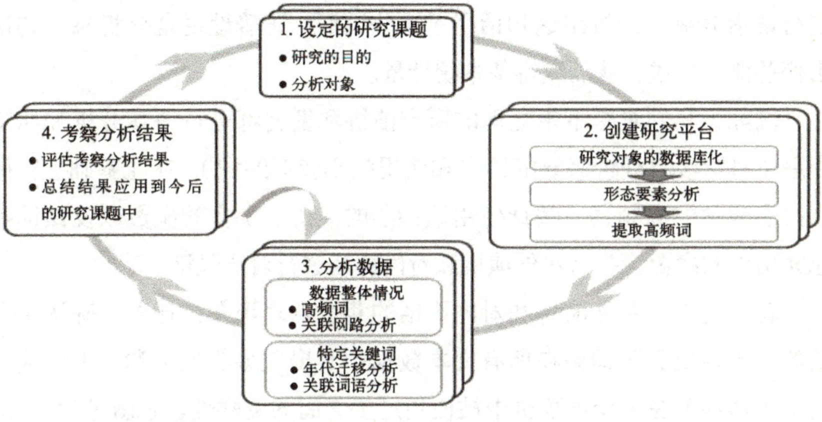

一、文本数据挖掘技术应用的示范

我们从日本 PHP 研究所（松下幸之助于 1946 年创立的研究所及出

版社）收录整理的松下幸之助讲演集，包括 1940 年至 1987 年之间松下幸之助发言记录的文字数据中，特别选定了以面向松下电器集团外部经营者为主的对外演讲（第 1 卷 ~ 第 5 卷）(以下简称“对外演讲”）和面向松下电器集团内部员工的对内讲话（第22卷 ~ 第24卷）(以下简称“对内讲话”）两个部分。

我们将松下幸之助共计百余次演讲、发言的内容收入数据库，之后用文本数据挖掘的分析工具在数据库的基础上构建关键词库，从整体数据和特定关键词两个角度进行分析。最后，全面评测分析结果，进行深层解析并讨论，从而对松下幸之助的经营思想全貌进行科学客观的理解分析，探索其经营思想的特征以及其在不同时期的变化。

（一）语素分析与高频词

文本数据挖掘法，意为将文本数据进行数字化分析研究，它并没有具体特定的分析方法与流程。文本数据挖掘有多种形式，有的是从文本数据中提取高频词，汇总叙述统计量；有的是将观测数据分组；有的是调研一组句子中两个特定词同时使用的倾向。这些研究方法均以语素分析为基础。语素是语言中最小的语音结合体。语素分析是把一个个句子进行语素分离，分析出这句话用了哪些词汇，正确地说是分析每一句话由哪些语素构成，从而获得基本统计量。

例如，我们对松下幸之助的所有演讲和发言都进行语素分析和纠错处理（排除没有分析必要的语言和使用频率较低的词），在此基础上，提取排名靠前的高频词，统计使用该词条的演讲、发言的次数以及该词条总共出现的次数，并将对外演讲和对内讲话进行对比验证。

总结起来，对外演讲和对内讲话的共通点表现在：首先，确认了词条的“出现次数”(词条在所有文本数据中共出现多少次）和“出现演讲场次”(该词条在多少场演讲中被使用过）之间的关联性。也就是说，“出现演讲场次”较多的词，其“出现次数”也较多。其次，高频词涵盖了经营、政治、地域、销售、劳动雇佣等多元化领域，而松下幸之助的特征性语言出现频率并不高。另外，与对外演讲较为宏观的视角相比，对内讲话则更多是从职员、工人、个人等比较微观的视角出发。以上便是他讲话的一个基本特征。

此外，将关联程度较高的关键词贯穿成线形成关联网络，不仅能看出词条与词条之间的关系，还能了解词条与时代之间的关系。也就是说，可以研究被提取的关键词在不同时期受到松下幸之助本人何种程度的关注，以及不同时期和关键词之间又有怎样的联系。

首先从松下幸之助个人的角度，根据其生涯经历，将其 40 多年来的讲演发言，按照三大时期（社长时期、会长时期、顾问时期）划分并进行分析。同时也从另外的角度——经济景气与否，划分为八个经济波动时期，结合经济的变化解析关键词所发生的变化（见下表）。

时期分类方法	时期	公司外讲演次数（1953 年—1983 年）	公司内讲演次数（1940 年—1987 年）
松下幸之助的职业生涯	社长时期（1947 年—1960 年）	5	27
	会长时期（1961 年—1973 年）	33	14
	顾问时期（1973 年—1989 年）	14	13
经济景气变动（参考:《日本经济白皮书》）	神武景气（1954 年 12 月—1957 年 6 月）	—	3
	锅底萧条（1957 年 7 月—1958 年 6 月）	—	1
	岩户景气（1958 年 7 月—1961 年 12 月）	6	4
	转型期萧条（1961 年—1962 年）	—	1
	奥运会景气（1962 年 11 月—1964 年 10 月）	8	2
	结构萧条（1964 年—1965 年）	2	1
	景气时期（1965 年 11 月—1973 年 11 月）	21	8
	萧条时期（1973 年—1986 年）	14	13

通过分析得出，不同时期的讲话既存在共通的词条，也存在不同的关键词组。例如，50 年代后期的社长时期，伴随着事业的扩展、新工厂的建设、大规模批量生产开始，这个时期的对外演讲和对内讲话两方面，都时常提到“工厂”和“生产”这类与制造业相关的关键词。之后的 60 年代，随着经济的腾飞，受随之而来的物价上涨的影响，“物价” 词被

多次提及。在同一时期，开始推行“顾客第一”的销售战略和积极建设服务网络的新销售制度，这一时期的发言，尤其是对内讲话中，集中出现了“销售”、“销售公司”等词条。70 年代中期开始，面对艰难而不景气的日本，如何进行反省，并结合众人的智慧和力量，建设理想社会成为其主要关注点之一。在该时期，“不景气”、“反省”、“智慧”等关键词频繁出现。从这些关联网络的分析结果来看，对外演讲和对内讲话同样都受到了时代的影响。

（二）特定关键词分析

1. 特定关键词的年代变迁分析

松下幸之助的经营哲学，在他的讲话或各种著作中，大多数以格言的形式表现出来。作为经营实践中的指导思想和思考方法，“智慧集体经营”、“适应式经营”、“自主责任经营”、“共存共荣的经营”、“人尽其才”等均是松下幸之助提出的经营之道，我们把这些内容相关的词条进行整理，详细分析这些词条在对外演讲和对内讲话中出现频率的增减情况，并研究与各种经营理念有关的词条在不同的年代是如何被运用的，其受关注时期以及相关的背景信息又是如何。

从分析结果来看，“智慧集体经营”受关注的时期主要集中在 50 年代中期到 70 年代。50 年代初期，受到赴美考察的影响，松下幸之助提出打造合作经营的经营理念，强调必须集中全体员工的智慧来开展经营活动。而“适应式经营”在 1965 年前后最受关注。当时“昭和 40 年（1965 年）大萧条”出现了进一步恶化的趋势，松下幸之助在演讲中提出了“水坝式经营与适应式经营”理念。另外“共存共荣”最受关注的年份也是 1965 年，松下幸之助向各销售代理店赠送手写的“共存共荣”题词，以提高代理店的向心力。同时，“自主责任经营”的概念在很长一段时期内受到了松下幸之助的关注。他对于“自主责任经营”的思考，从战前较早的时期就已经开始并在多次讲话中反复强调。至于“人尽其才”的概念，在战前就已经被提出，之后在 50 年代初期，他去美国考察时看到了在美国“人尽其才”的实例，因此之后再度提出，表明其对这一概念的重视。

2. 特定关键词的关联语分析

我们可以对特定关键词的周边概念进行分析来确认和特定关键词相关联的词条有哪些。这一关联是从文本数据来推测，一般是通过带有附加条件的概率计算来进行。当输入“出现○○特定关键词”这一条件后，系统会自动搜索满足该条件的文章，同时将其中出现频率特别高的词语列成表格，之后进一步使用列表中的高频词构建关联性网络。顾名思义，这是将分析得出的关联性特别强的词条用线连接起来而形成的一种关联词的网状图（见下图，“美国”的关联语分析）。

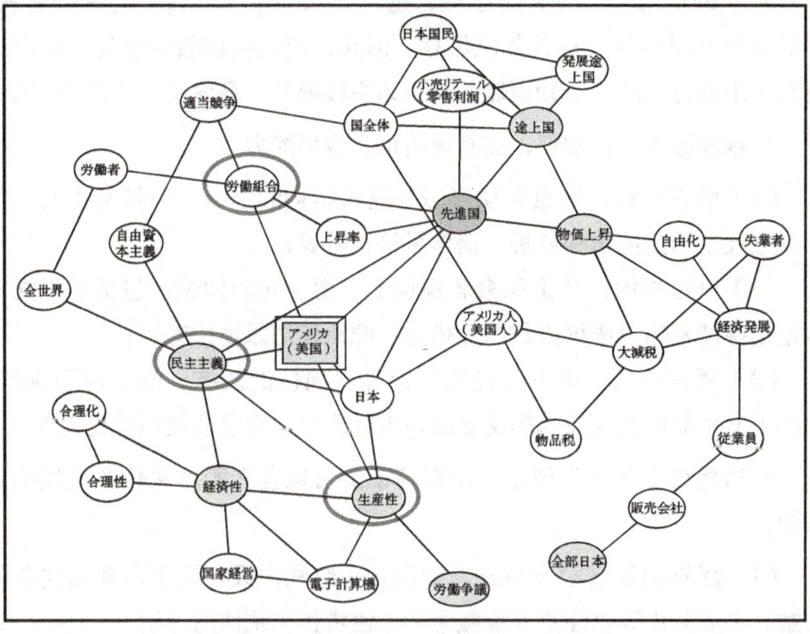

根据上图所示，我们可以获知如下信息：首先，与“美国”关联最密切的词条是“美国的民主主义”。尤其在谈到经营方面时，松下幸之助多次提到美国的民主主义，认为民主主义就是要做到“人尽其才，物尽其用”。其次，提到生产性的时候，可以得知他赴美考察时参观了众多公司、工厂，对美国的高效率生产非常佩服。对于劳工组织问题，他时常提到美国的工会与日本工会不同，组织结构非常透明。总而言之，可以

认为“美国”对松下幸之助的经营理念产生了不小的影响。

上述示范仅在对讲演资料进行文本数据定量分析、解析演讲话题与关键词等方面做了相关展示。作为职业速记工作者，还可进一步从语言含义与深度、地区变化等其他角度入手开展有助于速记信息储备工作的更深层次的探索。

二、文本数据挖掘技术应用的启示

大多数情况下，速记活动的过程始终处于倾听状态，基本上无二次重听的机会，职业速记者在听准关键信息的前提下，还要在有限的时间里将听取的信息加以分析与整理，迅速地掌握信息的言内与言外之意，之后及时形成有效笔记并加以保存。因此，速记实训教学设计应以源语语言应用能力、泛专业知识储备能力为主线展开。具体可分为两个层面。

1. 掌握源语语言知识，提高源语语言应用能力

（1）语言分析：侧重言谈形态与逻辑结构的训练，包括基于文本数据挖掘技术的文稿结构分析、语体风格分析等；

（2）语言知识：侧重积累高频词汇、常套句的训练，包括基于文本数据挖掘技术的源语词语数据库搭建、源语模仿跟述比对等；

（3）语言能力：侧重听说读写记等专项技能及综合能力应用训练，如基于文本数据挖掘技术的交互转述训练比对、视录速读训练比对等。

2. 构建泛专业知识体系，拓宽基于英语发言者所属文化及组织的背景知识

（1）泛知识领域学习与整理归类：一般知识吸收注重原理与实务的理解，专业知识吸收注重专业概念、术语辨析与词语的理解。

（2）知识与语言并行训练：潜在性训练（限时网络搜索与阅读）与显著性训练（源语速读与视读）相结合。

（3）速记时（非速录要求），除了数词、术语、专有名词以及引用的经典、法条等之外，一般性内容可不采取词对词的方式完成记录，听取与思考并重并行、传讯不传词、意译式速记。

在速记中，我们常常遇到一些直接或间接地影响理解的词语，首先包括传达语言信息重点、表述实际意义的关键词，如名词、动词、形容词、数词等；其次是固定的、约定俗成的、与背景知识关系密切的困难词，如专有名词和专业名词；还有承载一个国家发展历程、社会习俗演变与传承的文化词，如典故、谚语、成语、俚语、诗歌、口号、影视片名等；再有就是异国语言与文化影响下创造出来的、多原创于新事物或新概念的外来词。

值得一提的是，上述基于文本数据挖掘技术的相关训练更适合于“慕课”环境或“翻转课堂”模式的速记实训。根据受训人员的个体情况，开展多样化的“微技能”培训，可拆解的具体“微技能”有：(1)频道词典：如分析关键词、困难词、文化词、外来词等在源语中的分布；(2)半搭配分析：如搜索关键词（某一高频动词）后面的关联与名词分布；(3)词性排名：基于统计的某一类词（如名词）使用频率排名；(4)词条比对：对比两个源语的词条超用和少用现象；(5)词性对比：对比两个源语（如专有名词、专业词语）的用法分布。

总之，在速记实训教学设计中有意提升受训人员的信息化意识，有序培养职业速记人员利用文本数据挖掘技术发现潜在的、有用的知识，使其更加有效地开展速记前的信息储备工作不失为良策。

参考文献

[1] 经营哲学学会．经营哲学的实践（日语）[M]. 日本：文真堂出版社，2008.

[2] 日本PHP研究所编．松下幸之助发言集（日语）[M]. 日本：PHP研究所，1991.

[3] 杨承淑．口译信息处理过程研究 [M]. 天津：南开大学出版社，2010.

[4] Dudeney，Gavin & Hockly，Nicky. 如何用现代信息技术教英语 [M]. 陈则航，译．北京：人民邮电出版社，2011.

[5] KH Coder. Available（ http://khc.sourceforge.net/ ），2013-04-30.

高职旅游英语专业毕业设计实践教学模式探讨

刘静[1]

摘要：高职毕业设计需遵循高职教育教学原则，突出专业核心技能和综合素质运用。本文从设计选题、指导模式、设计过程要求和成绩评定等方面，探索既能检验高职学生知识和技能掌握水平，又能促进高职实践教学和学生就业的毕业设计模式。

关键词：毕业设计　实践教学　学生就业

1　刘静：北京青年政治学院英语系教师，副教授。

一、引言

毕业设计是高职人才培养计划中的一个重要教学环节，它是学生走上工作岗位前的最后一个综合性实践教学活动。毕业设计也是检验高职学生学习效果的重要手段；在毕业设计的过程中，学生运用三年所学理论知识和专业技能，解决设计选题中的实际问题，从中锻炼独立思考能力、理论联系实际能力、分析和解决问题的能力、协作交流的能力。同时，毕业设计对教师教学内容和教学方法的改革，以及对学生专业技能、综合素质、创新能力的培养有很大的促进作用。

二、高职教育教学原则与高职毕业设计

高等职业教育具有高等教育和职业教育双重性质。有别于普通高等教育，高等职业教育的培养目标是培养生产、建设、服务和管理第一线所需要的高技能应用型人才。高职教育办学方向以就业为导向，突出实践能力的培养。根据高职教育人才培养的定位，高职旅游英语专业所培养的是直接服务于旅游相关行业一线的应用型高技能人才，因此，在教学的各个环节中都应该以培养学生的职业能力和综合素质为宗旨，以增长学生在旅游相关岗位所需的英语和旅游知识及提高相关技能为目标。体现在毕业设计中，在选题上，应该摒弃偏理论、实践和应用性不强、与学生就业脱节、超出学生能力范围的题目；在设计程序上，应改变沿袭本科毕业论文或设计要求的做法，减少不当的步骤要求（如整合开题报告和设计说明书、取消三级提纲要求等）；设计成果要求体现本专业人才培养目标中的素质和技能特点；毕业设计答辩应能够考查学生基本的总结归纳能力、知识运用能力、口头表述及应变能力；毕业设计成绩评定应实行过程与结果相结合的综合评价，既注重设计成果质量与水平，也强调设计过程中的态度、方法、合作精神等。

总之，高职旅游英语专业毕业设计应该综合考虑学生的专业特点和技能水平，以培养学生的专业核心能力和综合素质为宗旨，制定符合高职教育教学精神、与高职学生学习特点相吻合的切实可行、实效性强的设

计方案，使毕业设计成为学生从校园学习过渡到社会应用的“练兵场”。

三、以专业能力和综合素质为导向，突出高职特色的旅游英语专业毕业设计方案实践

根据旅游行业从业需要，高职旅游英语专业核心能力可以概括为“英语交流能力”和“旅游业务能力”，同时兼具组织能力、社会交际能力和知识获取能力。另外，为了使高职学生具有较强的就业竞争能力，并获得未来职业生活所必需的广泛的迁移能力，还必须加强学生综合素质培养。除了能力培养目标之外，在制定高职旅游英语毕业设计方案时，还要注意高职教育的特殊性。我国的高职院校学制一般是三年，校内教学两年或两年半，顶岗实习一年或半年。按教学计划规定，实验、实训课占总课时的55%，理论教学课占45%，学生所学科目较少，知识积累有限；另外由于自主学习动力不足，高职学生对所学课程内容不能有效地延伸、扩展，以致对所学内容掌握不精、不深、不广。在旅游英语专业历届的毕业设计中，学生由于受语言知识和技能以及综合素质水平所限，又缺乏系统、规范地完成一项像毕业设计这样的课题的经验，加之对论文类的文章构成和写作缺乏基本概念，造成设计作品质量不高、设计说明书写作不规范、内容空洞、结构混乱、文不对题，甚至出现复制抄袭的现象。鉴于以上原因，高职旅游英语专业必须依据人才培养要求，结合高职教育特点、学生实际水平，探索适合自身特点的毕业设计实践教学模式。

作为高职应用英语专业之一，北京青年政治学院英语系旅游英语专业（出入境服务方向）遵循“以就业为导向，突出实践能力培养 ”的职业教育原则，在各个教学环节中力求培养学生的学习能力、实践能力、就业能力和可持续发展能力。在近两年的毕业设计实践教学环节中，探索突出专业技能综合应用、体现学生综合素质、与学生实习或就业相联系的毕业设计方案。

（一）半控制、半自主的选题模式

毕业设计的选题既要体现专业的特点，又要有利于学生综合素质和就业能力的发展。通过在英语系制定的大框架控制下的选题自由，实现学生在毕业设计中的子项目选择、实施过程和结果的自主。这种半控制、半自主的方法，避免了以往学生在面临毕业设计选题时茫然不知所措或选题不着边际、选题过大难以驾驭的弊端；同时，一定程度上的自主也让学生发挥自身的能动性，使他们的独立思考能力和创新精神有施展的空间。近年旅游英语专业部分指导性框架方案如下：

方案1："人文北京"英文讲解系列（以北京的景点、中国文化特色等为主题，拍摄/制作约10分钟的短片，自编英文字幕、英文讲解，撰写设计说明书）。

方案2："境外旅游游记"网络资料编译——微博体游记编译项目（收集网络英文游记10篇，内容须反映境外游览景点的独特之处；将收集到的英文游记拆分或压缩成微博体片段，并配一张合适的图片及中文摘要；撰写设计说明书）。

方案3：《美国备忘录》、《国家地理》原版视频编译与制作项目（完成英文原版影片的英文录音速录及中文编译、讲解及字幕制作，撰写设计说明书）。

方案4：完成"My-ET"项目（从My-ET标准英语中接机、机场通关、问路、用餐点菜和古迹观光等五个主题中选择，拍摄短片，完成短片的英、汉字幕；撰写设计说明书）。

学生在各方案的大框架之下，自己拟定的设计题目举例：

（1）颐和园之自然风景名胜（方案1）；

（2）英伦语言游学之Service and Support（方案2）；

（3）英文原版视频速录与讲解——Cities：How They Grow（方案3）；

（4）基于My-ET软件的旅游英语情景模拟视频制作——接机（方案4）。

以上框架性毕业设计方案，体现了以英语技能（听、说、读、写、译）、旅游职业能力和综合素质（旅游专业知识、用英语进行工作的能力、人际沟通能力、讲解交流能力、计算机操作能力等）应用为主导的高职实践教学理念。学生在确定选题之后，制定完整的设计方案，在实施过程中运用专业知识和技能解决各种问题，有时还需要学习新的技能（如软件使用），最后进行总结评价。他们经历了思考—选择—信息搜集—动手实践—自主学习—总结反思等阶段，在这个过程中，他们的学习能力、分析问题和解决问题的能力得到了提升。显然，这种控制性的自主选题模式，把握了高职毕业设计实践教学的原则，减少了学生选题的盲目性和不可操作性；同时也保证了学生在子项目选择、设计思路和设计方法构思、设计成果形式等方面的自主权，增强了学生完成设计的主动性。另外，学生还可根据旅游英语系拟定的框架方案，自主选择毕业设计指导教师，以确保师生在设计过程中能保持及时、畅通的沟通和交流。

（二）“毕业设计、顶岗实习、就业一体”的毕业综合实践指导模式

从 2012 年开始，旅游英语专业在总结以往毕业实践经验的基础上，为提高毕业实践的实效性，整合校内外师资资源，利用校园“顶岗实习管理系统”平台，实现了教师对学生毕业设计、毕业实习和就业的全程跟踪和指导。本系教师平均每人指导四到六名学生，教师通过校园“顶岗实习管理系统”对所负责的每名学生的实习工作进展进行实时监控；通过在线阅读和批改学生实习、毕业设计日志，了解学生进展情况，对他们在工作和完成设计的过程中遇到的困难进行及时指导，督促学生按计划完成阶段性任务。此外，实践教学管理人员进入系统后台，检查教师对学生的指导过程，促使教师定期对学生进行规范性的指导。此举改变了自主性较弱的高职学生在最后的实习和毕业设计阶段处于松散状态、学校和教师难以对学生进行监控和指导的局面，使毕业综合实践指导落到了实处。

（三）突出“专业技能＋就业能力”综合训练的毕业设计过程要求

作为最后的实践教学环节，高职毕业设计过程必须与学生所学专业

和工作岗位技能要求紧密结合。前文所提到的框架设计方案，均涉及运用英语技能（听、说、读、写、译）、旅游相关岗位知识和技能（旅游景点知识，导游词写作、讲解，口头表达）和基本的计算机操作（软件应用和简单视频制作）能力。在此仅以前文所提方案 3 举例说明。

名称为“《美国备忘录》、《国家地理》原版视频编译与制作项目”，要求学生两人一组，从《美国备忘录》或《国家地理》英文原版纪录片中选择一部时长约 10 分钟的视频，对视频原文进行速录、编译；为视频加入中、英文字幕（文字切入画面，动态播出）；为视频进行中、英文讲解（制作中文、英文讲解声音及图像嵌入视频）。设计成品为一部纪录短片（答辩时播放）并附毕业设计说明书一份。答辩要求：（1）学生简述设计内容（选题、思路、方法）；（2）教师提问（2~3 个问题），学生简单论述。本项目考核点：（1）英文音频资料记录（英文速记及文字处理）；（2）英文音频资料编译（翻译）；（3）中文讲解演示（形声像：导游员）；（4）计算机应用能力（字幕、配音等视频制作能力）；（5）朗读、口头表述及应变能力。

部分学生毕业设计题目举例：

题目 1：英文原版视频速录与讲解 ——Cities: How They Grow

题目 2：英文原版视频编译与制作 ——America on Wheel

题目 3：英文原版视频速记与编译 —— ABCs of Walking Wisely

从以上设计方案可以看出，选题要求与学生的专业以及就业时在技能和素质方面的要求有较大的相关性；学习运用软件制作字幕和配音，也符合 90 后学生善于运用信息技术的特点。事实上，选择本设计方案的学生，对英语语言和旅游目的地及客源国概况有一定的兴趣，他们的实习工作或就业意向对技能的要求与毕业设计有一致性，如该方案的学生中有人在签证中心实习，从事签证材料的递送和翻译工作，工作中对他们的英语口、笔头表达能力和旅游目的地或客源国知识有一定要求，而设计任务融合了学生个人兴趣、能力以及实习工作，因此，学生在毕业设计过程中表现出了较高的主动性。在视频编译和制作过程中，学生在英语原版视频声音的文字记录、文稿翻译、视频字幕插入、讲解词、英文配音、英文摘要和报告撰写等不同阶段，应用了多项技能，如英语听力，英语速记、英译汉、中英文写作以及计算机操作和软件使用（“绘声绘影”软件）等。最终的设计成品，中、英文字幕，中、英文配音，语言流畅，声音、文字与视频画面基本吻合；设计说明书格式和内容符合要求；答辩时学生借助PPT，对设计内容和思路进行简单陈述，对教师的提问基本能做到运用专业知识并结合设计任务进行回答，口头表述和应变能力得到了锻炼。学生在设计说明书自我评价部分写道：“通过完成这个项目的毕业设计，第一，知道了系统完成一个项目的规范程序；第二，通过编译制作视频短片和最后的答辩，巩固了所学的专业知识和技能，如听写、速记、翻译、写作和口头表达等；第三，学习使用“绘声绘影”软件，掌握了如何利用该软件将字幕和声音插入原视频内，提高了计算机和软件应用水平；第四，小组成员每个人负责不同的部分，在制作过程中与组员和指导老师经常讨论、切磋，有坚持，有妥协，从而培养了团队协作精神，增强了团队合作意识。”

（四）毕业设计成绩评定实行过程与成果相结合的综合评价

毕业设计成绩评定涉及设计方案质量和水平，完成毕业设计的方法、态度等。毕业设计最后的成果固然重要，但是，毕业设计实践教学作为实现高职人才培养目标的一个重要环节，其过程对高职学生个人成长以及职业素养的形成，对其规则意识、严肃认真的科学态度和求实的工作作风、责任心、合作精神的培养同样具有重要意义。在毕业设计过程中，教师对学生进行一对一指导，对设计过程的方法、步骤严格把关，对设计成果和设计说明书进行反复审查，从而对学生的严谨治学态度、规范的项目实施过程以及工作责任心等的培养具有潜移默化的影响，对其以后的职业生涯有积极的引导作用。因此，对于高职毕业设计成绩的评定，应对学生在设计过程中的工作态度、学习能力、责任心、合作精神等予以充分考量。

四、结语

毕业设计是实现高职教育培养目标的重要教学环节，它应该体现高职人才培养目标的要求，突出实践教学的职业属性特点。高职旅游英语专业的毕业设计要不断探索集英语语言技能和旅游相关行业职业能力培养于一体的实践教学模式，使学生在毕业设计中获得专业技能和综合素质的提升，为学生走向工作岗位打好坚实的基础。

参考文献

[1] 教育部职业教育与成人教育司编.高等职业学校旅游英语专业教学标准 [M]. 北京：中央广播电视大学出版社，2012.

[2] 老青.英语实践实训教学设计 [M]. 北京：世界知识出版社，2012.

[3] 梁绿琦.文科高等职业教育—— 一种重要的教育类型 [J]. 教育理论与实践，2011（9）：31-33.

[4] 刘黛琳.高职高专外语教育发展报告 [M]. 上海：上海外语教育出版社，2008.

[5] 吕嘉仪.英文原版视频速录与编译 ——Another Cup of Coffee [D]. 北京：北京青年政治学院论文，2013.

[6] 王占九.以培养实践能力为特色的高职毕业论文（设计）范式改革 [J]. 教育与职业，2009（3）：178-180.

第二章　商务英语专业

区域经济背景下高职商务英语专业建设新思路

韩晓美[1]

摘要：中国经济迅速发展，其重要的带动因素就是区域经济的快速发展。中国已经形成四大经济区域。在区域经济的背景下，传统的高职商务英语专业建设已经不能满足时代的发展，因此需要对新时期的高职商务英语专业建设展开新的探索。本文通过分析“北京区域经济”暨“环渤海经济圈”背景下高职商务英语的专业特色、课程特点、课堂具体实施方案和学生特点，提出高职商务英语复合型人才的专业建设改革方案。

关键词：区域经济　商务英语　专业建设

1　韩晓美：北京经济管理职业学院外语系教师，讲师。

一、区域经济的意义

改革开放以来，中国经济取得了突飞猛进的发展，究其主要原因，很大程度上是靠区域经济的发展带动的。区域经济是利用本区域的地理位置、自然资源和国家政策方面的优惠等优势来发展自身经济，并带动周边地区经济的发展。改革开放初期，邓小平同志提出划分中国经济圈，并实现区域经济发展，让先富带动后富，最终实现共同富裕。实践证明这种方法十分可行，当初划分的深圳等经济圈经济发展十分迅速，并有力地带动了周边地区经济的发展。因此可以说，区域经济的发展不仅可以充分利用各区域的优质资源、地理位置等有利因素来促进自身的发展，而且还能带动周边地区的经济发展，进而拉动整个中国的经济增长。所以说，区域经济对于中国整体的经济增长具有重要的带头牵动作用。

1. 北京及周边地区区域经济的特点

北京是中国经济重点建设区域，北京及其周边地区包括天津、唐山、廊坊等城市，区域经济发展已经具备了一定的规模。其发展的主要特点就是区域间的融合互动和一体化发展。具体体现在：北京作为中国的首都，是重要的经济、文化发展中心，而北京并不直接临海，因此天津融入大北京，依据有利的地理位置，不仅可以为北京的经济发展和商品出口提供腹地和出海口，而且还能发挥其港口和滨海工业的优势，促进自身的经济发展，并与北京形成优势互补，共同发挥中国北方中心城市作用；而唐山、廊坊等城市融入大北京，有利于疏散北京市区部分功能，缓解北京压力，还能利用北京、天津两市的经济、技术、资本、信息、市场等优质资源的辐射，促进自身发展。因此，北京及其周边地区形成的区域经济相互之间融合互动、一体化发展，使得京津唐经济地带经济实力更为增大，成为北方经济增长的主力军。

2. 环渤海经济圈的经济特点和外向型企业产业结构特点

环渤海经济圈指以辽东半岛、山东半岛、京津冀为主的环渤海滨海经济带，同时延伸辐射到山西、辽宁、山东及内蒙古中东部。目前认可度较高的是“三省两市”，即辽宁省、河北省、山东省、北京市和天津市。经济特点主要体现在产业结构上。环渤海经济圈的产业结构主要是第二产业占主导地位，工业化程度较高，其中加工、能源等产业是强项。该经济圈同时也是中国汽车工业比较发达和集中的区域。这一地区以北京为龙头，经济技术优势较强。

外向型企业是指建立在国内，但生产经营是面向国外的企业。因此外向型企业的生产经营业务主要是以出口加工方式为主的经营业态，其产品或服务的客户主要以国外客户为主，同时也兼营少量国内业务。外向型企业大多数以制造业为主，尤其是轻工业产品占据了较大的市场份额。中国人口众多，地域广阔，具有廉价的劳动力和原材料，这也是我们看到较多“中国制造”而不是“中国创造”的原因。外向型企业也大多通过利用这些有利因素，降低生产成本，面向国外市场，依靠价格优势同外国产品竞争。

3. 特有的区域经济对高职商务英语专业人才的需求特点

中国改革开放以来经济实力不断增强，实现了全方位的对外开放，其中外贸交易市场份额不断扩大，中国与外国的交易逐渐频繁。在这种背景下，中国对高职商务英语专业人才的需求量不断扩大。在中国形成的几大区域经济当中，大多是以外贸经济为主，因而对高职商务英语专业人才的需求量很大。其需求特点主要是既要懂得传统的商务基础知识，又要根据具体的区域经济外贸交易对象，很好地运用商务英语知识，具备良好的交际能力和沟通能力，这样才有利于与外国贸易合作伙伴进行良好的沟通，为中国的外贸活动服务，促进中国外贸交易市场的不断扩大和中国经济的更大发展。所以在特有的区域经济模式下，对高职商务英语专业人才的需求既要结合区域经济特有的特点，明确主要的职业领域，又要针对外贸活动交易对象，培养应用型专业人才，以便更好地为区域经济的发展提供服务。

二、培养服务区域经济的商务英语人才新模式

随着中国区域经济的发展和社会对一才多能的复合型商务英语专业人才需求的持续增长，在市场需求的指引下，为适应中国经济的发展和时代的要求，国内许多高职院校相继对商务英语专业进行了课程改革和建设。如何结合当地区域经济特色设置商务英语（贸易）方向人才的培养模式便凸显在我们面前。

1. 北京地区高职商务英语学生的特点

北京地区是中国的经济、文化中心，是一个国际化的大都市。北京地区高职商务英语学生未来就业面对的外贸交易对象是欧美一些经济实力较强的国家，因而在培养北京地区高职商务英语学生时，应结合当地的区域特点，有针对性地进行教学。针对北京这样一个国际化的大都市，在培养北京地区的高职商务英语学生时应主要关注这些学生未来的就业前景和服务对象，提供更具针对性的教学，以满足时代要求。

2. 结合北京地区高职商务英语学生的特点来构建商务英语课程

综上所述，针对北京地区区域经济的背景，结合北京生源高职商务英语专业学生的自身特点，对高职商务英语课程构建和课堂具体教学实施方案进行探索和实践，为北京地区高职商务英语专业学生量身制定出一套适合他们的课堂教学方案是非常有必要的。构建北京地区高职商务英语教学课程主要是依据学生未来就业面对的外贸交易对象来展开。北京区域经济外贸交易对象主要是欧美经济实力较强的国家，所以在对北京地区高职商务英语学生教学过程中，不仅要教授学生普通外贸知识和商务英语的运用，更要时刻关注欧美等外贸交易对象的国家动态，更多地以欧美等国家作为实例让学生提前了解，这样教学才更具有针对性，也会对以后学生的就业有很大帮助，让学生更好地将所学知识运用到实践中。

三、环渤海经济圈高职商务英语人才的培养目标

高职商务英语专业人才的培养必须要有针对性，既应掌握应有的专

业知识，又要根据不同区域经济的发展特点有所针对、有所侧重。环渤海经济圈的经济发展主要是外向型企业，其中主要以第二产业为主，所以应根据其具体特点展开讨论，并以此作为培养高职商务英语人才的基础和前提。环渤海经济圈商务英语专业人才培养应以当地实际市场需求和实际发展情况为出发点和落脚点，培养复合型人才，培养能够胜任为区域经济发展所设岗位的专门人才。任何地区想取得经济上的长足发展，只依靠本土经济、固步自封、不注重和外界联系与合作都是行不通的。因此社会对商务英语专业人才的需求量也随之加大。商务英语专业的毕业生大量供职于外贸部门、外向型民营企业、境外中国公司、三资企业、外向型酒店等，从事进出口贸易、贸易谈判及各种涉外业务工作。因此，高职商务英语人才既要具备最基本的商务英语专业知识，也要具有很好的实际运用能力和英语交际能力，还要具有针对性，符合环渤海经济圈的特定要求。

1. 英语交际能力

这是作为高职商务英语专业人才所必备的最基础的能力。高职商务英语专业人才未来就业时是服务于外贸交易，是和外国人打交道，所以拥有良好的英语交际能力是为外贸交易服务的基础，这要求学生既要有扎实的英语语言基础，又要具有良好的人际沟通能力，这样才能更好地为外贸交易服务。英语交际能力是学生综合素质的反映，它不仅能体现学生在校期间专业知识学习的好坏，更能反映出学生个人的人际交往能力。英语交际能力的好坏直接影响着外贸交易合作的成功与否，所以必须加以重视。

2. 商务运作能力

这也是高职商务英语专业人才所应具备的基础能力之一。因为高职商务英语专业人才终究是为商务贸易服务的，他们的工作领域是在商贸领域基础上。英语知识是基础，是一种交流工具，而商贸是核心，一切工作的来源都在于商业贸易的基础上，所以要求高职商贸专业人才不仅要会英语，还要懂商务，懂得基本的商务知识，具有良好的商务运作能力和实践能力，这样才能更好地处理工作中遇到的问题，为外贸交易服务，所以这是商务英语专业人才工作和发展所必需的一种能力。

四、商务英语课程的具体构建方案

构建商务英语课程方案应遵循全面性和针对性相结合的原则。首先，在商务英语的教授过程中，让学生既要掌握最基本的商务英语知识，以英语学习为主导，培养学生的英语运用能力，又要学习基本的商务知识，懂得外贸交易流程，将所学的英语知识在外贸交易过程中很好地加以运用。其次，还应根据不同区域经济背景、外贸交易对象，有针对性地培养学生，让学生就业后能够更好地学以致用。在商务英语课程的具体构建方案当中，最重要的是要培养学生的实际运用能力，在具体的教学过程中应努力做好商业模拟，这是学生时代可以近距离接近贸易流程的教学措施，也能更直接地培养学生的实际运用能力，让学生更好地掌握所学知识并达到熟练运用的程度，这才是教学的最高目标。

五、商务英语课堂具体实施方案及教学策略

为顺应时代潮流，适应中国的经济发展现状，必须将传统的高职商务英语教学课程加以改变，开创出具有时代特色的商务英语教学新模型。所以在这种新模型的教学理论的指导下，我们设计了以下几项具体的实施策略：

1. 创设具体商务环境，实现“仿真”教学

学习的最终目的是达到学以致用，所以商务英语教学的最主要目的是让学生在以后的工作中能够更好地运用所学知识服务于外贸交易，促进中国外贸交易市场的不断扩大。因此在教学过程中，不应一味地以书本为主，那样不仅让学生感到课程枯燥无味，丧失对课程的学习兴趣，也不利于学生掌握基本的商务英语知识，而且学生毕业工作后也只是会纸上谈兵，不懂得实际运用。这样的教学毫无疑问是没有意义的，培养

不出我们实际生活需要的人才，所以，为了避免这种情况的发生，在商务英语的教学过程中，应尽量多地创设具体的商务环境，让学生在课堂中就能体验到外贸交易情景，懂得外贸交易原理。这样的“仿真”教学模式更有利于学生掌握和运用所学知识，也会使学生在今后的工作中更为顺利并更好地为我国的外贸交易服务。

2. 培养跨文化交际意识

高职商务英语专业人才未来就业面对的是国际贸易对象，必不可少地要懂得一些与外国人沟通的交际能力，所以首先要培养他们的跨文化交际意识。当今世界全球化范围不断扩大，我国实行了对外开放政策，外贸交易范围不断扩大，对高职商务英语专业人才的需求量也就随之增加，培养这些专业人才的跨文化交际意识，让他们从一开始就知道文化的概念是无国界的，有意识地锻炼他们去接受外国文化、学习外国文化，这样才有利于他们在以后的工作中能够很好地适应外国文化，并能运用他们提前了解到的外国文化来应对外贸交易，让他们的工作更为有利。综上所述，要在学校期间就培养他们的跨文化交际意识，这有利于他们更好地学习商务英语，在以后的工作中也能更好地学以致用，更好地为我国的外贸交易活动作出贡献。

3. 结合工学模式锻炼学生的实践能力

工学模式是顺应时代发展而来的一种新型教育模式。高职商务英语在教学过程中的工学模式就是指高职学校与企业之间的联合互动。通过学生和企业之间的互动，可以很好地锻炼学生的实践能力，也能让学生更好地了解商务英语专业知识，使学生更容易理解课堂上讲授的内容；通过具体的实践来掌握知识，可以掌握得更牢固，也为以后工作中很好地运用奠定了基础。对于企业而言，实行这种工学模式，可以尽早发现商务英语专业人才，并对其进行重点培养，使他们以后可以更早地为公司服务。所以，这种工学结合的教学模式对学校和企业双方来讲都是十分有利的。

4. 利用模拟商务活动教学软件进行工作模拟，让学生组建自己的虚拟公司，制订商务计划并完成各项商务任务

让学生自己虚拟公司是让他们参与到商贸活动中最直接的教学形式。高职商务英语的教学目的就是为国家外贸商务活动服务，所以教师在教授高职商务英语专业学生时，如果能够很好地利用模拟商务活动教学软件进行工作模拟，不仅可以调动学生的学习热情，还能让学生在学习过程中得到更真切的体验，更清楚地了解商务活动过程以及在学习过程中应重点学习的方面。通过工作模拟，让学生组建自己的虚拟公司，制订商务计划并完成各项商务任务，这一系列活动可以让学生对商务活动更加了解——了解商业贸易活动流程，了解在商贸过程中应注意的问题和关注的焦点——从而更有利于以后的教学。什么样的教学都不如让学生亲身经历更真实管用，所以，高职院校应尽量提供充足的教学设施来满足新时期的高职商务英语的教学要求，使学生更好地学习。

5. 积极联系各种外向型公司及企业，争取进行“校企合作”，对学生进行目标明确的订单式培养

这种目标性很强的合作更能加速学生的就业。高职商务英语专业人才主要需求点在各类外向型公司及企业，学校在培养高职商务英语专业人才的同时，如果能加强“校企合作”，不仅可以让公司、企业及时发现专业人才，让他们尽早进入企业了解工作运行模式，更好地为企业服务，还可以缓解当前的就业压力。对于学生来讲，“校企合作”可以尽早为自己创造就业平台，还有利于学生了解目前就业形势和专业需求点，可以在学校更有针对性地学习，丰富自己的知识，满足企业招新要求。总之，进行“校企合作”无论是对于学校、企业还是学生来讲，都有很大的好处；对学生进行目标明确的订单式培养，也有利于学生更好地学习。

六、高职商务英语教师所应具备的基本素质

随着中国经济的发展和外贸交易市场范围的不断扩大，国家对高职

商务英语专业人才的需求量也在逐渐增大。要想培养出符合标准的高职商务英语专业人才，就必须有符合要求的专业教师来教授。教师素质的提高是教学质量提高的前提保障，也就是能培育出更多符合标准要求的商务英语专业人才。所以新时期对教师也有很高的要求。下面，主要从以下几方面来探讨商务英语授课教师所应具备的基本素质。

1. 职业道德

职业道德是任何一个职业都必须具备的基本素质，这不仅是一个公民胜任其职业的基础，而且还是公民自身素质的体现。作为一名优秀的人民教师，职业道德更是必不可少。教师的职业道德主要体现在教学过程中。首先，教师要热爱自己的职业，这是教师教好学生的前提。如果一名教师根本就不热爱自己的职业，总是被动地去教学，那他又怎么会认真授课？教出来的学生又怎么会符合标准呢？其次，教师还应关爱自己的学生，对学生负责，这是作为一名教师的职责。教书育人是教师的职责，所以教师应关爱自己的学生，一切为了学生。我们都知道，教师是一个伟大的职业，他们将自己毕生所掌握的知识毫无保留地传授给学生，无私奉献着自己。他们不仅教会了学生应有的专业知识，还教会了学生如何做人。所以，教师应对学生具有耐心，耐心地教导学生、关心学生。再次，教师还应该掌握正确的教学方法，懂得因材施教，不能不顾及学生的掌握层次，只按教学任务来教学。教学注重的应是教学质量而不是教学数量，能培养出符合现代社会外贸交易活动需求的专业人才才是教学的重点。

2. 心理素养

作为一名人民教师，必须具有良好的心理素养，这也是教师的基本素质之一。教师在工作上应保持一颗积极进取之心，无论处于什么职位，都应当胜不骄、败不馁，积极向上，以良好的心态面对工作和学生。只有这样的教师，才会培养出优秀的学生。如果学生看到自己的老师都没有良好的心理素养，对待工作都没有正确的态度，那他们根本就不可能喜欢这样的老师，也会丧失对这门课程的学习兴趣，后果十分严重。教师应起到一个好的榜样的作用，激励学生向着好的方面发展，所以说，教师具有良好的心理素养是十分重要的，是教师不可缺少的基本素质之一。

3. 专业知识

教师这个职业传授的就是教师本身掌握的知识，所以具有充足的专业知识既是作为教师的前提条件，也是教师应具备的一项基本素质。教师只有掌握了足够的专业知识才能培养出合格的专业人才，才能顺利解答学生的疑惑。因此，作为一名教师，应不断丰富自己的专业知识，增强自己的知识储备，让自己在本专业能够游刃有余。相反，如果一名教师不注重自己专业知识是否丰富、是否充足，在课堂上就不会给学生细致入微地教授课程；学生听不明白，找老师解答时如果老师每次都被学生的问题难倒，且讲课只会照书宣读，那学生对这门课程也就提不起兴趣。只有教师掌握了充足的专业知识，在讲课过程中不仅能传授书本知识，而且能根据自己的阅历将自己的观点、看法融入其中，这样学生才会对这门课程产生兴趣。再加上教师的积极引导，就更容易培养出合格的高职商务英语专业人才。

4. 教学技能

教学技能是作为一名合格的教师所应具备的另外一种基本素质。教学不仅仅是指教师将课本上的知识一字不差地讲给学生，而是更注重教师的教学技能。不同的教师具有不同的教学技能。教学技能的高低是一名教师教学能力高低的具体体现，这不在于教师掌握了多少专业知识，因为教学技能指的是教师能把自己所掌握的专业知识运用自己独特的教学方法清晰明白地讲解给学生，这是整个教学过程最受关注的一点。因此，要想成为一名合格并且优秀的教师，不能仅仅局限于掌握专业知识，更应该努力研究如何提高自己的教学技能，让学生更好地理解，这才是教学的最高层次。

5. 多重角色

教师在学生面前不能仅仅扮演居高临下的威严角色，这样非常不利于和学生沟通交流，也不利于自己了解学生掌握知识的情况。所以教师应该在教学过程中扮演多重角色。首先最重要的就是教师角色，这也是教师的本色。作为教师，其主要目的就是将自己掌握的专业知识传授给自己的学生，这是任何一位教师都不应忽视的角色。其次，教师还应当扮演学生的评价者。教师的评价是对学生课程完成情况的整体汇总，对学生做得好的方面要积极给予肯定，这会增加他们的信心，提高课程学习的积极性；对学生做得不好的地方，教师应给予建议并纠正，耐心引导他们。再次，教师还应当扮演好学生的朋友角色。一名教师如果没有亲和力，在学生面前永远都显得特别威严，就很不容易受到学生的欢迎，也不利于自己了解学生、掌握学生的学习情况。所以教师应当具有一定的亲和力，在学生面前不要总是一副高高在上的姿态；要学会和学生相处，以朋友的心态去了解自己的每一个学生，关心他们。这样，不仅自己可以更加了解学生，还有利于学生提高学习兴趣，学好专业知识。最后，教师还应担当学生的顾问，也就是要随时解答学生的疑问。要做到这一点，教师就必须充实自己的专业知识，同时还应拓展知识的广度和宽度，及时为学生答疑解难。在学校，教师是学生最重要的信息来源，所以教师的责任重大。只有丰富自身知识，才能真正对学生负责。

6. 教研能力

教师还应具备一定的教研能力。教师不应只满足于已有的专业知识，更应懂得学无止境。教师不仅要寻求知识的广度、拓展知识范围，更应在自己的专业领域内拓展知识的深度，这是每一位教师个人能力的体现，也是教师热爱钻研、积极进取的表现。所以，教师应该十分注意自己在教研能力方面的提升，这不仅是拓展自己的专业知识、增加自己的知识储备，也是彰显自己的能力。任何一名想在自己职业上有所成就的教师都不会轻易放弃任何一个教研机会。一旦有机会，就要尽自己所能来激发自己的教研能力，让自己的整体能力得到提升。

七、高职商务英语教师在课堂教学中的角色和任务

改革开放以来，对外贸易规模不断扩大，使得中国高职商务英语教学在规模、内容和速度上都有了前所未有的发展，传统的高职商务英语教学已经不能满足时代的要求，所以必须探索新的高职商务英语教学模式。目前在探索高职商务英语教学规模方面，有了重要发现。

1. 教授高职商务英语必须同外贸行业紧密结合

传统的商务教学模式中主要是要求学生能读懂外商信函，能书写商务函电，从而达成最终的交易。时代在不断发展进步，商务教学现在已经转变成了以听说为主的国际商务谈判模式。因此，高职商务英语教学过程中，应充分考虑外贸行业的特殊要求，做到具体问题具体分析，才能满足该行业的需求，使学生受到行业的欢迎。这就要求担任高职商务英语的教师为“双师型”，既具备相关的英语教学经验，又有实际外贸工作经验，熟悉整个国际贸易操作流程。这样的教师在课堂教学过程中，能融合商务知识与语言技巧的培养，正确处理好商务知识讲授和语言技能训练之间的关系。对于学生来讲，这样的教学更具针对性，更能为以后的工作提供指导。所以说，高职商务英语在教授过程中要做到同外贸行业紧密结合，教师也要具备相关的英语教学经验和实际外贸工作经验，这样可以使学生更好地掌握高职商务英语所应具备的专业知识和能力，提高自己的专业胜任能力，更好地服务于中国的外贸交易市场。

2. 若想成为优秀的“双师型”教师，就必须具备相应的职业教育素质

高职商务英语教师的职业教育素质以“双师型”为外在表现，以动手能力为核心，以实践教学能力为主要表现，主要体现在具有足够的与职业教育相关的经济学基本理论和实践知识，能准确透彻地理解经济改革和企业竞争的策略。这就要求教师能结合课堂的理论教学进行演示、演练、实验，以解决理论教学过程中遇到的理论验证和加深认知的问题，

给予学生正确而恰当的指导，全面促进学生应用专业知识解决实际问题的能力的形成。这样可以培养学生自己动手能力，也能让学生通过具体的实践，找出自己存在的缺陷，在教师的指导帮助下完善自我，解决自身存在的问题，成为一个更为完善的商务英语专业人才，为中国的外贸交易提供更好的服务。

参考文献

[1] 陈黎莉．基于“工学结合”的高职商务英语精读课程教学改革探究 [J]. 淮海工学院学报（人文社会科学版），2013（7）：71-74.

[2] 黄启汉．新体制机制下高职商务英语专业人才培养模式改革的思考 [J]. 长春师范学院学报（人文社会科学版），2013（9）：178-179.

[3] 孔倩．需求分析在高职商务英语教学中的应用与探索 [D]. 山东：山东师范大学硕士论文，2013.

[4] 赖国芳．高职高专商务英语专业以职场竞争力为导向的教学模式探析 [A]. 贵州省外语学会．贵州省外语学会 2013 年语言与教学研讨会论文集 [C]. 2013.

[5] 刘晓慧．基于外经贸行业人才需求现状构建高职商务英语人才培养模式 [J]. 当代职业教育，2013（9）：73-75.

[6] 任东梅．高职商务英语实践教学模式分析 [J]. 职业教育研究，2013（8）：139-140.

[7] 史蓉贞．高职商务英语翻译“五步式”教学模式探讨 [J]. 湖北成人教育学院学报，2013（2）：114-116.

[8] 唐灿．高职商务英语教学中存在的问题及对策 [J]. 中小企业管理与科技（上旬刊），2013（4）：229-231.

[9] 王婷婷．以就业为导向 加强高职商务英语专业实践教学 [J]. 学理论，2013（9）：224-225.

[10] 左靖．区域经济下的复合型商务英语人才培养探索 [J]. 华章，2013（22）：129.

高职会展英语课程项目化开发与设计初探

闫晗[1]

摘要：本文通过分析高职会展英语课程现状，指出该课程体系目前存在的普遍性问题。基于课程项目化的相关理论，本文探索了如何在定位、目标、内容和教学等方面设计项目化课程，展望了课程项目化开发前景，并对其实践效果加以总结。希望以此提升会展英语课程的教学效果，进一步促进学生的职业能力和素质的培养。

关键词：会展英语　课程现状　项目化　教学效果

1　闫晗：北京经济管理职业学院外语系教师，助教。

一、高职会展英语课程现状

在当今世纪，中国经济飞速发展，国际经济交流日渐频繁，会展业作为一门集商务活动、会议展示、观光旅游、对外宣传、文化交流等多功能于一身的新兴产业，已经成为中国新的经济增长点。随着会展行业的不断发展，会展专业人才的短缺问题日益突出。作为职业技术人才培养的主力军，各大高职院校也相继增设了与会展相关的专业或课程，以满足社会经济发展对人才的需求。会展英语课程的开展顺应了会展业国际化发展的趋势，促进了中国跟世界经济进一步融合的能力，同时也对从事会展行业人员的英语能力提出了更高要求。

虽然社会发展对会展业提出了更高要求，但是在学校中开展的会展英语课程的现状不尽如人意，其主要问题表现在：

1. 书本认知大于社会实践

目前会展英语教材编写的侧重点都放在了阅读理解上，而反映行业工作中的实际语言交流很匮乏。这就造成了学生对会展行业的认识仅处在认知能力的培养上，而实际语言交流能力则很难发展，尤其是基于工作过程中的语言训练更是少之又少。

2. 教师水平低于行业能力

从事高职会展英语课程的教师大多数是从其他英语课程“转业”而来，自身的业务背景很少是会展相关的专业。此“先天不足”的特点，直接造成了教师边讲边学，无法开展教学活动，讲课不能引发学生兴趣等问题。虽然在会展业有许多出色的人才，但是很少有人能够来到学校进行专职授课。即使有的学校和会展企业开展校企合作，也经常是“外行领导内行”，因为“内行”工作忙，不能抽身投入到校企合作中，所以造成了这样的尴尬局面。

3. 学生兴趣小于企业需求

由于会展业属于新兴行业，并且与人们的日常生活联系不紧密，所以学生对于将来是否从事会展业完全一无所知。调动学生对会展学习动力的任务，就责无旁贷地落在了会展课程的教师、教材等教学方面了。然而会展业作为朝阳产业却在不断蓬勃发展中，急需相关人才投身到其中。相关研究数据也证明，近几年，中国会展产业以年均 20% 的速度增长，各大城市纷纷将会展业列为优先发展的重要产业，出台各项优惠政策予以扶持，对会展专业人才的需求更是与日俱增。据了解，三大会展城市会展专业人才岗位需求与求职者的比例为：上海 10 : 1，北京 8 : 1，广州 8 : 1。

这些问题都给从事会展教学的教师带来了极大困惑，笔者也属于其中之一。如何设计有效的会展课程来弥补和提高现有课程的诸多不足，是本文想要探索的答案。

二、课程项目化理论背景

（一）实施课程项目化的意义

课程项目化改变了传统课堂教学模式，活跃了课堂教学气氛，提升了学生的职业技能和职业意识，强化了教师的职教思想，开创了教育教学方式，更新了课堂教学内容，推进了产学研结合，优化了教学资源配置，促进了校企合作，实现了教育良性循环。

（二）课程项目化概念与内涵

课程项目化，是指根据职业能力培养的需要，密切联系地方产业发展实际，将专业基础课程和专业课程的教学内容设计成具体技能的训练项目，根据项目组织实施教学与考核，使专业人才培养方案的能力目标得以实现。课程项目化的教学目标是职业意识与职业技能的综合培养，教学内容是真真切切的工作项目与事件，教学方法强调学生自主性、师生互动性与成果应用性紧密结合（张跃西，2008）。

（三）课程项目化设计目标

课程项目化设计的基本原则是：因地制宜，循序渐进；互利共赢，注重成效（张跃西，2008）。“因地制宜，循序渐进”即课程项目化设计要符合当地人才需求和学校人才规划，还要根据教师和学生的自身特点来量体裁衣。同时，课程项目化设计为了实现最终的职业教育效果，还应该先易后难，先简后繁，循序渐进。“互利共赢，注重成效”即课程项目化要在学校、师生和企业的框架下来进行有效设计，其设计方案必须要有利于学生培养，有利于教师成长，有利于学院发展，还要有利于企业发展。

三、课程项目化设计方案

（一）课程项目化的设计定位

会展专业开设的目的是培养适应现代社会经济建设和会展业发展的需要，文化底蕴深厚，学科知识扎实，综合素质高，具有良好的服务意识、较强的实践和沟通能力，可以在会展专业公司、旅游企业、展览馆及现代商业服务行业从事会展市场调研、项目策划、实施组织、会展服务等一线管理服务的高技能应用型专门人才（陈丽，2013）。

（二）课程项目化的设计目标

1. 能力目标

培养较强的英语听、说、读、写、译能力；掌握组织和参与商业展览和大型会议各阶段所需的英语综合技能；具备从事会展行业的英语交际能力；能很快适应岗位要求，有发展潜力；能及时对会展行业业务知识进行更新。

2. 知识目标

能熟练运用会展英语的专业词汇、句型和表达方法；能从会展组织者和参与者的角度多方面较好地完成从会展筹备阶段、进行阶段，到退出与结束阶段的各环节工作。

3. 素质目标

培养学生对会展行业的兴趣与热情，使其具备良好的科学文化素质、较强的事业心和工作责任感、良好的职业道德和较强的团队合作精神；有较为全面的会展服务知识，业务熟练，方法科学，品格高尚。

（三）课程项目化的设计内容

以会展岗位工作过程对应的能力要求以及相关教材的章节安排为主要依据选取课程内容，立足于贯彻培养学生“语言＋技能”的职业岗位能力目标。

课程内容选择以职业素质教育为基础，以学生为主体，采用工作任务项目教学方法，将课程根据展览筹备阶段、参展阶段及展览结束阶段进行粗略划分，再根据各阶段工作需要进行细分。

学习情境（单元）		课程内容（具体工作任务）	能力训练项目
1	展览筹备阶段	（1）组织展览方筹备 （2）参加展览方筹备	（1）作为组展方，能用英文接待参展方，介绍展会情况，并能根据展览基本信息撰写英文招展函。 （2）作为参展方，能运用各种媒体收集展览信息，判断选择合适的展会，能运用展览专业术语，谈论展览的基本情况。
2	参展阶段	（1）布展及接待 （2）展品推介 （3）展览突发情况应对	（1）作为参展方，能够准确了解展会展台搭建要求及游客接待安排等信息，能够了解展览承建商在布展中所起到的作用。 （2）能够了解并运用在展览中各种招揽潜在客户的方式以及正确的宣传资料和赠品的分发方式；能够了解并设计各种展会宣传资料。 （3）能够了解各种展览紧急情况的处理方案并能够根据危机类型、处理方式及赔偿问题等进行沟通和协调。
3	展览结束阶段	（1）取消参展 （2）撤展	（1）能了解并运用相关专业术语，作为组展方和参展方，妥善处理取消预订展位的情况；能了解展览合同中组展方和参展方的权利和义务。 （2）能策划和安排撤展工作并予以实施；能进行展后评估及对展览中获得的信息开展后续工作；能够运用相关专业术语，起草拆展通知。

（续表）

学习情境（单元）		课程内容（具体工作任务）	能力训练项目
4	展览策略	（1）组织展览方策略 （2）参加展览方策略	（1）作为组展方，能从展览城市选择、参展品牌选择、展览宣传渠道等多角度策划组展工作流程。 （2）作为参展方，能从展台设计、营销手段等多方面因素确定参展风格；能运用各种有效的参展策略。
5	学生演示单元	模拟展览会	（1）组展方小组：能组织一次实际展览活动，实施从招展、布展，到拆展及处理协调各种突发情况的整个流程。 （2）参展方小组：能实施从报名、预订展位、展台设计与布置、展览营销，到拆展的整个参展过程。
6	会议概述	（1）会议概述 （2）会议分类及其作用	（1）能了解会议的作用和意义，能通过会议通知提供的信息谈论会议的相关信息。 （2）能根据会议目的、参与者及内容的不同，识别不同类型的会议，并了解其特点与作用。
7	会议筹备 I	（1）会议主题、议程设计 （2）会议议程清单 （3）会议策划人 （4）会议发言人	（1）能了解会议主题选取的要素以及策划会议应遵循的基本原则，并能加以应用。 （2）能了解组织大型正式会议需要考虑的各项细节，了解并能制定会议日程安排。 （3）能了解会议策划人的作用及其应具备的知识和技能。 （4）能了解选择和邀请会议发言人的原则，能起草会议邀请函。
8	会议筹备 II	（1）会场选址及硬件设施管理 （2）会议预算安排 （3）会议餐饮安排 （4）会议注册和相关表格	（1）能了解会场选择的原则并能加以应用，能了解会场各种视听设备的种类、功能及选取的原则。 （2）能了解会议预算的内容、分类，及常规会议收益方法。 （3）能了解制定会议菜单和招待会安排的原则。 （4）能就会议注册事宜进行交流；能了解会议登记程序，并制定会议注册相关表格。
9	学生演示单元	大型会议筹备演示	能根据不同会议主题及要求，从会议议程设计、会议发言人的邀请、会议选址及硬件安排、预算及餐饮安排、注册接待等多个方面进行总体演示。

（三）课程项目化的教学设计

1. 整合会展教材，按照基于工作过程的原则，创建“任务手册”

会展英语包含了十个项目：会展邀请、安排参展、布置会议厅和展位、参加展会、接待客户、介绍产品、洽谈业务、商贸谈判、撤离展会、分析展会成效（陈丽，2013）。按照这样的工作流程设立任务项目，结合会展教材的相关单元对于语言的训练，教师可以通过创建“任务手册”来锻炼学生的语言能力和职场能力。任务手册可包含任务名称、任务要求、任务手段、任务过程、任务验收等方面，教师利用手册可以方便布置教学任务，监控教学过程，检验教学成果；学生利用手册可以明确学习任务，丰富学习过程，创造学习成果。

2. 开展以学生为中心、企业需求为导向的教学活动

教学活动可以采用任务式教学法、情景教学法等多种手段让学生参与其中，并成为教学活动的主角。比如在任务式教学法中，通过创建任务手册，学生从被动地听课，到主动地完成相关任务，并全程在教师的指导下进行，极大地调动了学生的积极性，充分体现了“做中学”的职业理念。

3. 组织学生分小组，开展情景模拟实训活动

在课堂基本教学活动之余，教师还可让学生分成不同小组，创建各种会展公司，然后布置多种情景模拟任务，比如公司展位展示、公司展品展示、公司会展接待员与外宾对话等。通过情景模拟活动，学生能够更真实地体会到会展业的实际工作，增强现实感，有利于培养学生的专业认知能力。这样的教学活动还可以作为校内实训单独安排出时间段，集中进行模拟展示。

四、课程项目化资源开发前景

（一）实训基地的开发前景

为进一步加强学生技能操作训练所需的设施、设备建设，建立符合职业技术教育教学要求的专业技能实训中心，使实践教学条件上台阶、上等级，使实践教学更规范、更有效，更符合人才培养的要求，满足创建实践教学特色的需要，学校有必要建成综合性、多功能实训中心，并建设校外实训基地。

1. 建成多功能实训中心

实训中心将包括商务洽谈室、模拟公司、多种商务实训软件、秘书及行政管理实训软件、电脑速记设备、电脑、网络及全套多媒体教学设备等。商务中心将保证商务英语中的主要实践环节和实训课程的实效训练，保证专业学生核心技能的培养和训练，实现“能说、能写、能做”的人才培养目标要求。

2. 加强实习实训管理

营造良好的职业环境和技能训练氛围，实训操作流程、业务流程、主要环节、重点术语等一目了然。完善实训室管理，制定相应的管理制度，做好实训室使用的申报、登记、检查工作，做好实训计划、实训准备和实训总结，确保实践教学的顺利进行。加强实训中心软硬件建设和管理，适时添置实训软件和实训材料、实训教材、音像资料等。保证实训软件的更新、升级，保证实训内容、实训项目的针对性和实用性，保证实训设备的完好和使用率。

3. 加强校外实训基地的建设

建立校外实训基地运行保障机制，加强与基地单位的联系与合作，尽可能为实训基地单位和企业提供服务，努力创造校企双赢的局面。进一步拓宽校外实训基地的实习实训范围，扩大顶岗实习量，为学生实践能力的培养、职业素质的提高提供最有利的条件。

（二）校企合作的开发

职业教育实际上是从业前的教育，如何让学生的就业观与用人单位的用人观吻合，如何让学生成为企业的“准职业人”，这是当前职业教育工作者需要探讨的问题。所谓校企合作中的课程开发，是指通过对合作企业相关岗位需求、市场环境、发展前景等进行科学评估预测，在分析学校自身的性质、教学特点、硬件条件的基础上，充分利用企业和学校原有资源制定教学目标，通过一定的教学方案来组织课程结构，保证课程开发的创新性和实用性（马海，2013）。但是目前校企合作开发课程还不尽如人意，前进的道路上还充满荆棘。

五、课程项目化实践中的问题

实践证明，课程项目化的开发并运用于高职院校的会展英语课程教学，符合高职院校的教育实际，符合学生的英语基础水平，符合教师的职业教育方法，深受学生的喜欢，教学效果有比较明显改观。课程项目化，终结了课程以教材为本的传统教育模式，开创了以项目模块为教学单元、任务驱动为学习动力、学生互动为中心、教师指导为辅助，学习环境轻松活跃。但是，课程项目化的教学实施过程中，也存在需要进一步探索和改进的地方，如教材还以传统教材居多，这需要教师和相关企业人员进行校本教材的开发和制定；教师从知识灌输型转变为任务指导型，需要不断补充行业相关知识和技能，最好能够下到企业去亲身实践；学生从被动听讲型转变为主动完成任务型，思想认识上还不能统一，要以积极开拓的精神投入到学习中；学校和企业还不能完全融合在校企合作中，合作机制还不尽如人意，需要今后在理论和实践上进一步探索。

参考文献

[1] 陈丽.项目教学法在会展英语教学中的运用[J].吉林广播电视大学学报，2013（1）：136-137.

[2] 马海.基于校企互动理念的会展课程教学方法探讨[J].当代教育论坛（综合研究），2010（6）：20，25.

[3] 徐国庆.职业教育项目课程开发指南[M].上海：华东师范大学出版社，2009.

[4] 张跃西.课程项目化理论创新研究[J].金华职业技术学院学报，2008（1）：51-54.

高职高专商务英语课堂教学管理策略研究

林郦[1]

摘要：高职高专商务英语专业学生的自身特点和专业定位决定了课堂教学管理的复杂性和挑战性。有效的课堂教学管理是实现课堂教学质量最优化的有力保障。笔者结合自身多年教学实际经验和体会，反思在实际课堂管理中影响学生个性发展的因素，积极探索改善教学管理的方式与策略，以充分促进高职高专商务英语学生的身心潜能发展和职业发展。

关键词：商务英语　教学管理　高职高专

1　林郦：北京经济管理职业学院教授，副院长。

一、引言

随着世界各国国际商务活动的日益频繁，我国融入国际经济生活的层次更深、领域更广，社会迫切需要大批具有较强商务英语应用能力并且熟悉国际商务运作的高素质人才。对于高职院校来说，面临的现实课题就是如何提高商务英语教学的实效性和针对性，提高学生的商务文化意识，提升教学品质，促进学生适应市场需求和工作岗位需要，而良好且行之有效的课堂教学管理是保证课堂有效性的关键，能大幅度提高高职高专商务英语的教学质量。本文结合高职高专商务英语学生特点和专业特点，以及笔者从事商务英语教学多年的经验体会，分析了影响商务英语课堂教学管理的因素，探讨并提出相应改善课堂教学管理的可行性策略，以有效地提高教学质量和学生学习效果，培养出具有较高语言能力的合格商务人才。

二、高职高专商务英语专业学生特点

在我国目前的高考体制下，高职高专商务英语专业学生在入学时，有着明显与本科院校学生不同的自身特点。

1. 生源背景复杂

经过调研发现，高职高专商务英语专业的学生入学前，有的是初中毕业工作过一两年的社会青年，经过短暂的高中学习又重新进入高考考场；有的是非英语专业的中职毕业生；有的是英语专业的中职毕业生；有的是应届高中毕业生；有的是往届在家待业一年的高中毕业生，生源背景非常复杂。

2. 学习中的心理问题

高职高专商务英语专业学生在英语学习中普遍存在不同程度的心理问题。第一，对学好英语缺乏信心。经历了初、高中应试性的英语教育，成绩历来不是很理想，虽然认识到学好商务英语对自己未来的就业很重要，也有努力学习的决心和意愿，但是对自己的外语学习能力产生怀疑，有自卑心理。第二，学习动机不强。入学时并不了解专业培养方向，对专业缺乏足够的认识，没有明确的英语学习目的，不知道如何学，专业选择具有盲目性。当被问到为何选择商务英语专业时，会说“家长给我选择的，能够顺利拿到个大学专科文凭就行”。第三，没有积极的学习情绪。理工科、医学、农业学等专业，学生们在高中没有学习过，对这些专业的学习有新鲜感；而经过小学、初中、高中多年的英语学习后，部分学生对英语学习没有浓厚的兴趣。第四，个性较强，喜欢追求新奇事物，好动，不愿听从差遣，心理抵触情绪较大，极其反感中学高压管理的模式。第五，部分同学具有敏感、易冲动、爱面子、自尊心强却又缺乏自信心等心理特点。

3. 英语基础参差不齐

和本科学生相比，高职高专的大部分学生高中学习基础都不太牢固，他们的英语水平和综合素质差异较大，商务背景知识几乎为零。学习目的、学习习惯、学习态度和学习能力也千差万别。部分同学英语基础差，学习兴趣不高；少部分同学英语基础较好，英语听说能力却比较差。英语基础和听说能力都比较不错的同学少而又少。没有升学压力，学习氛围不够浓厚，课堂上集中注意力的时间较短，部分同学较难积极主动地参与到课堂教学活动中。学生学习策略滞后，方法单一，缺乏自主学习能力。

诸多因素综合起来，给高职高专商务英语教学带来了相当大的难度，给商务英语专业的教师授课、课堂组织和教学管理带来了极大的挑战。如果缺乏课堂教学管理的有效技巧和策略，势必会出现课堂秩序散漫混乱的现象，师生之间在课堂上可能会出现矛盾冲突，学生隐性逃课甚至显性逃课现象严重，从而加重商务英语教师的教学压力，给那些认真学习的学生也带来了心理负担和诸多负面影响，严重影响教学效果和教学目标的实现。因此，教学质量的好坏不仅仅取决于教师的授课能力，也取决于教师的课堂教学管理策略。

三、高职高专商务英语专业的特点

作为一门专门用途英语（ESP），商务英语有其自身的特点和要求，需要将商务知识与技能训练和英语语言情景运用融会贯通。注重培养学生在各种各样的商务环境下，熟练运用英语听、说、读、写的商务交际沟通技巧和能力。在教学上更侧重学生商务行业知识的掌握，锻炼学生商务活动中的沟通协调能力，注重商务交际礼节礼仪、跨文化沟通、策划公司海外营销活动、商务谈判、管理等综合能力的培养，在语言学习过程中穿插国际贸易、经济学和金融学等知识的学习，拓宽知识面，锻炼提升学生的职场应变能力和实践能力。

商务英语专业特点决定了商务英语的教学必须要理论知识学习和实训商务模拟相结合，实行模块教学，在强化英语语言知识的基础上，在商务英语模拟实训室或者真正的商务场所模拟实训、仿真训练，集理论教学和商务情景教学于一体。该专业特别强调学生在学习过程中对教学活动的参与，锻炼其在工作场景下对语言使用的熟练度。这种教学的特殊性，也督促商务英语教师采取不同于传统课堂教学的管理策略进行教学管理，提高学生知识吸收的效果和有效性。

四、影响课堂教学管理的因素

在日常的商务英语教学过程中，笔者发现并深深体会到有很多主客观因素会影响课堂教学管理的有效性。

客观因素包括：班级规模、课堂环境与教学设施设备、教室大小、座位的安排、自然环境、小到整个班级的班风和学风、大到整个学校的学习风气以及整体教学管理的制度措施。

主观因素包括：教学内容，学生的接受能力和学业水平，师生之间的情感因素，教师的授课技能和知识积累，教学风格、教学的应变能力、教学方法与手段，教师的性格、气质和教学理念，教师在学生中的威信、人格形象等，教师的教学热情、心理状态和责任心，课程评价考核方式，学生学习的驱动力，性别差异与个体课堂心理因素，学生的学习习惯和风格，学生的职业意识等诸多因素。

另外，当今的互联网时代也向传统观念、教学理念、家长意识、权威意识等发出了革命性挑战，“教与学的唯一性”被彻底打破，教师崇拜减弱，课堂不再是学生接受和学习知识的唯一渠道。

五、改善课堂教学管理策略

我们在实际的课堂教学中要善于调动诸多主客观因素的积极有利的一面，规避其不利的方面，形成有效、有针对性的课堂管理策略。

（一）建立课堂教学常规

高职高专院校教师常常注重课堂教学，却忽视了课堂行为标准和规则的制定。无规矩不成方圆，教师与学生接触的第一堂课，就应该让学生知道哪些行为是本课程教师所期待的、所鼓励的，让学生参与到课堂管理规章制度的制定中来。同时培养、利用和发挥学生干部的作用，培养学生自我管理能力，实现有效、必要的纪律管理，进行适当的课堂秩序干预，培育与引导学生课堂学习的自觉性。

（二）强化学生的职业意识

高职高专商务英语专业的学生在入学之初，大多对自己的专业不甚了解，对自己未来的职业发展很迷茫，更谈不上职业规划和职业意识。因此，教师要能够深入思考职业教育的价值，课堂上理论结合实际，穿插讲解工作中的案例，让学生了解行业最新发展态势，以及行业企业发展对商务英语毕业生的能力和知识技能要求，做到更加有的放矢地教学。还要适当补充专业的职业指导和职业规划知识，强化学生的职业意识。这样学生就会逐渐明确自己的学习目的和方向，有意识地加强和锻炼自己的职业核心能力，课堂上他们就会自觉主动地管理自己的学习行为。

（三）利用情感因素构建和谐师生关系

高职高专商务英语专业学生的英语基础比较差、起点低，在课堂上往往会出现影响其英语学习的不利情绪，比如紧张、害怕、担忧、焦虑、自卑等。教师千万不要因此而带着怨气、责怪甚至不耐烦的情绪去上课，因为教师的情绪渲染对学生的学习有重大影响。教师要用积极的情绪、温和诚恳的声调去感染、诱发学生内心的情感体验，创建愉快的教学相长的课堂教学气氛和宽松、民主的学习氛围，树立平等的沟通意识。批评式、指令式、裁判式的语言和讽刺挖苦都会引起学生的防御和对抗，而宽容理解则会唤醒学生的自律。记住每一个学生的名字无形中会拉近与学生的距离。尊重学生尤其是后进生的人格，接纳每一个学生的独特性，关注学生的主体性、差异性与身心健康，增进师生感情，在学生的心灵深处建立起良好的师生关系，学生们自然而然就会自觉遵守课堂管理的各种规范，把遵守课堂管理看成是维护师生之间友好情感的需要。这样，学生就会专心于掌握商务知识和英语交际技能的过程，对教师的课堂管理必然起着积极有益的作用。

（四）增强授课吸引力，间接加强课堂管理

教师通过各种方法提高授课的吸引力，可以间接地加强课堂管理。在趣味横生的课堂上，我们往往会看到这样的景象：学生们双眸闪光，兴趣盎然，人人参与其中，课堂气氛活跃。而课堂气氛正是影响教师课堂管理质量的重要因素。

1. 有效规划课堂时间

教师要有时间意识，强化课堂教学的时效观，增强课堂教学的节奏感。在进行课堂活动设计时，要对课堂时间进行规划，合理地把课堂时间分配给各个教学环节，避免随意性，避免出现部分同学在课堂上无事可做的现象。

2. 注重教学内容的时效性和教学设计的巧妙性

针对特定的课程，教师在授课之前要深思熟虑，仔细选择课堂教学内容。这是影响学生学习兴趣和动机的最主要因素。笔者曾经对本校商务英语专业大三学生进行问卷调查，55% 以上的学生认为，课堂教学内容是造成他们学习动机减退的主要因素，他们不希望教师仅仅讲授教材

上的内容，进行单纯的英语语言的训练。而是期待教师和他们分析探究职场中最近发生的真实商业案例，选择有真实性并与商业社会实际紧密联系的素材资源，讲授能够反映公司战略规划、管理理念、销售策略、文化建设等与实际工作息息相关的内容，培养他们职场所需的各项技能与能力，发展与培养他们系统功能语言学所强调的“意义潜势”。

互联网时代资源丰富，教师通过教学环节的灵活设计和课堂活动的巧妙安排，利用多媒体课件动画、图形、图像和丰富的视频、音频文件，创设立体的学习环境，产生瞬时的感官冲击，学生会在好奇心和求新心理的驱使下，产生浓厚的学习兴趣，加强理解能力与记忆能力，主动而愉悦地学习，从而达到最佳的教学管理效果。

3. 注重教学方法的新颖性和多样性

商务英语的跨专业性和复合性以及高职学生的特点要求教师注重教学方法的新颖性和多样性，讲究教学艺术。高职高专商务英语专业的学生应该说是被应试教育淘汰的学生，他们已经对应试教育方式麻木了，如果教师上课只注重教材，不能根据教学内容灵活选用有效的教学方法，学生们自然会提不起兴趣，就会在课堂上出现违纪现象，甚至逃课。因此高职高专商务英语专业的教师更应该去学习和积累灵活多变的教学方法，注意教学方法的恰当性和多样性，同时还需要言传身教地培养高职学生的学习策略和方法，在教学中多开展师生协作性的教学活动，如小型案例辩论、集体讨论、角色模拟、演讲、竞赛、案例分析评论等，进行具有创造性的语言交际活动。采用情景模拟教学法、角色扮演法、交际教学法、虚拟实训教学法、案例教学法、任务型教学法、引导启发法、训练与练习法、互动式教学法、分组讨论法和研究式的教学方法等，最大限度地让学生主动参与到学习的全过程中来。一些课程可以采用翻转课堂式教学、多模态教学等不同的教学方法，利用学生的好奇心调动其学习热情。在开展不同的教学活动时可把座位进行不同的编排，改变传统的“秧田式”座位安排，变成 U 形排列、圆形排列、小组式排列或者会议式排列等。

4. 提高自身素质和专业化水平，依威信加强课堂管理

学无止境，教师应深刻研究商务英语学科内容和特点，持续优化自己的知识结构。拥有英语硕士学历和学位后，再取得商务或贸易经济相关的第二硕士学位，以及职业资格证书和行业资格证书，使自身的知识结构体现为商务研究与语言研究结合。利用假期获得企业或公司从业经验，成为真正的“双师型”教师。广记博闻会让你的课上得精彩，提高你在学生中的威信，让学生打心底里佩服你的学识，他们自然会服从你的管理。

5. 注重语音语调的变化，倾注教学热情

教师的教学语言、语音和语调对课堂的教学管理和教学效果起着极其重要的作用。实践证明，教师的语言如果幽默、生动，富于趣味性、启发性、激励性，把自己的灵感和思想嵌到话语中，赋予语言情感和情绪色彩以及质感与张力，高昂低沉、张弛有致，抑扬顿挫、声色俱全，以声引人、以情感人，学生会受到强烈的感染，完全被吸引，不会产生疲劳感，自然而然达到课堂教学管理的目的。

（五）激发和维护学生的学习动机

从 20 世纪 50 年代开始，全方位的教学改革在国外很多国家展开。改革的重点就是课堂管理方面。这个时期心理学的研究和发展对课堂管理教学起到了很好的辅助作用。高职高专院校的教师应该注重利用心理学上的“皮格马利翁效应”来激发和维护学生的学习动机。可以说高职高专院校的学生在以前的学校环境中是不被重视和激励、对自己评价较低的一个群体。信任、赞美和期待能改变人的行为。当学生获得老师的信任、赞美时，他会感觉自我价值增强了，就会变得自信、自尊，产生一种积极向上的动力，从而带来学习的主动性。教师应深入分析课堂心理环境对学生需要的满足情况，切实理解学生个体的心理和学习需要。用生存、发展、工作和教育需要，自尊、自我实现需求，以及地位、心理安全、归属感等引导学生制定明确的短期目标和长期目标，通过满足学生认知和情感的需要来激发学习动机。

（六）实施隐性分层教学维护学生成就动机

学生入学时的英语基础参差不齐，接受能力也不尽相同，针对不同层次学生的需要，分类分层进行教学目标设计就显得极其必要。只有这样才能满足不同层次学生的能力要求，但为了避免低水平学生的自尊心受到影响，在学生不知情的情况下教师巧妙实施隐性分层教学，让不同层次的学生从不同的角度探究学习、承担不同的任务或角色，让他们有不同的发现和进步。同时，笔者建议商务英语实践性很强的课程教师创建教学视频，或者搜集利用现有视频教学资源，采用“翻转课堂”教学模式实现真正的分层次教学。课前视频教学资料自学，课上教师组织活动操练，这样学生就可以灵活安排学习时间。普通学生可以花费更多的时间去反复观看视频，以跟上同学的步伐，在小组活动中表现更积极。优等生在学习积极性和技能方面都略胜一筹，他们在视频的学习上就无需花费太多时间。这样就会提高课堂上学生的参与度，使他们逐渐体会到英语学习的成就感，达到课堂管理的目的。

（七）灵活运用非语言管理技巧

教师可以灵活运用有感染力的微笑、面部表情、手势、充满鼓励的眼神、体姿等极具亲和力的“无声”交际语言传递信息，交流感情，调控课堂秩序或气氛。如收住话题、注视违纪学生，或者走近隐性逃课的学生等。课堂教学中神态、体态语言的使用能使学生感到教师严厉中带有亲切、容忍中有警告，从而自觉规范自己的行为。

（八）建立人性化的多元课堂评价和课程评价体系

我们不能把课堂管理简单地看作是对学生行为或教学活动的控制，而应看成是为学生全面成长发展服务。建立人性化的多元课堂评价和课程评价体系也会起到管理和督促学生学习的目的。根据商务英语的课程性质，教师可以采用模拟实战考核方法、抽查学生的课业资料收集、小组作业展示来检验学生对基本技能的掌握与运用；通过方案策划、角色模拟与小组辩论、使用思维导图总结知识点、小组竞赛等方式加大阶段性的考核力度，全方位地考核学生的知识综合运用能力、技能实践能力和创新实践能力，以评促学，实现学生个性化的发展，同时达到以评价促管理的目的。

六、总结

总之，我们可以从教师、学生以及教学环境等各个角度出发来提升课堂教学管理的有效性；通过各种教育教学手段的灵活运用，侧重培养学生内在的思维乐趣，在最大程度上启发学生思维，促进课堂管理有效性策略的实施，使课堂管理更加具有成效。

参考文献

[1] 陈月茹主编．课堂教学组织与管理 [M]. 济南：山东人民出版社，2010.

[2] 郝青．大学英语课堂管理策略之探索 [J]. 考试周刊，2010（15）：33-36.

[3] 罗毅，蔡慧萍主编．英语课堂教学策略与研究方法 [M]. 武汉：华中科技大学出版社，2011.

[4] 王丽霞，郝志平，杨 静．有效的大学英语课堂管理策略 [J]. 长春教育学院学报，2009（3）：67-69.

[5] 谢文怡．新时期商务英语教学模式探析 [J]．国际商务研究，2005（6）：57-61．

[6] 张德禄.多模态话语理论与媒体技术在外语教学中的应用[J].外语教学，2009（4）：15-20.

多媒体环境下体验式英语教学设计与反思

刘素琴[1]

摘要：体验式英语教学是通过学生的亲自体验、观察、思考、实践来完成教学任务和目标的一种教学方法，其指导思想及具体实施遵循了认知语言学的规律，其核心环节在于“学生体验”，而多媒体技术设备则为具体体验情景的设计提供了诸多便利条件。多媒体环境下体验式英语教学的目的是建设学生真心喜欢的课堂，培养学生终身受益的学习习惯。

关键词：体验式英语教学　多媒体　情景设计

1　刘素琴：北京经济管理职业学院外语系教师，讲师。

一、体验式英语教学的理论基础

体验式外语学习理念来源于教育学、心理学、认知科学和应用语言学。而美国哲学家、教育家和心理学家 Dewey（1986）主张的“做中学”（learning by doing）概括了体验式学习的理论来源的共同特征。

20 世纪 80 年代，组织行为学教授大卫•考尔博（D. Kolb）等人更进一步充实了体验学习理论。考尔博在杜威以及美国社会心理学家勒温（K. Lewin）和认知心理学家皮亚杰（J. Piaget）的相关理论影响下，将体验学习的模式分为四个步骤：具体经历（concrete experience）、思维观察（observation and reflection）、抽象概念（forming abstract concepts）、主动实践（testing in new situation）。这四个步骤环环相扣，不断深入。学生只有通过本人亲自体验、观察、思考、实践这一循环的过程之后才可以达到最好的学习效果。根据考尔博的体验式学习理论，学习不再是以教师为中心、以结果为导向的被动式接受信息的学习，而是以学生的积极探索为中心的学习，教师的角色则是合作者和指导者。

近年来国内也有越来越多的学者关注体验式英语教学。体验式英语教学“以学生为中心”、“以任务为基础”，让学生通过“具体体验”，在活动和交际中“发现”语言使用原则，并能够应用到实际交流中去，体验式教学的关键在于体验情景的设计（郭佳等,2005）。王立非等（2009）从第二语言习得的认知理论、交互理论和语用理论三个方面论述了体验式外语学习的第二语言习得理论基础。他们认为语言不但是外部世界在人脑中的反映，也是人们认识外部世界、体验外部世界的结果。体验式学习理念是对已有的建构主义教育理论、体验式学习理论、任务式或项目研究式教学方法等的集中体现与进一步升华（Kenny，1996；程琪龙，2009）。体验式教学也符合建构主义理论的特点，在教学中情景设立和合作学习的环节，最终由学生自身实现对所学知识的意义建构。本文试图将以上“体验式”语言教学理论和原则运用于课堂实践并进行教学个案设计，以求建设优质高效的英语课堂。

二、网络多媒体环境为体验式教学提供了有利的媒介和平台

现代信息技术为探索新的语言教学模式提供了技术支持。如何使网络技术更便捷有效地促进语言学习也成了语言研究的热点。为了使语言学习能突破时空限制，弥补课堂教学不足，发达国家的学者率先对基于网络的外语教学模式提出了设想和实践，国内很多高校也纷纷尝试校园网络学习平台的建设。有的学者设计了以网络为支撑的大学英语教学模式。为使英语专业教学实现教学手段现代化，有的学者尝试采用网络技术开发课件，建设语言文学素材库。还有很多学校建立了数字化语言实验室和校园网络学习平台，硬件、软件一应俱全。这些都为英语教学提供了丰富的资源以及获取资源的便捷的途径，为体验式英语教学提供了很好的平台，教师与学生都很容易获取可供体验的学习材料和环境。我们现在的授课对象——90后大学生，他们的生活、学习都已经和电脑、网络密不可分了，网聊、网购、网上报名、机考是学生们日常生活、学习中必不可少的关键词。在网络多媒体时代这样的大背景下，体验式教学较之传统教学方法更符合学生的认知习惯，更容易激发学生内在的学习动力和兴趣，更有利于提高课堂“教”和“学”的效果。笔者正是基于此背景来探讨如何建设学生真心喜欢、终身受益的体验式英语课堂。

三、基于多媒体的体验式英语课堂设计

授课对象：笔者所在学校高职商务英语专业二年级学生，整体有一定的英语语言基础，90% 已经通过全国英语应用能力考试（A 级）。

授课地点：数字化网络语言实验室。

班级背景：学生人数为 30 人，年龄在 18~20 岁之间，属 90 后，每周开设的英语类课程共计 18 学时。其中《综合英语》课程周课时为 4 学时，每次上课时间 90 分钟。本文要探讨的就是在多媒体环境下《综合英语》课程 90 分钟的体验式课堂教学设计。

授课单元主题：Conflict（冲突）。

课堂设计原则：以学生体验为核心，设置具体语言体验环境，激发学生内在动力，引导学生自己在做中学，鼓励学生参与师生互动、生生互动。

教学目标：学生能够听懂与主题（conflict）相关的常用词汇和句型，并能运用到具体环境中说出来；能读懂与主题相关的简短文字材料；能就具体情景展开 1 分钟的情景对话。

教学设计步骤

（一）课前准备

搜集课堂导入材料（电影 *The Devil Who Wears Prada* 开场片段）并引入主题 conflict 进而教学目标设计；导入部分问卷：How good are you at managing conflict? 问卷结果分析 your conflict management skills；阅读材料及练习设计；常用词汇及句型练习设计；情景模拟练习设计；课后作业设计；将以上材料整理并制作 PPT 课件。

（二）课上实践

1. 播放电影片段，给学生一个视觉和听觉的双重体验场景，导入本课主题 conflict，进一步引出本次课的教学目标。（5 分钟）

2. 展示问卷，通过阅读问题学生体验具体的冲突情景并作出自己的选择。然后公布参考结果，学生可以借此评估自己应对冲突的能力。（5 分钟）

3. 阅读主题：negotiating across cultures。该部分体验材料包括四篇短文：Article A、B、C、D。把学生分组，每组 4 人，每人在 Article A、B、C、D 中任选一个，布置个人任务（match）及小组任务（answer questions and discuss the best and worst qualities for a negotiator），学生在合作完成此任务的过程中自己进行思维观察，并且在小组讨论中具备初步抽象概念 how to negotiate across cultures。鼓励学生提问、质疑。教师在旁指导即可。讨论完成后请每组派代表汇报讨论结果，教师可对此进行录音或录像作为过程性考核的依据。（30 分钟）

4. 教师总结：借助 PPT 课件把枯燥的文字加上声音和图像呈现出来（useful vocabulary and expressions），辅以听写、口译、重复、配对等多样的练习。（10 分钟）

5. 情景模拟：工会代表和总经理关于员工餐厅菜价提高的讨论。两个人一组，先讨论然后再进行分角色表演。教师用 PPT 课件展示具体情景，让学生在非常具体的环境中主动实践，要求学生有意识地运用前面学到的有用的词汇、句型及相关解决冲突的办法，并鼓励学生根据内容需要进行拓展。也就是让学生用前面的体验、观察、思考、抽象的内容来进行亲身实践。根据课堂时间安排请几组同学上讲台展示，教师可对此进行录音或录像作为过程性考核的依据。（30 分钟）

6. 布置课后作业并让学生写学习总结。课后作业为案例学习，要求学生首先从互联网或者报纸杂志上选取一则和 conflict 相关的英文原版真实案例，写出自己的评价后一并发到班级所建的群里进行展示交流。（10 分钟）

四、课后总结反思

课堂授课结束后笔者让每名学生就体验式课堂和自己的学习写了总结报告，包括收获、问题、建议三部分。为了使学生真实表达自己的想法，不要求学生署名。笔者结合学生的反馈意见和在课堂上的观察，得出以下体会：

第一，体验式课堂设计对教学效果产生了积极影响。体验式英语教学是以“学生为中心”，注重学习者的认知规律。此次课堂设计考虑到了学生对于主题的认知需求，认真设计了具体的语言体验环境和任务，从而营造了互动活跃的课堂氛围。在实际教学中时刻牢记学生是学习和体验的主体，在依据课程标准的基础上尽量满足学习者在知识、智力、情感、个性等方面的要求。在教学内容上尽量满足学生当前的实际需要，并根据学生的实际能力给它们安排恰当的“任务”，使学生感觉到任务很有意义并且具有可操作性，这样才能激发学生的潜力，赢得学生的情感共鸣，引导学生主动参与到体验式学习的良性循环中，从而建设学生真心喜欢的英语课堂。

第二，课堂要培养学生的学习策略及思辨能力，使学生终身受益。既要注重语言的学习也要注重学习策略的学习。要使学习者在语言学习的同时通过自己的体验和认知来判断自己的强项和薄弱环节等，在具体的语言交流应用中有意识地不断调整自己的学习方法，螺旋上升、不断深入。逐步建构适合自己的学习策略。科学有效的学习策略会使学生终身受益。受之前中小学教育和中国文化的影响，学生在课堂教学中倾向于被动接受知识，顺势理解，全盘接受。长期下来学生的好奇心和质疑能力越来越弱，不善于思考和分析，就更谈不上语言交际了。这是以后的课堂上应该着重强化的一点。

第三，多媒体的应用要恰到好处，避免华而不实。课前制作多媒体课件的过程中，教师考虑的大都是如何吸引学生注意力，如何体现教学目标和内容。因此做出的课件往往过于花哨，信息量过大。在课堂展示时从学生的反应来看，图片过多或者视频过长，学生的注意力会转移到别的地方。课件信息量过大，超出了学生的认知负荷，会让学生眼睛看不过来，这样势必会影响学生自己观察、思考的时间。

第四，体验式学习的材料来源要多样化。学习材料不应局限于教材，因为教材都有一定的编写周期，在时效性上不如报纸杂志、网络。教材的选材风格大致相同，选材不可能面面俱到。网络多媒体可以很好地弥补这些不足。另外，选材的决定权也不应局限于教师，应该使学生有权力、有能力选择适合自己的学习材料。由于不同的学生有不同的学习需求和语言水平，应该允许他们使用不同的学习材料。

第五，科学、有效地安排小组活动。在小组活动中，学生的语言表达焦虑感会降低，能够无拘束地表达思想情感。在轻松的体验环境中，学生更容易观察到新的语言现象，思考自己语言应用的不足之处，有更多的机会修正自己输出的语言。学生在小组活动中学会相互合作，同时也会出现竞争，也会有滥竽充数的现象，教师应当引导学生本着“合作共赢”的态度积极参加小组活动，可以让学生参与过程性评价标准的指定并参与评价，在小组成员之间进行互评。小组活动需要教师精心设计具体内容并做好管理及评价，否则就会流于形式，反而不利于提高学生的积极性。

第六，要重视课外语言学习活动。真正的语言应用是没有课内外之分的。现代信息技术的应用更加淡化了课内外、校内外、国内外的界限，大大地扩展了外语学习的时间和空间。课程设置只是学校组织教学的一种形式，时间很有限，但学生的学习不应受到限制。外语教学的设计既要顾及学生在课堂上的学习过程，更应该将课外的语言学习纳入考虑范围。笔者在近几年的教学中了解到高职学生的课外学习普遍匮乏，主要原因就是学生找不到适合自己的学习材料和学习方法，学不进去，这样的现象势必会导致学习氛围不浓，反过来也会间接影响课堂学习效果。因此，在以后的课堂教学设计中应将课内外语言学习结合起来，利用网络多媒体创设具体的体验环境，引导学生自主学习。

五、结语

体验式外语教学强调以学生为中心，让学生在体验的过程中观察、思考并将体验到的内容付诸实践，强调学习者对学习过程在理性和感性上的体验，有意识地认识自己的学习风格，掌握有效的学习策略，最终实现自己的英语学习以及全面发展的目标。通过此次多媒体环境下英语课堂教学实践的个案设计以及教学效果的观察和反馈，笔者认为体验式英语教学模式为学生提供了生动、丰富、具体的语言体验环境，学生在模拟的活动中可以获得更多的语言体验和感受，对其更好掌握各项语言技能产生了积极的影响。然而，在体验式英语教学实践中，教学材料的选取和课堂活动设计都需要教师付出大量的时间和精力，也需要教师自身具备很高的课堂管理能力以及熟练掌握多媒体技术。另外，课后的作业批改以及与学生的实时互动也很费时费力。因此在具体教学实践中还有很多可以提升的空间，如何提高体验式教学模式的效率是值得以后进一步研究和实践的课题。

参考文献

[1] 程琪龙 . 体验式外语学习的认知功能探究 [J]. 中国外语，2009（5）：66-75.

[2] 郭佳，包兰宇，王晓娟，李凇 . 大学英语体验式教学探讨 [J]. 北京交通大学学报（社会科学版），2005（3）：76-80.

[3] 贾国栋 . 现代网络技术与大学英语教学模式改革：基于校园网的教学模式设计与试验研究 [J]. 外语界，2003，（6）：22-29.

[4] 马瑞香 . 外语教学的哲学思考 [J]. 外语学刊，2008（3）：127-130.

[5] 王海啸 . 体验式外语学习的教学原则——从理论到实践[J]. 中国外语，2010，（1）：53-60.

[6] 王立非，袁凤识，朱美慧 . 体验英语学习的二语习得理论基础 [J]. 中国外语，2009（5）：76-81.

[7] 余渭深，韩萍 .《大学体验英语》对大学英语教师职业发展作用的问卷研究 [J]. 中国外语，2009（6）：69-76.

[8] 庄智象，黄卫，王乐 . 我国多媒体外语教学的现状与展望 [J]，外语电化教学，2007（2）.

[9] 邹为诚，刘蕴秋，熊淑慧 ."语言体验" 的教育学理论研究 [J]. 中国外语，2009（6）：55-68.

[10] Burke，B. M. Creating communicative classrooms with experiential design [J]. *Foreign Language Annals*，2007（40）：441-462.

高职院校商务英语阅读教学方法与考试研究

贾素清[1]　王校英[2]

摘要：语言教学是第一性的，语言测试是为语言教学服务的。教学与测试两者相辅相成，不可或缺。社会的发展迫使教学方法不断变革，教学方法的改变必然带动测试方法的变革。本文回顾了教学方法和测试方法变革的历史，叙述了考试的分类和作用，分析了目前高职院校商务英语阅读教学方法与考试中存在的问题，进行了教学方法与考试改革的实践探索，取得了成效，以期促进高职院校商务英语教学质量的提高。

关键词：教学方法　测试方法　商务英语阅读　高职院校

1　贾素清：廊坊燕京职业技术学院教师，讲师。
2　王校英：廊坊燕京职业技术学院教师，助教。

随着中国（上海）自由贸易区的设立，国际商务活动会日益频繁，社会对于商务英语类的人才需求会不断增加。在这一新的趋势下，培养商务英语复合型人才，显得尤为重要。其中，能够熟练利用英语进行阅读并获取和分析商务信息是很多企业选拔人才的重要标准之一，因此，迅速提高学生在商务英语阅读方面的能力是亟待解决的问题。在商务英语教学中，商务英语阅读是一个重要环节。它不仅是商务英语专业的基础必修课，还是帮助学生获取商务知识的重要途径。阅读教学要想达到理想效果，真正让学生在信息提取和商务知识两方面获得丰收，实现该专业英语的用途，就要求教师在教学实践中不断地发现、分析和解决问题，采取合理有效的教学方法，使商务英语阅读教学真正成为培养复合型人才的有效途径，以满足未来就业的需要和社会发展的需要。

任何一种教学方法和测试方法都是在特定的时代背景下，为适应特定的社会需要而产生的。教学必须满足社会的需要，测试方法也要与社会的需要相适应。根据中共中央、国务院《关于深化教育改革全面推进素质教育的决定》，高等职业教育应重视学生的创新能力和实践能力的培养。因此，教师在英语教学过程中要树立现代教育观和考试观，转变妨碍学生创新精神和创造能力发展的教育观念、教育方法，摒弃仅以考试分数来衡量学生的做法，把英语考试当作实现教育目标过程中的一种有效手段，重视过程性评估，着重考核学生实际语言运用的能力，逐步培养学生自主学习的能力，而不是使学生应付考试。这样就可以最大限度地发挥测试对英语教学的促进作用，降低其不利影响。

一、教学方法和测试方法的发展历史

社会的发展迫使教学方法不断变革，教学方法的改变必然带动测试方法的变革。回顾教学方法和测试方法变革的历史，可以为目前的英语教学改革和英语测试的改进提供有益的启示。

（一）语法翻译法和传统的英语测试方法

语法翻译法最早起源于欧洲中世纪。机械语言学对语法翻译法的形成和发展影响很大。该理论认为语言是由一组描写规则组成的。能否熟知这些规则，能否迅速、准确地把母语译成第二语言或把第二语言译成母语成为衡量语言学习者水平的标准。这一教学法强调记忆语法规则和词汇的重要性。Richards 等人（2000）认为语法翻译法是“通过详细分析语法规则从而接近一门语言的外语教学法”。它能够使学习者掌握“关于这门语言的一切而非语言本身”。因而它的局限性是很明显的，不利于培养学生熟练、流利地运用英语的能力。传统的英语测试方法是在语法翻译法的基础上产生的。从命题的方针、题型和试卷内容等方面可以看到语法翻译法的影子。命题人忽视测试的可信性、客观性和科学性等问题。因此有人把传统的外语测试方法叫作“前科学法”(胡春洞等，1996)。

（二）听说法和分离式测试

20 世纪 40 年代语言教学出现了听说外语教学法，其以句型操练为重点，通过集中强化训练培养学生的听说能力。听说法过分强调听说能力的训练、语言结构的熟练运用及自动化的习惯形成，忽视了学生创造性的灵活运用和交际能力的培养。在听说法的影响下，出现了分离式测试(the discrete-point tests)。主张这种测试方法的学者认为，应该考语言的运用，而不是有关语言的问题；考的结构，应该是口语中确实使用的结构。分离式测试非常讲究测试的科学性。当今我国的英语测试，采用分离式测试的较多。分离式测试是否完全合理，学者们的看法并不一致。

（三）交际法和交际式测试

交际法是功能语言学派提出的外语教学法，既重视语言结构，又重视语言交际。交际法强调在真实的语言情景中，让学生大量地接触和使用外语，通过语言交际活动培养语言交际能力。在语段情景中进行句型和语言知识的教学，使学生的外语在语流中运用得更加自然、灵活、规范。尽管交际法有种种局限性，但与语法翻译法和听说法相比，它确实更加符合心理语言学和第二语言习得理论的科研证据。

交际式语言测试是从交际教学法发展而来的。其把测试的重点放在运用语言的能力上。典型的交际式语言测试的题目所涉及的是具体的、现实生活中存在的或者有可能存在的任务。要求受测者借助所学的语言来完成指定的任务。受测者答题时不仅要注意语言的正确性，还要考虑语言环境，语言要得体。交际式语言测试常常是有针对性的，依据受测者的需要设计不同的考试，而不是“一锅煮”(胡春洞等，1996)。

二、考试分类

到目前为止，考试可以分为两大类：终结性评价和形成性评价。终结性评价是以标准化考试为代表的终结性评估，主要用于评定学生在一段时间的学习后对教学目标达到的程度，以此判断教师采用的教学方法是否有效，并全面评价学生的学习效果。它侧重于学生学习的最终结果，忽略了学习的过程，而且这种评价的过程是单向的，学生不参与评价，只是被动地接受评价，因而学生的学习能力不能得到客观、全面的评价。形成性评价以学习为目的，注重学习过程的评价。形成性评价(formative assessment)的概念最早是由Michael Scriven在20世纪60年代提出的。Cronbach认为形成性评价可以测量学习者的成长过程。因此它能够促进学生自主、有效地学习，而不只是简单地测试被动掌握的知识。

三、考试作用

语言测试是伴随着语言教学出现的，没有语言教学，语言测试也就无从谈起。因此杨惠中教授认为语言教学是第一性的，语言测试是为语言教学服务的。语言测试对教学和学习所产生的影响称为“反拨作用”(Hughes，1989)，但这种作用可以是积极的，也可以是消极的。因此，无论是外语教师还是教学管理人员，都必须对测试的反拨作用有充分的认识并进行深入的研究，以期最大限度地发挥测试对教学和学习的积极促进作用，降低其不利影响。在商务英语阅读教学中，商务英语阅读测试对其也产生了反拨作用。随着商务英语阅读教学方法的不断改进和提高，商务英语阅读测试也应随之进行改革，以期对阅读教学产生积极的反拨作用。

四、高职院校商务英语阅读教学考试现状

（一）商务英语阅读教学现状

1. 教学方法单一

在当前的商务英语阅读教学中，教师多采用传统教学方法，遵循精读课的授课方式，在讲解语篇时只是解释词语、分析复杂句子结构或进行全文翻译。因此，学生的参与性不强，渐渐造成了学生学习兴趣的降低。

2. 教材内容滞后

教材在教学内容和课程设置上比原版教材落后，阅读模式主要基于语篇。有些商务英语阅读教材的编写采用英语泛读教材的编写模式，还有些教材将和商务相关的英语材料拼凑成多个章节，但是章节之间的连贯性和系统性不强。

（二）商务英语阅读考试现状

1．考试形式单一

目前我国高职院校商务英语考试大部分采取“一锤定音”的期末一次性测试。考试内容中基础知识和理论部分所占比例过高，试题类型基本固定，其中客观题的比例可达到70%，甚至更多；考试采取闭卷笔试的形式。这种考试形式虽然能考查出学生对记忆性知识的掌握情况，但无法考查学生在学习过程中能力的提高情况。因此，这种期末一次性考试，不能真实地反映学生一学期英语学习的实际水平，带有一定的片面性。而且，只在期末进行一次考试，也无法对教学过程进行监控，也就不能做到根据学生学习的实际情况来调整教学进度、教学内容和教学方法，束缚了考试对教学的促进作用，同时也造成了学生学习存在“平时松、考前紧、考后忘”的普遍现象。

2. 考试内容狭窄

英语考试内容较窄、僵化，侧重教材和课堂笔记，只考学生对所学

知识的记忆力，不利于培养学生运用英语独立思考的能力和运用英语知识的能力，易造成学生死记硬背、考前突击，并寄希望于教师考前“画重点”，限制了学生英语学习范围，造成学生英语知识面狭窄、英语学习兴趣降低。

3. 注重考试分数，轻视结果分析

目前高职院校大多采用百分制，教师阅卷只注重判分，不重视英语试卷和考试结果的分析，不利于改进英语教学。现行的商务英语考试虽然也要求教师进行考试情况分析但只是流于形式，对学生答题中反映出来的教学效果及学生英语知识的应用能力分析缺乏重视，英语考试数据运用不及时，不能把试卷中反映出来的问题反馈给学生，不能有效促进教师英语教学质量的提高。

五、商务英语阅读教学方法和测试方法的改革探索

在商务英语课程教学的改革中，教师结合传统教学方法，不断总结经验，引入了新的教学方法。随着教学方法的转变，教师在坚持传统考试的同时，加入了过程性评价。

（一）引入新的教学方法

1. 引入案例教学法

我国于 20 世纪 80 年代引入案例教学法，但是案例教学法却很少在英语教学中运用和实践。案例教学法通过引导学生对具体的、特殊性的实际案例进行讨论分析，引导学生利用所学的知识就具体问题进行思考和分析，培养学生独立思考、解决实际问题的能力。鉴于商务英语阅读教学侧重培养学生实际应用能力和解决问题的能力，教学中运用案例教学法是行之有效的方法。教材选用原版教材，原版教材的阅读模式基于语言技巧，注重培养学生的阅读技巧。原版教材专业术语的表达更加地道，使学生能够获取“原汁原味”的国外商务信息。而且，原版教材还配有丰富的国外本土案例资源，可以帮助学生理解不同文化背景下的商

务案例。案例教学主要采用的是案例材料，对一个真实情景进行描述，情景中包含一定的思考题，要求学生思考、分析、消化和吸收。案例教学的重点是学生之间的讨论与辩论，其教学目的主要是培养学生的分析技巧、进行辩论和批判性思维的能力、人际协调技巧和沟通能力等。商务英语是一门实践性很强的课程，引入案例教学法，让学生利用所学知识就具体问题分析讨论，可以实现培养学生分析问题和解决问题能力的教学目标。

2. 引入图式理论教学法

图式理论显示阅读实际只是一个偶然的视觉效果，更多信息是由读者揣摩出来的，即读者能明白他们阅读的材料，是因为他们能够把这些视觉刺激提炼成超越文字图形的含义，再把这些含义分配给储藏在他们大脑记忆中合适的概念组，从而完成思维过程中语言知识和世界知识的高效交流。图式包括两大类：内容图式和形式图式。内容图式是我们了解关于人、世界和宇宙方面的知识；形式图式则是关于文体结构方面的知识。商务英语阅读材料以商务内容为基础（business content-based），广泛取材于原版商务周刊、财经杂志、合同和法律文件、技术说明书和手册等材料，存在篇幅长、句式复杂、术语多的特点。基于商务英语阅读材料的特点，在阅读这类材料时，学生不能呆板地套用某种阅读策略，而应根据自身的专业知识能力和语言能力，以及阅读材料的特点，采用切实可行的、适合自己的阅读技巧。首先，如果阅读材料难度大，或学生语言基础差，但学生相关背景知识或专业知识丰富，学生可能更多地用到 Alderson 等（1984）提出的“由上到下”策略，即通过激活学生原有知识框架而进行阅读；其次，如果阅读材料难度小，或学生语言能力强，但缺乏相关商务知识，学生则可能会更多地用到“由下到上”策略，即由字母、单词、词组、从句到句子的直接阅读；介于上述两种情况之间，学生则可能更多地采用包含“由下到上”策略和“由上到下”策略的“交互式”阅读策略。

（二）商务英语测试方法改革实践

社会的发展迫使教学方法不断变革，教学方法的改变必然带动测试方法的变革。鉴于商务英语阅读这门课程理论性与实践性并重的特点，以及高职人才培养的目标主要是培养高技能实用型人才，传统的考试形式不能满足现代社会对人才培养的需要，考试改革势在必行。这就要求教师将以往的只注重记忆性知识考核的笔试方式改为笔试和实践考核相结合的方式。

商务英语阅读采取平时考核和期末考核相结合的方式，平时和期末各占 50% 的成绩评定。评定注重语言的实用性和实践性，内容力求真实，除了要了解考生掌握英语语言知识的一般情况以外，还十分注重考生使用所学语言做事的能力。平时考试采取分组撰写论文、案例分析和读书报告等开放型的多种形式。例如，商务英语阅读中的营销组合（Marketing Mix）及其四个组成部分—— “4P”(product，price，place，promotion），采用真实案例 Blueberry Juice of Beidahuang，让学生利用所学知识就具体问题分组分析、讨论并撰写小论文。每组选出组长，负责协调组员更好地合作，确保论文的质量。要求学生在论文中写出组员的分工，即每人负责了哪部分资料的查阅或撰写，附在论文后面。最后，教师审阅论文后，组织学生进行答辩。答辩模拟毕业论文答辩模式，分组进行，组员分别单独进入考场，进行 3~5 分钟自我陈述，之后由教师根据学生所负责部分提问（英语问答），再根据评分标准给出分数。通过分组撰写论文，培养了学生团队协作的能力和研究能力；通过论文答辩，锻炼了学生临场发挥能力和口语应用能力，并为毕业论文的答辩做了演练。平时成绩注重学生综合能力的考查，期末考试注重基础知识的考查。平时考核和期末考核相结合的方式，既能考查学生对基本知识、概念与原理的掌握情况，又能通过实践考核考查学生的水平与能力，从而提高学生独立分析、解决问题的能力，以培养学生的创造力，提高在实际工作环境下完成工作任务的能力。

（三）改革成效

商务英语课程的教学法与考核方式改革后，取得了以下成效：（1）使教学与考核方法服务于教学目标，能够有效地检测学生达到知识、技能目标的实际效果，学生提高了英语语言应用的能力，改变了死记硬背的应试方法。（2）使考试具有激励和导向作用，可以激发学生参与的主动性和自觉性，引导学生自主学习。（3）使考试有利于学生发展多向思维，培养学生质疑、分析和解决问题的能力。（4）使考试结果有利于对学生学习效果进行评价。

教学与测试两者相辅相成，不可或缺。测试服务于教学，发挥其督导和教育教学等作用；教学应重视测试并发挥测试的积极反拨作用，以进一步改进教学。商务英语阅读这门课程实践性很强，因此，商务英语考试要注重学生的学习过程评价，充分调动教学双方的积极性和主动性，以提高学生的实际动手能力和实战经验为目标，促使学生毕业后及时适应社会需要，增强社会就业竞争力。

参考文献

[1] 胡春洞，王才仁主编；高兰生，陈辉岳著．英语测试论 [M]. 南宁：广西教育出版社，1996.

[2] 杨惠中．语言测试与语言教学 [J]. 外语界，1999（1）：16-17.

[3] Alderson，J. C.（1984）. Reading in a foreign language：A reading problem or a language problem ？ In J. C. Alderson & A. H. Urquhart（Eds.），*Reading in a foreign language*. New York: Longman，1984. 1-27.

[4] Hughes，A. *Testing for Language Teachers* [M].Cambridge: Cambridge University Press，1989.

[5] Richards，Jack C. & Rodgers，Theodpre S. *Approaches and Methods in Language Teaching* [M]. 北京：外语教学与研究出版社，2000.

基于校企合作的商务英语课程实践教学研究

王月会[1]

摘要： 笔者通过在北京外企人力资源服务有限公司（FESCO）进行脱产实践，结合所授商务英语（文秘）课程，对基于校企合作、共同构建商务英语（文秘）课程实践教学体系进行了研究和探讨，包括校内课堂实践教学、校内商务英语模拟实训室实训、校外实训基地实践等。本文通过研究，旨在明确培养目标，提高学生在涉外文秘岗位上的工作能力，为将来走上工作岗位奠定坚实的基础。

关键词： 商务英语　校企合作　实践教学　涉外文秘

项目来源： 北京经济管理职业学院科研课题（项目编号201219；主持人：王月会）

1　王月会：北京经济管理职业学院外语系副教授，商务英语教研室主任。

一、前言

随着经济的发展和国际商贸活动的增加，社会对商务英语专业人才的需求也日益增长，这给商务英语专业的发展带来了前所未有的机遇。然而传统的商务英语课堂教学与实际岗位工作任务之间仍然存在明显的脱节，没有体现出职业教育课程注重的是工作过程的系统化而不是学科结构的系统化，没有突出职业教育课程具有较强的实践性和应用性这一特色。因此，高职课程应该在实践教学方面加大力度，加快学生掌握岗位所需的工作能力，以完成未来职业岗位的任务。

作为笔者所在学院商务英语专业重点专业课程之一的商务英语（文秘）课程从培养应用型人才的总体目标出发，结合学生毕业后的工作实际，力求向学生提供其工作岗位所需要的专业英语知识和技能，培养学生使用英语进行涉外业务的能力，提高文秘从业人员熟悉办公室中常见涉外活动的能力。由此可见，本课程具有较强的实践性和操作性。在以往的教学中，本课程的实践环节还比较薄弱，只局限于教师在课堂中的实践教学。同时由于任课教师缺乏企业实践的经验，对本课程能力目标侧重点的把握还有待进一步提高。在大多数情况下，教师还是从英语语言技能的角度来进行传统的课堂教学。

笔者于 2012 年 2 月 20 日至 4 月 20 日在北京外企人力资源服务有限公司（FESCO）招聘事业部进行脱产实践。此部门是专注于为客户提供招聘解决方案的专业化部门。笔者的实践岗位是招聘助理，所在的招聘组主要为外企招聘前台、助理、文秘等行政岗位，与笔者所教的商务英语专业相对应的岗位群比较贴近。通过为期两个月的脱产实践，笔者深入了解了涉外企业对前台、助理、文秘等行政岗位的人才需求和用人标准，同时结合多年教授的课程“商务英语（文秘）”，对构建商务英语（文秘）课程实践教学体系进行了研究和探讨，包括校内课堂实践教学、校内商务英语模拟实训室实训、校外企业实践等，旨在进一步提高学生在涉外文秘岗位上的工作能力，加强素质教育，强化职业道德，明确培养目标。

二、商务英语（文秘）课程的实践教学开发思路

商务英语（文秘）课程目标是力求结合学生毕业后的工作实际，向学生提供其将来作为在英语环境中工作的办公室人员所需的专业英语知识和技能，培养学生使用英语进行涉外业务的交际能力。由此可见，本课程具有较强的实践性和操作性。在以往的教学中，本课程依然侧重于以知识传授为主要特征的传统学科授课模式，实践环节还比较薄弱，仅有的实践活动也只局限于在课堂中的实践教学活动。这种课堂教学偏重理论，操作性不强，不利于培养学生的实践能力。同时由于任课教师缺乏企业实践的经验，对本课程所对应的涉外文秘岗位的工作任务不是很明确，造成学用脱节，理论不能很好地应用到实践中。基于此，本课程的开发思路为：

1. 改变以知识传授为主要特征的传统学科授课模式，代之以工作任务为中心组织课程内容，让学生在完成具体任务的实践过程中提高学习能力、工作能力和心理素质，掌握涉外文秘工作需要的相关技能。这种以工作任务模块为基础的新的教学模式，突出实践性和应用性。

2. 商务英语（文秘）课程设置以“实习文秘”为线索来设计工作任务，以不同的“学习情景”为基本的教学单元，让各学习单元案例化，把理论知识、实践技能与实际应用环境结合在一起，把典型任务具体化。通过案例教学、情景教学等方法，使学生有身临其境的感觉，不仅掌握涉外文秘活动的语言基础和专业知识，而且能够具备较强的涉外文秘交流技能。

3. 采用过程评价和结果评价相结合的方式，注重能力和学习态度的培养。评价中主要依据任务点，参考学生掌握的能力来进行评价，采用形成性评价与终结性评价相结合的方式，其中形成性评价占 60%，终结性评价占 40%。

三、商务英语（文秘）课程实践教学目标

通过分析涉外文秘岗位的工作内容和职业能力，确定本课程的实践

教学目标为：

知识目标

1. 掌握涉外文秘知识和秘书岗位的实际操作过程，如用英语接听电话、接待来访、安排会议、安排商务活动等；

2. 掌握相关的英语语法和商务英语词汇；

3. 掌握各种办公商务文件或信函如note，memo，invitation card，meeting minutes等的英文书写格式和文体；

4. 了解进行涉外文秘工作相关的礼仪。

能力目标

1. 能用英语自如地在工作和私人场所与客户及同事进行基本的沟通和交流；

2. 能够利用网络搜索相关资料，能够阅读与工作相关的信函、网页和报刊等；

3. 能熟练运用英语处理业务工作，如接听电话、接待来访、安排会议等；

4. 能够按照得体的礼仪来进行涉外事务。

5. 能用英语撰写商务文件或信函，如note，memo，invitation card，meeting minutes等；

6. 能够熟练使用各种办公室自动化设备及办公软件。

素质目标

1. 具备涉外商务服务所需具备的职业素质——主动、亲和、细致、高效、得体礼仪等；

2. 具有跨国国际商务交流中较强的文化差异意识并具有处理相关文化冲突的能力。

四、商务英语（文秘）课程实践教学实施方案

本课程实践教学的实施围绕三大原则：

1. 采用任务引领课程体系，紧紧围绕涉外文秘目标工作岗位的需要；

2. 以职业能力为本位，从“任务与职业能力”分析出发，达到职业能力培养目标；

3. 以“工作任务”为主线，创设工作情景，培养学生实际动手能力。

围绕上述原则，在选择课程内容上改变以知识传授为主要特征的传统学科授课模式，以涉外文秘岗位典型工作任务为中心组织课程内容，让各学习单元案例化、任务化，从而把理论知识、实践技能与实际应用环境结合在一起。通过案例教学、情景教学等方法，使学生有身临其境的感觉，从而达到掌握涉外文秘活动的语言基础和专业知识，并具备较强的涉外文秘交流技能，从而实现职业能力的目标。

在任务的设计上，通过分析涉外文秘岗位的工作内容和职业能力，规划、设计了涉外文秘工作岗位的典型任务。这些任务的设定既参考了大量的用人单位的需求、涉外文秘初级岗位的标准，也考虑到高职学生的实际水平和能力，力争实践性和可行性相统一。同时任务的设计具有一定的灵活性，可以根据市场的需求，在任务的侧重点上随时进行调整。

为了能够模拟真实的工作环境，课程以一个即将毕业的商务英语专业的学生在北京对外经济贸易有限公司（Beijing Import and Export Company）涉外文秘岗位实习为主线来组织和实施教学。各项任务假定都是上述公司与美国 ABC 公司（American ABC Company）之间的业务往来活动。

涉外文秘岗位典型工作任务模块详见下表。

表 1　秘书岗位典型任务

任务模块	能力目标	工作任务
任务一：秘书职责	1. 能够概述秘书的基本职责； 2. 能够展示秘书的基本礼仪。	观看影片，讨论、总结秘书职责并展示秘书礼仪。
任务二：接打电话	1. 能够用英语礼貌地接打电话； 2. 能够用英语做电话记录。	接打与美国 ABC 公司之间的业务电话并做记录。
任务三：接待来访	1. 能够以得体的中外礼仪接待来访宾客； 2. 能够熟练地用英语和他人进行交流。	接待美国 ABC 公司来访的客人。

（续表）

任务模块	能力目标	工作任务
任务四：安排食宿	1. 能够用英语预订酒店； 2. 能够用英语预订机票。	为美国ABC公司来访的客人安排酒店及预订机票。
任务五：高效办公	1. 能够熟练使用各种办公室自动化设备及办公软件； 2. 能够用英语和同事进行交流。	为与美国ABC公司即将召开的会议做准备：复印会议文件、发送传真并告知同事会议事项。
任务六：安排会议	1. 能够进行会前准备； 2. 能够用英语口头或书面安排、通知会议； 3. 能够用英语做会议纪要。	安排与来访的美国ABC公司人员的一次商务会议。
任务七：文件归档	1. 能够有效整理资料并归档； 2. 能够用英语提供归档文件的相关信息； 3. 能够用英语书写文档管理的各种表格；	对与美国ABC公司举行商务会议的相关文件进行整理并归档。
任务八：商务安排	1. 能够用英语制订商务旅行计划； 2. 能够有效处理旅行中的突发事件。	为美国ABC公司来访的客人安排一次商务旅行。
任务九：发表演讲	1. 能够用英语准备并发表演讲； 2. 能够承担晚宴的口译任务。	在欢迎美国ABC公司来访客人的晚宴上发表演讲并进行口译。
任务十：制作PPT	1. 能够了解PPT的基本结构； 2. 能够制作PPT。	把与美国ABC公司进行的商务活动做年度总结并制作成PPT。

课堂实践

课堂实践内容主要包括几个方面，如观看情景录像、进行案例分析、操练涉外文秘岗位需要的英语语言知识和技能、练习书写各种办公商务文件或信函等。通过操练，使学生掌握涉外文秘知识以及相关的英语语法和商务英语词汇，掌握各种办公商务文件或信函等的英文书写格式和文体，并了解进行涉外文秘工作相关的礼仪。

商务英语模拟实训室实践

建构主义强调学习情景的重要性，认为学生的学习是与真实的或类似于真实的情景相联系的，是对真实情景的一种体验。在这种真实的场地和人物互动下，学生更容易在脑中构建知识体系，能更好地理解商务背景下的任务及学习目标，从而实现对知识的整合和意义的构建，并在这个过程中实现语言综合能力的提高。在此理论基础上，商务英语模拟实训室主要是情景模拟涉外文秘岗位的工作任务，如用英语接打电话、接待来访、安排会议、安排旅游住宿等，操作常见的办公设备、办公软件，如传真机、打印机、扫描仪等，以此来补充、整合并巩固课堂中的知识和技能。为了提高学生完成工作任务的积极性，采取多种任务活动方式和类型，如两人活动（pair work）、小组活动（group work）、项目活动（project work）等。任务考核以“能力考核”为主，在评价中依据任务点，参考学生掌握的能力来进行评价。

校外实训基地实践

为了给学生在校期间提供更多的实践机会，让学生尽量多接触真实的岗位环境，除了利用校内实训室开展现场模拟外，还与FESCO、北京亚太大厦有限公司等企业合作建立实习基地，组织学生去参观、进行短期实训和顶岗实习。短期实训和顶岗实习的最突出优势就是学生所接触的是实实在在的业务，而不是书本上的知识和案例。学生能够在实际工作中体会到自己的专业技能在哪些方面存在不足，同时也能够在素养形成方面得到极大的锻炼。通过实训和实习去了解岗位的职责和要求，体验并领会涉外商务服务所需具备的职业素质——主动、亲和、细致、高效、得体等。企业要对实习生的劳动态度、职业道德、劳动纪律、工作能力、创新精神这几个方面进行全面考查。学生短期实训和顶岗实习结束后，企业对学生的总体表现给出考核结论，形成职业能力考核为主、校内外考评相结合的考核机制。

素质目标的培养渗透在以上实践教学的各个方面。笔者通过自己在企业实践及与企业专家探讨，深刻体会到高职学生综合素质培养的重要性。企业专家们也通过自己的面试经历和多年的工作经验提出了自己宝贵的意见和建议。在实际的教学中，笔者也注意从多方面培养学生的职业意识和服务精神。

实践教学方法

1. 案例教学法 (Case-Study Teaching Method)

学生通过讨论情景录像、阅读情景案例，把涉外文秘工作的理论知识和实际工作结合起来。

案例教学法是美国哈佛商学院在20世纪20年代首创的。当时由于缺乏教材，教师们就采访第一线的企业经理，把他们的商务活动案例记录下来，经过整理“作为教学材料，结合教学主题，透过讨论、问答等师生互动的教学过程，让学生了解与教学相关的概念或理论，并培养学生的高层次能力”。商务英语中的案例教学法是一种启发式的教学方法，强调学生的主体地位和教师的主导作用。

教师根据教学目标，通过设计一个商务情景的具体案例，把学生带入特定的商务现场，力求真实再现案例情景，引导学生对案例进行讨论来实现最终的教学目的，这是一种提高学生实际语言运用能力的教学方法。案例教学法把培养语言运用能力放在比获得商务知识和语言知识更重要的位置上，因此教学过程中更突出学生的主体地位，以学生之间的交流、讨论为主，所使用的案例材料也不是呆板地对理论进行系统阐述，而是对一个真实情景予以描述，突出对学生实际运用知识能力的培养，包括对具体情况的分析技巧、进行辩论和批判性思维的能力、人际协调合作的技巧以及沟通能力。

2. 任务型教学法（Task-based Language Teaching）

教师提供不同的接待来访的情景任务，使学生带着明确的任务目标去实践，积极主动地进行学习。

任务型教学法是20世纪80年代在第二语言习得研究基础上提出的一个具有重要影响的语言教学模式。该模式主张让学习者在运用目的语完成教学任务的过程中发展语言规则，强调语言的实践和应用。任务型教学法的权威人士Nunan认为，任务型教学法强调通过目的语（Target Language）互动学会交际，使课堂语言学习与课外语言联系起来，由此激发学习者的认知和参与。任务型教学法以完成教学任务、解决问题为出发点，重视学习的过程，注重对真实情景的模拟，以激发学生的学习兴趣和热情，使学生在宽松、和谐的环境中通过思考、讨论、交流和合作等方式丰富知识和提高素质。

本文前面提到，本课程被设计成十大任务模块。在完成具体的工作任务中，学习者能够真正经历并感受职业岗位的情况。因此，所有的课程内容都是围绕工作任务和工作过程中所需要的知识和技能展开的。

3. 合作教学法（Cooperative Learning）

为了完成任务，学生组建合作小组，在模拟展示情景时要互相合作、互相帮助，一起完成教学任务。

合作学习是以小组为基本形式，以小组成员合作性活动为主体，以小组目标达成为标准，以小组总体成绩为评价和奖励依据的教学策略体系。合作学习有着广泛的理论基础，它从认知角度出发，强调合作学习对完成任务效果的影响，认为语言作为一种具有任意性和社会性的知识，只有在与他人的交互中才能被掌握。

为了促进学生完成工作任务的积极性，每项任务都包含两人活动、小组活动、项目活动等。这些任务需要小组成员间互相合作、互相帮助才能够完成。同时各成员明确自己在组内承担的职责及要完成的具体任务，将小组成员的个人成果和小组成果统一并协调起来。

实践教学辅助手段

1. 充分利用多媒体、网络教学的手段

相比传统的语言教学，网络环境下的教学资源更丰富、更形象，教学内容更多样、更实用，交互方式更灵活、更便捷，并且不受时间和地点限制。根据本课程的教学目标，教师对相关资源进行梳理、过滤、整合并推荐给学生，包括优质的英语学习网站、软件及本课程配套的网络课程等资源，使学生的学习更有针对性、更快捷，从而保证网络教学的高效和优质。学生可以利用网络语言实验室的自主学习时间及课下时间进行自主学习，充分利用网络资源及本课配套的网络课程收集有关信息和资料等。

2. 建立奖励机制

为了激发学生的学习兴趣，教师在课程开始前就建立各种奖励机制，比如每次任务展示都要评选小组及个人的“优秀表现奖”，获奖人员除了当次成绩评定为“优”之外，还会得到物质奖励等，以此来激发学生的自主学习与团队合作精神。

课程考核

1. 课程的考核、评价方式

本课程注重评价的多元性。评价中要依据任务点，参考学生掌握的能力来进行评价，采用形成性评价与终结性评价相结合的方式，其中形成性评价占 60%，终结性评价占 40%。

形成性评价是在课程教学过程中对学生的学习态度、学习情况和日常表现进行的评价；终结性评价是课程结束时对学生整体技能情况的评价。形成性评价和终结性评价相结合，能够对学生的学习情况做出相对全面、较为真实、较为准确的评价结论，对学生的发展起到促进作用。

2. 考核标准

形成性评价（60%）包括项目任务（task）考核（30%）、成长档案袋（作业 + 写作）(portfolio)(10%)、出勤及课堂表现（20%）。

终结性评价（40%）通过笔试的方式，以教师评价为主，检测学生对本课程相关语言点的掌握及语言技能的应用。

形成性评价中的任务考核，由教师和学生一起对各个小组的表现进行评价，包括教师评价（70%）、学生互评（20%）、学生自评（10%）。此外，评价标准分别从学生的英语语言表达能力和工作任务的完成情况两个方面进行评价。

五、商务英语（文秘）课程实践效果

1. 以任务为中心的实践教学展示了多方面的优势

（1）在商务英语（文秘）课程的开发中，以“工作任务”来组建课程，以学生为中心来设计任务，让学生在完成任务的同时能够掌握工作岗位所需要的能力，通过亲身体验，使知识融入生活、用于生活，让学生从被动变为主动，感到自己真的学有所成。

（2）体现了以学习者为中心，“教、学、做”一体化的教学理念。以工作任务为基础的商务英语课程的设计是商务英语教学的组成部分，采用“以学为主”的教学模式设计，学习的主体是学生。以工作任务为基础设计的课程学习环境下，学生可以根据自己的英语水平来选择使用适合自己的任务和英语资源，通过模拟各种工作任务，在任务中学，在模拟中学，在情景中学，从而达到预期的学习效果。

（3）体现了语言的本质是用来交际的。以工作任务为中心的活动注重理解和传递有意义的信息。语言的使用是真实的、有目的的，是为了完成实际生活中的任务。任务中的话题、知识、语言材料符合学生的语言程度、认知和情感需要，并适合他们将来的职业需求和个人兴趣。

（4）体现了学生自主学习的能力。以工作任务为基础来组织课程，学习者在完成任务的过程中，不断加强自主学习能力的培养和锻炼，从而形成学习主人翁意识。尤其是在信息时代，培养学习者的自主性学习能力，帮助他们形成良好的英语学习策略是至关重要的。这不仅有助于学生个性特点的发挥，也能够培养学生的责任感和协作精神。这样，学生能够不断增强英语知识和语言运用能力，为终身学习及可持续发展提供良好的基础。

（5）培养了学生的团队意识，提高了解决实际问题的能力。为了完成任务，学生必须与他人合作，在发现问题、分析问题并解决问题的过程中理解团队精神，从而提高学生的交际和办事能力。而且在合作交流中学生的组织、协调、管理等综合素质也得到了发展。同时任务的应用也有助于营造轻松愉快的课堂气氛，让学生有亲切感，能够促进学生学习的兴趣和自信心。

2. 在校外实训基地进行实习实训取得了一定的成果

校外实训基地实训的目的是让学生更全面地了解社会、了解涉外商务活动，树立起理论联系实际、实事求是的工作作风和踏踏实实的工作态度；帮助检验学生所学理论知识在实际工作中的应用范围及适用程度，巩固和扩大所学专业知识；加强理论与实践结合，培养学生实际操作能力，使学生能较快地适应工作，顺利地走上工作岗位。通过企业实训、实习，使课程的设置更为完善、更为合理，达到了课程教学的预期目标。

商务英语专业的学生在FESCO、五洲大酒店、北京亚太大厦等多个地方进行实习实践。在实习结束之后，学生普遍感到实际工作能力有所提高。更重要的是对企业运行的了解进一步激发了大家对专业的热爱和兴趣，使学生能够结合实习存在的问题在专业领域内进行更深入的学习。实习还促进了学生自身的发展。实习活动使学生初步接触了社会，培养了他们的环境适应能力和发现问题、分析问题、解决问题的实际工作能力。参加实习的学生在各自的实习岗位积极工作、踏踏实实、认真仔细，良好的精神风貌及工作能力受到了各单位领导与工作人员的普遍好评，为他们今后的发展打下了良好的基础，一些在实习中表现突出的学生在毕业时较快找到了令人满意的工作。

3. 校企合作共建课程促进了教师的发展

高职教育需要既具有专业理论水平又具有专业实践能力，既能从事理论教学又能从事实践教学的“一体化”教师。商务英语专业的教师不但要具备扎实的英语语言功底，掌握一定的商务英语专业理论知识和一定的行业背景知识，能熟练运用多媒体等现代化教育技术实施教学，从专业“实用性”和“交际性”出发，注重多元化、多样化的教学模式，还要具有行业相关知识和专业实践能力，能够胜任与专业相关的实训、实习工作。因此，教师的实践教学能力关系着实践教学的成效。教师要积极参与社会实践活动，深入到企业具体商务工作中，熟悉相关岗位的操作流程，切实提高自己的实践操作能力和整体素质，从而提高自己的实践教学能力。

参考文献

[1] 北京经济管理职业学院重点专业（商务英语）建设方案. 2012.

[2] 陈杰．以就业为导向的高职商务英语实践教学研究 [J]．宁波广播电视大学学报，2011（3）：70-72.

[3] 姜大源．职业教育学研究新论 [M]．北京：教育科学出版社，2007.

[4] 李玉萍．商务英语课程教学改革的实践探索 [J]．中国职业技术教育，2009（4）：68-70.

[5] 刘哲．基于工作过程的课程开发方法 [J]．中国职业技术教育，2008（6）.

[6] 马玲玲．基于工作过程的商务英语课程改革 [J]．中国电力教育，2010（4）：208-210.

[7] 韦鸿发．基于岗位需求的校企合作动态职业英语课程体系构建 [J]．中国电力教育，2011（96）：187-188.

[8] 杨亚军．文秘英语 [M]．北京：外语教学与研究出版社，2008.

[9] 曾莲英，黄新文．高职商务英语专业项目课程开发探讨 [J]．当代教育论坛，2010（6）.

高职高专商务英语专业信息化建设探讨

张燕[1]

摘要： 随着社会生活信息化和经济活动全球化进程的加快，高职高专商务英语专业教学改革面临新的挑战，商务英语教学信息化已成为发展趋势，加强该专业的信息化建设，对实现高职高专教育跨越式的发展具有重要意义。

关键词： 高职高专　商务英语　信息化建设

1　张燕：北京汇佳职业学院英语系教师，讲师。

一、引言

随着科学技术的高速发展，信息化已经成为经济社会进步和发展的助推器，成为衡量国家现代化进程的重要标志之一。伴随着现代信息技术被广泛应用到高等院校的各个领域，高职教育信息化也一定会成为国家信息化和社会信息化的重要组成部分。高职高专类院校的发展有其自身的特点和模式，这就要求高职高专类院校具备灵活、创新和教研一体化等特性。创建一个集信息化、数字化、网络化、多媒体化为一体的高职高专院校是教育信息化的必然趋势。就英语教学信息化建设而言，信息技术的发展完全打破了传统英语教学的狭隘性以及各种资源利用的限制，使各种教学资源的高效利用成为了可能。尤其是面对高职高专院校中的商务英语专业这个对商务动态环境要求较高的专业，信息化建设就显得意义更加重大。所以究竟该如何理解高职高专商务英语专业信息化建设的内涵以及它的发展所面临的问题和重要性等问题是本篇文章着重论述的内容。

二、高职高专商务英语专业信息化建设的基本内涵

高职高专商务英语专业信息化建设的内涵可从三个方面来进行阐释。一是商务英语专业信息化的环境建设，二是商务英语专业信息化的资源建设，三是商务英语专业信息化的组织建设。环境建设主要是指校内的商务英语学习网、商务英语多媒体教室、商务会议模拟实训室、商务英语口译教室、电子商务网络平台等基础设施、硬件和办公自动化系统、教学管理自动化系统的建设；资源建设主要是指商务英语教学和学习中使用的多媒体素材，例如多媒体课件（包括文字、图片、图形、动画、视频、音频）、电子教案、题库、可供线上阅读的电子图书（包括报纸、期刊、文献）、网络课程和电子文档的收集和建设；组织建设主要是指商务英语教学的组织结构建设、管理队伍建设、技术人才队伍建设、教师队伍建设和相关的制度建设。其中，环境建设是整个商务英语专业信息化建设体系中的前提和基础，资源建设是核心，组织建设是整个信息化

建设得以顺利进行的根本保证。

高职高专商务英语专业信息化建设的内涵十分丰富，几乎涵盖了整个信息化建设体系中无论是从硬件还是软件再到支撑系统的每一个环节。对内涵深层次的理解，是高职高专院校进行商务英语专业信息化建设的必要环节。由于商务英语专业的发展受到各类高职高专院校思想认识、办学条件、办学水平、经济实力等因素的限制，因此不能照搬套用，要结合自身实际，量身定制适合学校自身的信息化建设方案。

三、高职高专商务英语教学的现状及问题

经过多年的发展，我国高职高专院校在商务英语教学方面取得了许多可喜可贺的成绩。高职高专类的学生不仅对专业英语知识有需要，而且还要求职业知识并行，在这一点上，高职高专类院校做了大量的研究。可以说，传统的教学理论已经非常成熟，在一定程度上，常规的商务英语教学课堂不能缺少它。在取得成绩感到欣喜的同时，还要看到问题的存在，具体问题主要分为如下几个方面：

1. 从教师方面来看

（1）商务英语教师缺乏商务方面的专业知识。高职高专院校的商务英语教师队伍中大多为公共英语授课教师，这些教师大多为师范类英语专业出身。即便是商务英语专业毕业的教师，大多也没有实际的商务实践。这些教师缺乏商务英语的专业知识，缺乏商务实践，授课形式也基本上是照本宣科。

根据调查发现，大部分教师由于工作繁忙，又加上学校资源限制，根本无法接触到最新的商务知识。教师对商务课程中的内容选择和课上讲授内容偏重语言知识，课上的时间大多集中在商务词汇、术语以及语法的讲解上面，学生无法接触到真实的商务环境，更谈不上商务技能的训练。

（2）商务英语教师教学模式单一，灵活性较差。目前高职高专商务英语专业的课堂中，教师授课的模式单一，仍旧是以教师为中心授课：以语言知识点讲授为主线，商务知识为辅，学生被动参与课堂。教师多

采取传统的教学方法，如教师讲授、学生练习、角色扮演等。教学缺乏灵活性，学生无法参与其中，课堂教学呈现平面化。这是我们在进行信息化建设的过程中必须要认真思考和亟待解决的问题。

2. 从学生方面来看

（1）学生对商务英语课程兴趣不高，学习态度不积极。众所周知，兴趣是最好的老师。学生是整个教学环节的重中之重，如果学生偏离了课堂，那么整个教学就毫无意义。造成学生兴趣不高、态度不佳的原因主要有两个方面：一方面，高职高专院校的学生大多英语底子薄、基础差，本身对学习英语就有畏惧心理，这个时候再加上复杂的商务词汇以及专业的商务知识（课本上大多为外国的商务环境），学生就失去了学习的耐心和动力；另一方面，教师的授课缺乏活力，形式单一，讲得多，练得少，缺乏互动，学生在课堂上根本提不起兴趣。在这种状态下，学生就会越来越缺乏学习的积极性。

（2）学生的基础差，尤其是口语能力较弱。大部分就读于高职高专院校的学生，英语基础十分薄弱，尤其是口头表达能力较弱。这种情况对于他们毕业后用英语进行商务沟通十分不利。尤其是在目前的商务英语课堂，繁多的商务英语专业词汇更是成了他们进行口头沟通交流的障碍。

3. 从教材方面来看

（1）教材内容复杂，缺乏生动性。大部分高职英语专业所选用的商务英语教材单词量大，每个单元选取的内容多侧重阅读和翻译。教材中涉及的专业知识实用性较差，学生需要在课前查阅大量相关资料才能跟上授课的速度。

（2）理论性教材居多，缺乏实践性教材。商务英语专业的教材大多都是理论性质的教材，而有关实践能力方面的书籍还十分少见。大部分教材也仅仅是配有相关的商务环境视频，而这些视频设置的背景环境大多数都在国外，对国内的商务环境涉及得非常少，这种状况对今后学生的就业十分不利。

4. 从教学配套资源方面来看

使用一支粉笔、一本教材、一台投影机贯穿整个课堂，大多数教师多采用这种方法来进行商务英语教学。课堂气氛没有生气，不够活跃。另外，大部分学校没有商务实践的教室或者基地，学生学习到的商务英语知识无法得到真正练习和应用。

通过对上述高职高专商务英语教学中问题的分析，可以看到，问题的存在是多方面的。面对高速发展的信息时代，面对商务英语专业这样一个商务信息更迭十分迅速的学科，该如何培养出既掌握商务专业知识又精通外语的职业商务人才始终是我国市场经济发展对高职高专外语教学提出的要求。我们应认识到高职高专商务英语专业信息化建设的迫切性和重要性。

四、高职高专商务英语专业信息化建设的意义

在信息技术迅猛发展的今天，多媒体技术已经被广泛应用到教学领域之中，信息化建设也大规模实行开来，它为商务英语教学带来了新的生机，为新形势下商务英语教学模式的变革拓宽了思路。所以，高职高专商务英语专业信息化建设具有重要的意义。

1. 有助于促进高职高专院校商务英语专业教学管理模式的变革

教学管理信息化建设不仅是教学管理体系的一次革命，更是一次管理的创新，是对传统的管理模式与方法的革新。原有的教学管理工作都停留在简单的手工操作，而实现了信息化管理后，传统的管理方法被彻底颠覆，视频、网络、计算机终端等都将成为规范教学工作的有效手段，并能够对教学资源进行有效的组织和管理，避免资源浪费，呈现多维度、立体化的特点。

2. 有助于提高教师的商务知识水平，为教师提供更多的学习和实践平台

信息化建设有利于促进高职高专院校教师教育教学观念的转变，使

之充分应用现代信息技术提高教育教学的质量。应用信息技术，将学校教师的知识资源实现全面共享，实现外来教学资源的有效使用，促进教学内容、教学方法、教学过程和教学体系的改进。一方面，信息化建设为教师创造了多渠道的学习平台，如网络课程、学校商务英语学习网络、电子阅览室等；另一方面，信息化建设也能为教师提供实践平台，如商务实践、实习基地的建立，能够为教师提供真实的实践场所，提升他们的商务实践水平。

3. 有助于提高学生的学习兴趣、提升职业能力和培养创新人才

首先，利用教学信息化的优良环境，可实现个别化教学、小组协作学习、远程实时交互的多媒体教学、在线学习、在线讨论等，使学生从过强的共性制约中解放出来，培养其个性特色。例如，课前，各种网络资源为学生提供全方位的信息平台；课中，通过多媒体资源的使用，课堂授课模式不再枯燥、乏味，而是加入了更多的体验环节，让学生能够在仿真的商务情景中进行学习和锻炼，学习兴趣增加，也极大地锻炼了他们的职业能力；课后，通过网络平台的师生互动，教师能及时了解学生学习动态、学习困难等。

其次，在信息技术环境下，一方面学生可根据个人志趣与个性差异对所学的知识和学习进程在一定程度上进行自主选择；另一方面，学生可对某一专题的相关内容通过信息检索、收集和处理，实现问题解决学习和发现学习，有利于丰富学生的知识面，培养其独立思考能力和创新能力。

4. 有助于彰显高职高专院校自身功能的优化完善和整体综合实力

信息化能促进学校教育运营机制的完善，可以为学校日常事务提供方便、快捷、有效的服务，为学校领导的科学决策提供准确及时的信息，从而把学校的管理水平提升到一个新的层次，实现教育的现代化。同时，信息化建设还为教师在教学科研中交流和讨论提供了一个有效的场所和开放的平台，有利于教学科研水平的提高和教学科研成果的推广及发展。

另外，信息化将学校内部的相对独立分散的网络系统进行了统一整合，消除了学校信息孤岛问题，有效地实现了数据共享，节约了人力成本。

综上所述，信息化建设能够促进资源流动、实现资源共享，信息化的标准性和规范性能够极大地提升工作效能。

五、关于高职高专商务英语专业信息化建设的几点建议

信息化建设是一项庞大的系统工程。从宏观角度来看，它涉及高职高专院校的管理、教学、科研等领域；从微观上来说，它包括学校的信息基础设施建设、教学资源配置建设、师资队伍和管理人员建设、制度建设等诸多方面，这些方面互相联系，互相促进。所以在实施过程中，我们要坚持“全面规划、逐步分解、狠抓重点、解决问题”的原则。在此，笔者提出自己的一些建议：

1. 高职高专院校领导要给予足够重视，并建立专门部门负责

高职高专商务英语专业信息化建设是院校中一个专业的信息化建设，它不单是一个技术问题，所以没有学校领导的关注、配合、协调，信息化建设将难以推进。另外，信息化建设涉及事务繁杂，需要各部门的配合和支持，所以在实施的过程中要配备专门的部门来负责。

2. 要深刻理解信息化建设的内涵

商务英语专业信息化并非单指相关部门的管理信息化，管理信息化只是信息化建设的一部分。信息化建设涉及教学、管理、设施建设等诸多方面。所以，在实施的过程中，要坚持环境信息化建设、资源信息化建设以及组织信息化建设。

3. 重视基础设施建设及信息资源开发

信息化建设不是简单地购置软硬件，而是信息技术与先进的教育、管理理念相结合的过程。信息资源的开发和建设既是信息化建设的基础工作，也是信息化建设的一项长期任务。要采取各种激励措施，鼓励教师和管理人员、技术人员开发和制作标准、规范、有特色的信息资源，

建设集电子教材、课件、学术文献数据库、管理数据库等于一体的信息资源库。

4. 加强团队建设

信息化建设还要注重加强对人才队伍的建设和管理，尤其是要注重提高教师的信息化水平，使现代教育技术和先进教学手段能够在教育教学中得以广泛应用。

六、总结

信息化建设是一项长期的工程，是人们适应信息技术环境、突破传统思维模式，用信息技术提升教学水平、工作效率，改变传统的教学模式的有效途径。对于高职高专院校的商务英语专业来说，我们还有很长的路要走，机遇与挑战并存。如何更好地进行信息化建设，始终是我们要不断去追寻和探索的问题。

参考文献

[1] 范文静.高职英语信息化教学模式的构建[J].产业与科技论坛,2012(7).
[2] 王蒙田.高职高专院校信息化建设探讨[J].太原城市职业技术学院学报，2005（65）.
[3] 谢树晓，史丰堂．高职高专学校信息化建设的实践与思考 [J]. 教育信息化，2006（23）：9-10.
[4] 易菲，龙朝阳．论信息化建设中存在的问题及对策 [J]. 现代情报，2006（2）.
[5] 张志远．信息技术与英语教学的有机结合 [J]. 中国教育信息化，2007.
[6] 郑海英，郑雅良．我国高校信息化建设发展路径探索 [J]. 沈阳工业大学学报（社会科学版），2010（2）：177-178.

信息化时代高职商务英语毕业设计（论文）现状及建议

于丹 [1]

摘要： 高职商务英语专业毕业设计（论文）是培养商务英语人才计划的一个重要的实践教学环节，然而在数字信息化的今天，网络信息资源已经成为信息社会的核心资源之一，也已经成为人们获得信息的核心资源之一，传统的毕业设计（论文）实施办法已经不能适应时代的变化。因此在数字信息化环境下我们要认识到高职商务英语毕业设计（论文）的现状，分析出现的问题和论文质量低下的原因，根据时代的发展进行相应的改进和改革。

关键词： 毕业设计（论文） 商务英语 数字信息化 改革

1 于丹：北京汇佳职业学院英语系教师，讲师。

商务英语是从事或将要从事商务行业的专业人士所学习或应用的专门用途英语。高职商务英语专业培养的是不仅有较好的英语交际能力，而且具备丰富的商务领域知识，并能够将其灵活运用于对外商务活动的综合应用型专业人才。高职商务英语专业不仅重视培养学生在商业领域的语言交际能力，也重视提升学生运用所学知识分析和解决商务活动中出现的实际问题的能力。其毕业设计（论文）是高职院校对商务英语专业学生在教学过程的最后阶段采用的一种总结性的实践教学环节。通过毕业设计（论文），培养学生综合应用所学的商务英语领域中的各种知识和技能，结合实际，独立思考问题完成课题的能力。毕业设计（论文）也是对其解决问题能力、英语水平、计算机运用水平以及表达能力的考核，同时也应该使学生在知识运用、创新精神、材料搜集和整理分析、计算机应用能力及专业知识技能等方面有所提升。然而在数字信息化领域发展迅猛的今天，传统的毕业设计（论文）的实施方法已经不能适应时代的变化。因此，高职商务英语专业应根据时代环境的变化、岗位需求及高职学生的特点来开展毕业设计（论文），充分有效地利用数字信息的优势，改革毕业设计（论文）的内容和形式，加强质量监控与管理，提高毕业设计（论文）的水平。

一、数字信息化环境下高职商务英语毕业设计（论文）的现状及问题

（一）高职商务英语专业学生的特点及现状

首先，从高职学生的角度来看，生源较复杂，学生入学分数比较低。大多数学生是因为在高中阶段成绩一直不理想，在不能进入本科院校的情况下被动选择了高职院校接受高等教育；另有一部分职高和中专的学生进入高职是他们接受高等教育的唯一途径；还有少数家长不想让孩子早早进入社会，不得不把孩子送进高职学校暂时安定下来；也有学生家长为孩子的就业着想，想让孩子学习一门技术，因而选择了高职院校。虽然从学习模式上来说，高职教育基本上是全日制校园学习，然而学生

由于本身学习兴趣不浓厚、没有形成较好的学习习惯或者学习能力相对较弱等，使他们和本科生有着很大的差异。从教育资源上来看，北京地区的高校入学率要高于全国其他地区，录取分数线一般比其他省份要低。因此，进入高职的学生除了部分从职高考入的学生和个别因特殊情况未能进入本科高校的学生外，在学习兴趣、学习习惯和学习能力等方面会有诸多问题。综上可以看出，高职学生最大的问题是学习自控能力较差，个性较强，对感兴趣的东西学习积极性较高，而对于内容枯燥的内容则学习效率较低。学习上缺乏钻研精神，遇困难易退缩，难以安下心来研究某个稍有深度的问题。当然，他们也有自己特有的优点，比如动手能力强、团队意识较强、社交能力较好等。因此教育工作者应注意这个群体的特点，适时调整教学方法，寻找正确的方式方法予以引导。在数字化信息时代，要勇于突破传统的教育模式，否则可能会使教育者和受教育者双方都陷入困境。

其次，从商务英语专业的角度来看，高职商务英语专业的学生并不都是因为英语水平相对较好、对商务英语感兴趣而选择了商务英语专业，其英语水平也是参差不齐。他们有的是由于家长认为商务英语专业好就业选择了此专业，有的是因为同学或朋友在学此专业而选择了相同的专业和班级。在某些学费较高的高职院校中，甚至有的学生是因为商务英语专业的学费相对较低而做此选择。

毕业设计（论文）是就某一选题进行文献资料收集、阅读和整理、使用、提出论点、综合论证和总结的过程，是学生运用学习的知识和理论去分析、解决实际问题的实践锻炼过程，也是学生在校学习期间学习成果的综合性总结。然而高职商务英语专业学生一般语言组织能力不强，逻辑思维能力较差，学习主动性和自主性较弱，用英文完成 3000 字左右的毕业设计（论文）超出了他们的实际能力与水平。部分学生甚至对老师的修改意见不能很好地领悟，又不愿意投入足够的时间和精力，文章屡改屡返，使师生双方在毕业设计过程中都感觉很累，而毕业设计（论文）的质量总体水平还是比较低。

有的学生要面对激烈的就业竞争压力，为了更好地适应工作岗位和完成工作任务，他们牺牲做毕业设计（论文）的时间，急功近利，做出的毕业设计（论文）结构不合理，东拼西凑，前后内容缺乏逻辑关系。更严重的是有的学生全篇抄袭他人研究成果，或者用网络翻译工具把他人的中文论文直接翻译成令人非常头疼的英文。

近年来，随着中国政府在信息化领域推进的一系列政策方针的实施和基础网络设施的逐步建设，以及3G、4G、移动设备的快速普及和无线应用的多样化，中国互联网发展迅速，特别是手机上网越来越方便。网络信息数字资源已经成为信息社会的核心资源之一，也已经成为人们获得信息的核心资源之一。一方面，学生可以通过网络广泛收集素材和信息，为完成毕业设计（论文）提供了一定的基础；网络环境下由于有电子邮件、飞信、微信、qq等软件，教师指导毕业（论文）也更加方便及时，大部分学生能够按照要求在指导教师的精心指导下，通过反复修改完成毕业论文。但另一方面，由于网络的开放性，部分专业知识不扎实、语言组织能力不强的学生会依靠网络，直接下载、复制、粘贴，生搬硬套，东拼西凑，断章取义。有的甚至都不知道抄袭部分的中文意思就直接用工具翻译出来交给指导教师修改。这不仅增加了指导教师修改的难度、影响了毕业设计（论文）的质量，也不容易全面衡量他们的综合能力和素质。因此我们应该探索新的方式方法，使毕业考核由学术性向应用性转变，提高考核的有效性。同时也要求指导教师及时补充学科新知识、新理论，关注前沿信息，改变以往传统的教学方式和方法，学习和指导学生在毕业论文写作过程中如何更好地利用网络搜索资料、分析归纳、得出结论，撰写出高质量的论文，以达到培养学生创新能力和实践能力的目的。

（二）教师指导毕业设计（论文）的现状

在整个毕业设计（论文）指导过程中，主要依靠学生的主动性和自觉性。学生极少有时间回学校，教师和学生的交流主要靠网络和手机，教师并不能真正了解和掌握学生毕业设计（论文）的实际进展情况。有的高职院校一位教师要指导多名学生，任务过重，没有足够的时间和精力，导致学生毕业设计（论文）质量低下。另外，由于近几年招生不景气，有的学校在校生锐减，再加上批改论文缺少相应的激励机制，个别教师缺乏责任心，指导不认真，甚至疏于指导和管理，把关不严，流于形式。

二、数字信息化环境下对高职商务英语专业毕业设计（论文）质量低下的原因分析

首先，学生从思想上对毕业设计（论文）的重要性认识不够或不重视。调查结果表明，70% 的学生认为毕业设计（论文）就是一篇文章而已，很多学生并不会花过多的时间去认真完成。有的高职学生有懒惰思想，不善于钻研，考试时总想能不能抄，做毕业设计（论文）也会想到能不能抄。网络的开放性为他们提供了便利，正如本文在“高职商务英语专业学生的特点及现状”中提到的，学生依靠网络，东拼西凑，有的直接用网上翻译工具把相关中文论文翻译出来交给指导教师修改，想应付了事，把自己的写作问题转嫁给教师。更有甚者直接从网络上花钱买一篇交给教师了事，这种做法严重违背了毕业设计（论文）的初衷，达不到应有的效果。

也有的学生把精力和时间都放在课外工作或找工作上了，做毕业设计（论文）的时间有限，导致设计（论文）不能按时按质完成。

其次，教师对学生疏于管理。部分教师由于个人缺乏责任心，不愿投入较多的时间和精力，对学生的论文质量把关不严，甚至在接受指导毕业设计（论文）之前对任务所要达到的要求、需要遵循的格式都不甚了解。

再次，在管理方面，很多学校对毕业设计（论文）指导工作存在管理不到位和缺乏激励机制的现象。学校应对学生的毕业设计（论文）提出明确的要求，给学生统一的格式模板，制定明确的评价标准。另外，学校大多没有对指导教师实行一定的激励机制，这也导致部分指导教师没有足够的积极性指导出高质量的毕业设计（论文）。

三、数字信息化环境下对高职商务英语专业毕业设计（论文）的几点建议和改革思考

首先，明确毕业设计（论文）的目的，改革实施形式。毕业设计（论文）的目的不仅是考查学生所学知识和理论的掌握情况，更是提升学生运用所学知识分析和解决商务活动中出现的实际问题的能力，而低质量甚至抄袭使得毕业设计（论文）失去了意义。因此在实施形式上，除了传统的毕业设计（论文）形式外，还可以使用多样化的形式，比如小组课题报告、调查报告、实习项目总结等，增加学生的选择范围，有利于学生找到自己的兴趣点，积极进行毕业设计（论文）。还要对优秀毕业设计（论文）实施一定的奖励，以鼓励学生做出高质量的毕业设计（论文），也有利于学生找工作。对于英语水平差的学生，可以接受其毕业设计（论文）用中文表述，截取其中 500~2000 个字翻译成英文。实施形式改革以后，选题也要突破传统，除了给出学生可以参考的一些传统选题以外，学生也可以自主命题，也可以由企业命题，然后报给学校和指导教师进行审核。这也给指导教师提出了挑战。教师要更新自己的知识和经验结构，多去企业了解情况甚至亲自去实践，这样才能把好关，游刃有余地对学生的设计（论文）进行有效的指导。

其次，利用计算机网络技术，在学生准备毕业设计（论文）之前进行培训，让学生充分意识到毕业设计（论文）的重要意义，掌握收集整理资料、分析和总结归纳等基本技能，为做出高质量毕业设计（论文）做好准备。

再次，学校也要加强对毕业设计（论文）重要意义的认识，要求指导教师高度重视论文指导工作，如有条件，组织教师去企业接受锻炼，熟悉相关行业的运营和操作，邀请相关企业参与毕业设计（论文）的最终考核。学校在加强管理的同时应加强激励机制，给予优秀毕业设计（论文）的指导教师以荣誉和物质两方面的奖励，以提高教师的积极性，从而有利于提高教师对毕业设计（论文）的过程管理和质量监控管理。

综上所述，学生的毕业设计（论文）能较集中地反映一所院校或一个专业的教学水平、管理水平、师资水平、科研水平和学生素质能力的高低。在数字信息化的今天，高职院校更应该充分利用网络优势，规范毕业设计（论文）实施的各个环节，完善相关文件和规章制度，打破传统毕业设计（论文）实施方式，进行全方位的管理和评价，使毕业设计（论文）水平不断提高。

参考文献

[1] 董黎刚，赵姚．高校毕业设计中出现的问题及对策 [J]. 南京电气电子教学学报，2004（6）：122-124.

[2] 李海生，陈英华．任务驱动教学模式在本科毕业设计教学中的应用 [J]. 中国科技信息，2009（21）：220-221.

[3] 李尚梅．高职英语教育专业毕业设计改革与实践 [J]. 考试周刊，2010（240）：18.

[4] 刘敏．高职应用英语专业毕业设计的创新探讨 [J]. 浙江纺织服装职业技术学院学报，2009（3）：105.

[5] 马寒娟．谈网络环境下高职毕业设计（论文）指导 [J]. 成功（教育），2012（6）：231.

[6] 苏宗敏．高职院校毕业设计改革的探讨 [J]. 广西教育，2009（12）：100-111.

[7] 滕术艺．高职英语专业毕业论文的改革与创新 [J]. 鸡西大学学报，2009（6）：88-89.

[8] 谢忠前，谢芬芬．强化高职毕业设计中的综合能力培养 [J]. 职教论坛，2003（24）：18.

[9] 张红，肖文萍．浅议高职院校英语类专业毕业设计模式改革 [J]. 科技与企业，2011（3）：204-211.

[10] 张莹．校企合作式高职商务英语专业毕业设计探索与实践 [J]. 教育探索，2012（11）：49-50.

第三章　公共英语（文科类专业）

高职院校公共英语课程“1+1+1”模式建设研究
——以北京农业职业学院公共英语课程模式为例

张红[1]　王刚[2]

摘要：近年来，随着高等职业教育的发展，高职公共英语课程改革也在不断推进，逐步明确了高职公共英语课程定位、教学目标等。各高职院校根据自身生源特点、专业需求、师资力量等对公共英语课程模式进行了探索，确立了符合自身特点的教学模式。北京农业职业学院于2009年启动了公共英语课程教改项目，英语课程模式改革是其重要的组成部分。通过改革，学院确立了“1+1+1”公共英语课程模式，即“基础英语＋行业英语＋英语选修”课程模式，显著改善了教学效果。

关键词：公共英语　课程模式　基础英语　行业英语

1　张红：北京农业职业学院副教授，基础部公共英语教研室主任。

2　王刚：中央财经大学英语教师，讲师。

《国家中长期教育改革和发展规划纲要（2010—2020年）》指出，职业教育要面向人人、面向社会，着力培养学生的职业道德、职业技能和就业创业能力，以服务为宗旨，以就业为导向，推进教育教学改革。随着国家对职业教育力度的不断增强，各高职院校在专业建设、师资队伍建设、课程改革、实训室（基地）建设、校企合作等方面不断探索、完善，高等职业教育遇到了前所未有的机遇。高职院校公共英语课程改革也逐步深入，初步形成具有高职院校特色的公共英语课程模式。北京农业职业学院通过教改实践，确立了公共英语课程1+1+1模式，取得了成效。

一、学院公共英语课程改革背景

首先，学院公共英语课程定位模糊不清。在课程定位方面，尽管基础学科教育在培养学生的基本素养、通用能力方面一直起着不可替代的作用，但职业院校自身的职业特色和培养目标使得公共英语课程的通识教育作用并没有得到重视。作为一门公共课程，英语课程的课程定位一直模糊不清，学院注重对学生英语基础知识、基本技能的传授，要求学生毕业前通过全国高等学校英语应用能力水平测试A级或B级等英语水平测试，对其通识教育功能认识不深。

其次，随着高等职业院校英语课程教学改革的不断深入，英语应试教育和基础教育不再是高等职业院校英语教学唯一追求的目标。教育部高职高专英语类专业教学指导委员会明确指出，高职英语教学应坚持“应用为主，够用为度”的原则，换言之，高职英语教学在课程设置上要“反映工作岗位要求和职业发展需求”，在教学内容组织上要“反映工作过程”，只有这样，高职英语教学才真正能够为学生的未来职业发展作好准备，为社会培养出高等技能型人才。高职英语教学的这一发展趋势对高职院校公共英语课程模式提出了新的要求：英语课程一方面要提高学生的英语实际应用水平，满足就业需求；另一方面，也要满足学生跨文化交际、可持续发展的需求。

二、学院公共英语课程模式建设依据

1. 教育部《高等职业教育英语课程教学要求（试行）》相关规定

教育部《高等职业教育英语课程教学要求（试行）》（以下简称《要求》）明确规定，高职英语课程是高等职业教育学生必修的一门公共基础课程，是为培养面向生产、建设、服务和管理第一线需要的高端技能型人才的目标服务的，是培养高职学生综合素质、提升职业可持续发展能力的重要课程。

高职英语课程的教学目标是培养学生在职场环境下运用英语的基本能力，特别是听说能力；同时，提高学生的综合文化素养和跨文化交际意识，培养学生的学习兴趣和自主学习能力，使学生掌握有效的学习方法和学习策略，为提升学生的就业竞争力及未来的可持续发展打下必要的基础。

在教学要求方面，《要求》指出，高职英语课程不仅要帮助学生打好语言基础，更要注重培养学生实际应用语言的技能，特别是用英语处理与未来职业相关的业务能力。鉴于区域性经济对于人才的需求各异，各校可根据不同专业的特点，以学生的职业需求和发展为依据，制定不同的教学要求，为学生提供多种学习选择，充分体现分类指导、因材施教的原则。

在课程设置方面，各高职院校应以培养学生在职场环境下运用英语的基本能力为目标设置高职英语课程，以职业需求为主线开发和构建教学内容体系。建议高职英语教学分为两个阶段，即基础英语阶段与行业英语阶段。基础英语阶段的教学内容可与行业英语阶段的教学内容自然衔接，或将行业英语教学渗透到教学的全过程。通过开设行业英语激发学生的学习兴趣与动力，提高就业竞争力。

各校可根据本校的实际情况，选择适合本校的高职英语课程设置方式。行业英语是高职英语课程不可或缺的组成部分，其内容设置应与产业和学生未来职业需求对接，以便帮助学生获得相关的职业资格证书。在课程开发过程中，各校应积极与行业、企业合作，制定体现行业特色的行业英语课程教学要求框架表，开发满足行业、企业岗位（群）需求的教学内容与资源，体现工学结合的原则。

教学评价包括形成性评价和终结性评价两种形式。形成性评价为过程性评价，贯穿整个教学过程，应以促进学生学习和改进教师教学为目的，手段与形式可多样化。终结性评价为总结性评价，指课程结束时对学生的全面考核，应以评价学生实际应用英语的能力，特别是用英语处理与未来职业相关的业务能力为目标。各校要根据职业教育特点积极引入多元化评价体系，注重对学生在职场环境下英语运用能力的真实性评价，鼓励学生获取相关职业英语能力证书。

2. 高职院校学生的学习能力

当今社会正处于知识爆炸时代，只有不断学习、不断掌握新的知识才能够生存。事实上，对学生自主学习能力的培养一直是高职教育的目标之一。然而，“现在很多高职学生是得过且过，学习要老师和家长督促，部分成绩优秀的学生也仅仅停留在对书本知识和对老师课堂所讲内容的简单背诵记忆中，往往不求甚解。课下能自觉主动学习阅览自己所学相关学科知识，超越课本的少之又少”（顾红兵，2011）。

3. 高职院校学生入学时的英语基础

高职院校的英语教学是职业教育中的一个重要环节。但是由于近年来高中和大学的扩招，高职院校办学、发展甚至生存都面临很大冲击，直接体现在生源质量下降、学生入学时的英语基础参差不齐等方面。北京农业职业学院分别于2009年、2010年、2011年、2012年、2013年组织了新生入学英语测试。测试结果表明，学生在入学时英语基础相差很大，部分学生已经达到了全国高等学校英语应用能力水平测试B级水平，而部分学生掌握的英语词汇却不足100个。

4. 高职院校学生的实际英语需求

学院于2009年10月、2013年10月随机对200名学生进行了问卷调查，结果表明，76.8%的学生希望学院开设专升本英语选修课程，30.2%的学生希望提高自己的跨文化交际能力。

三、“1+1+1”模式

结合学院英语教学实际情况和调研结果以及当前职业院校英语教学改革趋势和教育部职业院校外语类专业教学指导委员会有关职业院校英语教学的要求，经过教学实践，学院确立了“1+1+1”公共英语课程模式。

1. 课程定位与课程设置

学院明确规定，英语课程属于必修公共基础课程，服务于学院人才培养目标、专业人才培养方案、行业企业岗位英语需求，以及学生的可持续发展。基于英语课程的课程性质和定位，英语课程的教学任务是使学生具备一定的语法基础知识和基本技能，培养学生在职场环境下运用英语的基本能力。同时，提高学生的综合文化素养、跨文化交际意识和企业文化意识，培养学生的学习兴趣和自主学习能力，使学生掌握有效的学习方法和学习策略，最终实现提升学生就业竞争力和可持续发展能力的教学目标。

英语课程设置以学生的可持续发展能力需求和职业需求为主线，开设基础英语课程、行业英语课程和英语选修课程。基础英语属于通识课程，学时统一。行业英语属于专业选修课程，学时因岗位英语需求不同而不同。英语选修课程包括“专升本英语”、“应用英语 ABC”、“英文电影赏析”等。

2. 教学模式

学院采取了分层教学模式。首先，学院统一组织新生进行入学英语测试。以系为单位，根据入学测试成绩，确定分层基准分数，进行分层、分班。第二，明确分层后班级的学生人数、学生名单。第三，根据实际需求，组织分班调整测试，对象为漏考学生、补招学生等。第四，统一将分层后班级的学生人数、上课班级构成、上课班级学生名册、授课教师、授课地点等资料发送教务处、督导室、系部、学生处等相关部门。第五，由分层教改教学计划制订小组，根据学生实际英语基础，统一制订基础班级、提高班级的教学计划。

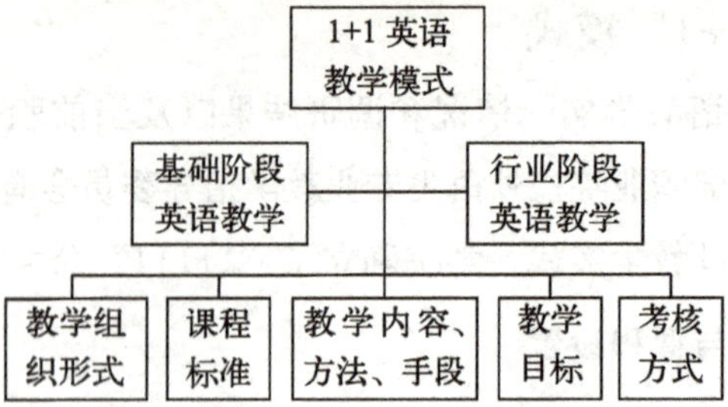

3. 评价方式

第一，学院统一组织基础班级学生在第二学期、提高班级学生在第一学期参加B级测试，鼓励提高班级学生在第二学期参加A级水平测试。第一次未通过B级考试的学生，毕业前自愿选择B级考试时间并获取B级合格证书。第二，完善考试考核机制，提供免修标准。提前通过B级考试，或通过相当于B级水平的社会英语考试的学生，可以申请英语课程的免修资格。第三，阶段性考核和终结性考核相结合。重视学生的平时成绩，增加平时成绩在期末总评中的比例，将平时成绩、期中成绩、期末成绩的比例分别调整为40%、20%、40%。第四，丰富考核内容，加强实践考核。改变以往只对理论知识进行笔试的方法，增加实践考核内容和环节，强调对学生综合能力、实际应用能力的考核。

四、课程模式改革成果

1. 学生的B级水平测试通过率同比增长幅度较大

B级通过率增长比率	
时间	超出北京市平均通过率（%）
2011 年 6 月	-6.12
2012 年 6 月	9.39
2013 年 6 月	10.86

2. 学生综合素质提高

2012 年 2 月 20 日，学院学生出色地完成了第七届世界草莓大会中林果所、御香园参观以及四季御园草莓擂台赛的英语讲解服务工作。2012

年3月1日，英语俱乐部部分成员参加了由园艺系组织的荷兰师生—农职院学生社团交流活动。2012年5月，英语俱乐部邀请澳大利亚外教Philip Sutton先生进行澳大利亚文化专题讲座，并成功组织了英语角活动。2011年学院水建系李乐、2012年学院现代服务管理系物流管理专业黎燕翔同学分别荣获第二、第三届“全国高职高专英语写作大赛北京赛区比赛”特等奖和二等奖。

五、公共英语课程模式评价

1. 学生评价

学院公共英语课程模式改革受到学生的欢迎。92%的学生认为公共英语课程模式在教学内容方面较为实用，有利于提高自身的就业竞争优势。90%的学生认为考试考核方法灵活、内容实用，体现了分层分类教学、分层分类考核的特点。

2. 教师评价

学院16名公共英语课程教师普遍认为虽然教改压力大，但转变了自己对高职院校公共英语课程的教育教学观念，提高了自己的教科研能力，公共英语课程教师地位明显提高。通过教改实践，教师提高了教学水平，教学效果良好；学生对公共英语课程的学习兴趣、学生课堂参与度增强，学生在各类大赛中的获奖率提高。教改取得了显著成效。

3. 专业课教师评价

学院其他专业对英语课分层教改实践给予了大力支持。90%的专业主任认为1+1+1课程模式较好地解决了生源英语基础差异较大问题。英语课程教学促进了专业建设，在服务专业人才培养方案方面取得了成效。

4. 用人单位评价

学院对北京市西山实验林场、香山农工商总公司、北京健爱缘动物医院、绿梧桐建筑装饰公司、北大方正集团、太平洋物流公司等10家单位的人力资源负责人进行访谈，他们普遍反映近3年来，学院毕业生的英语实际应用能力较以前有所增强，处理和解决问题能力、组织能力等有所提升。

5. 专家和同行评价

学院的公共英语课程模式同样也获得了同行专家们的肯定和好评。2012 年 3 月，受北京市教科院职成教所邀请，学院基础部主任徐英岚同志向北京市高职院校同行专家进行公共英语课程模式介绍。与会专家一致认为，学院的公共英语课程模式密切联系专业人才培养目标，联系企业用人需求，注重学生可持续发展能力的培养，务实创新，为高职院校公共英语课程改革奠定了理论和实践基础，改革卓有成效。

六、结束语

通过公共英语课程模式改革，学院转变了公共英语课程教育教学观念，明确了公共英语课程定位；形成了特色鲜明的分层教学模式、公共英语课程教学方法体系和质量评价体系；公共英语课程教师队伍得到了锻炼；学生公共英语课程通过率提高，对公共英语课程的学习兴趣增强，综合素质普遍提升。

参考文献

[1] 顾红兵 . 高职院校英语分层教学问题的思考和探索 [J]. 出国与就业教育，2011（22）：15.

[2] 教育部外语类专业教学指导委员会 . 高等职业教育英语课程教学要求（试行）. 2009.

[3] 李雄 . 胡春芹 College English Graded Teaching Research and Practice[J]. 中国英语教学（双月刊），2005（28）：3.

[4] 张红. 高等职业教育公共英语课程教学改革理论与实践研究[M]. 北京：中国商务出版社，2013. 74-76.

[5] 周三华 . 授人以鱼不如授人以渔——浅谈高职学生自主学习能力的培养 [J]. 中外教育研究，2009(12)：20.

关于高职公共英语教材建设的探讨

刘丽洁[1]

摘要：近年来，高职英语教材如雨后春笋般层出不穷，各大出版社开发并出版了多种高职英语教材，高职英语教材建设已取得了一定成果。但随着现代职业教育的不断深入发展，目前的英语教材仍然无法满足不同行业、不同岗位对人才培养的需求。本文分析了高职英语教材出现的问题，提出有必要研究开发针对性强，体现职业性、应用性和实用性的教材。

关键词：高职　英语教材　职业性　实用性

1　刘丽洁：北京电子科技职业学院副教授，基础部英语教研室主任。

一、引言

国务院总理李克强2014年2月26日主持召开国务院常务会议，部署加快发展现代职业教育。会议认为，发展职业教育是促进转方式、调结构和民生改善的战略举措。以改革的思路办好职业教育，对提升劳动大军就业创业能力、产业素质和综合国力意义重大。会议确定了加快发展现代职业教育的任务措施。其中之一是提升人才培养质量，大力推动专业设置与产业需求、课程内容与职业标准、教学过程与生产过程“三对接”，积极推进学历证书和职业资格证书“双证书”制度，做到学以致用。

提高质量，培养数以亿计的工程师、高级技工和高素质职业人才，这为职业教育的课程改革指明了方向，高职院校承担着极其重要的教学任务。高职英语课程是一门必修的公共基础课程，它的课程定位是为高技能人才培养目标服务，提升职业能力。培养目标是培养学生实际应用英语的能力，侧重职场环境下语言的交际能力。有了明确的课程定位，课程体系与模式就需要通过具有高职特色的教材来实施，才能适应劳动力市场的变化。教材是教学内容和教学方法的载体，是课程实施的主要组成部分，是实现教学目标的重要前提。因此，教材建设是课程建设的重要组成部分，是实现培养目标的有力保证。

二、高职英语教材建设的基本情况

（一）基础英语教材

在高职英语教学中，最早成立的一批高职院校大多采用的是本科英语教材，如上海外语教育出版社出版的《大学英语》或高等教育出版社出版的《实用英语》，在内容、形式和难度上不适合高职院校的学生，缺乏实用性和针对性。几年后高等教育出版社对《实用英语》进行了修订，出版了《新编实用英语综合教程》，难易度适中，适合高职学生水平；随后又出版了地方版的《新编实用英语综合教程》，体现了区域性，更贴近了学生的实际生活和水平。此外，高等教育出版社还出版了《英语》（高职高专版）系列教材，基本上满足了当年高职院校学生的需求。其他出版社也陆续出版了很多高职英语教材，如外语教学与研究出版社的《希望英语》、《新起点大学基础英语教程》、《新视野英语教程》、《新标准高职高专公共英语》、《新世纪高职高专英语》等系列教材，复旦大学出版社的《21世纪大学实用英语》，浙江大学出版社的《新编实用英语》，学林出版社的《走出牛津》，人民出版社的《综合英语》，北京大学出版社的《职场综合英语》等系列教材。这些教材与以往的教材相比已有了不少可喜的改变，如在教材的设计和编排上打破传统的先学课文后训练语言运用的模式，以听说导入，强调学生语言输入与输出能力的均衡发展；教材内容更加丰富，涉及社会生活的方方面面。

（二）行业英语教材

高职英语教学包含基础英语和行业英语两部分，二者相辅相成，缺一不可。各大出版社除了出版基础英语教材外，还开发了部分行业英语教材，尤其是外语教学与研究出版社出版的《新职业英语》系列教材，得到了很多高职院校的青睐。与基础英语教材相比，我国高职行业英语教材建设起步不久，尚有许多空白有待填补。各高职院校教师也纷纷抓住时机，对所设专业及各个行业岗位群在校内外展开调研，根据学生的专业方向、就业岗位，与企业行业合作编写工学结合的特色教材。目前，外语教学与研究出版社已出版的《新职业英语》系列教材涵盖了艺术、经贸、IT、化生、汽车、机电、土建、医护、包装印刷等行业领域，但还有很多行业领域没有涉及。校本教材没开发出来的很多学校在行业英语阶段只好使用专业英语教材或相近的行业教材，但都由于专业性太强或行业跨度太大，影响了教学效果。

三、目前高职英语教材存在的问题

1. 教学内容缺乏相关性，各单元内容互不相关。

2. 各单元先后排列顺序较为随意，缺乏整体性和统筹安排，学生不能很好把握要点。

3. 高频词汇重复率低，超纲词汇所占比例过大，加大了学生记单词的难度。

4. 缺少学习策略指导。许多高职学生没有良好的学习习惯，学习能力和自觉性较弱，有的学生在英语上花了大量的时间，却收效甚微，这在很大程度上是由于他们缺乏英语学习的有效策略。

5. 基础英语内容缺乏针对性、实用性和趣味性。

6. 行业英语教材过于专业化，不能准确反映一线岗位对所需知识和技能的要求。训练语言的方法和手段都较为单一，缺乏针对性、实用性和职业性。

四、加强高职英语教材建设的必要性

教育部高职高专英语类专业教学指导委员会于 2007 年底，以问卷的形式对全国高职高专院校的公共英语教学现状作了比较全面的调查，参与调查的院校将近 200 所，收回的有效问卷超过 20000 份。调查结果显示：以往高职院校所使用的公共英语教材在实用性、适用性以及趣味性上对教学过程的支持度很难令人满意（认为实用性与适用性不理想的学生占 65%，认为趣味性较差的学生占 74%）。

语言学家 Harmer 指出："如果我们希望学生学到的语言是在真实生活中能够使用的语言，那么在教材编写中接受技能和产出技能的培养也应该像在生活中那样有机地结合在一起。"

《高职高专教育英语课程教学基本要求（试行）》中指出，"高职英语课程是以职场交际为目标，突出职业能力培养，注重培养实际应用英语的能力，特别是听说能力"。高职英语教材的编写应该依据该要求和各校不同专业高职人才培养方案，以工作流程为引导、语言实际运用为重点，强调听说技能，培养学生语言综合能力。教材作为教学的重要依据，具有一定的编写体例和设计理念，只有将行业英语渗透到整个教学中，才能体现职业性和实用性，提升求职的竞争力，实现人才培养目标。

鉴于目前的高职英语教材存在上述问题，已不能满足高职英语教学的实际需求，高职英语教材建设有待于进一步调整与改革。

五、关于高职英语教材建设的几点建议

（一）加强教材的适用性

高职院校生源复杂，由三校生（中职、中专、技校毕业生）和普高高考学生构成。而中职、中专、技校的教学目标定位有很大差异，导致学生英语水平参差不齐，英语基础普遍较薄弱，英语的入学成绩普遍偏低。再加上很多学生没有良好的学习习惯，缺乏学习的积极性和动力，更给高职英语教学增加了困难。因此，高职英语教材的编写必须从这一实际情况出发，在教材体系、结构和内容上体现层次性，尽量使教材内容符合学生的认知水平，从而保证语言输入的最佳效果。

（二）各单元教学内容要相关联

各单元可以职业主题为主线，职业岗位为暗线，贴近职场，按照工作流程设计各种教学任务和目标，着重培养学生用英语进行思维与表达的能力，帮助他们掌握将来工作中涉外交际所需要的英语语言知识。

（三）组织形式及编排应有助于培养学生的英语应用能力

能力本位是职业教育的共识。英语作为高职各专业学生的一门必修课程，既是一门构建知识结构的基础课，同时也应是一门培养语言应用能力、训练职业能力的实践课。公共英语教材在编排上应该不仅仅强调如何将英语的结构知识、功能知识和文化背景知识呈现给学生，还要设计各种与语言技能相关的任务，着重培养学生用英语进行思考与表达的能力，帮助他们掌握将来工作中涉外交际所需要的英语语言知识。

（四）加强教材的实用性

高职教材应结合学生的实际情况、岗位需求和社会需求，为培养和提高学生的英语应用能力设计语言实践活动，做到“实用为主，够用为

度”。因此，在进行教材建设的过程中，应搞好需求分析，编写具有针对性、可操作性和有效性的教材。

（五）保障高频词汇的重复率

教材编写应保障高频词汇的复现率。词汇是信息的载体，但如果生词太多，高频词汇在课文中的重复率较低，就会增加学生学习的难度，不利于他们打好基础，也会挫伤学习积极性。同时，教材还应提供具有针对性的练习，重现知识点，以巩固学生的所学。

（六）语料的选取应真实、地道、新颖

高职院校的学生比较新潮前卫，喜欢并容易接受新事物。因此，英语教材的话题选择应具有前瞻性，与时代接轨，在语言材料的选取上应做到简单、实用，尽量贴近日常生活和工作。拉近师生之间的距离，课堂教学才会更生动活泼、趣味盎然。

六、结语

教材建设是高等学校三大基本建设之一，高质量的教材是培养高质量工程师、高级技工和高素质职业人才的基本保证。大力发展高等职业教育，客观上要求我们必须重视高等职业教育的教材改革和建设，编写和出版一大批体现高等职业教育特色的优秀教材。“工欲善其事，必先利其器。”教材不仅是一种教学工具，同时也是教学目标、教学理念和教学方法的体现。应认真分析目前教材中存在的问题，结合高职英语教学目标和高职学生特点，从分析人才的社会需求入手，根据从事岗位工作需要的综合能力与相关的专项能力来确定教材编写内容，确保其内容体现综合性、生活性、现实性、实践性、趣味性和时效性等特点。这样才能使高职英语教材改革和建设得到提升，进一步推动我国高职教育的发展。

参考文献

[1] 刘黛琳．高职高专外语教育发展报告（1978—2008）[M]. 上海：上海外语教育出版社，2008.

[2] 许多．工学结合人才培养模式下高职英语教材建设探索 [J]. 深圳信息职业技术学院学报，2010（9）.

[3] 中华人民共和国教育部高等教育司．高职高专教育英语课程教学基本要求（试行）[M]. 北京：高等教育出版社，2009.

[4] Harmer，Jeremy. *The Practice of English Language Teaching*[M]. London：Longman，1983.

项目教学在高职公共英语教材中的应用研究

杨红全[1]

摘要：目前关于项目教学在语言中的应用研究仅仅局限在某一具体行业英语中，有关项目教学在大学公共英语尤其是在高职公共英语中的应用研究非常少，而与之相关的教材更是少之又少，或者质量不佳。本研究针对项目教学理论在高职公共英语教材中的应用，以《新职业英语》为研究范本进行案例分析，指出项目教学理论在高职公共英语教材中的问题以及解决策略，为高职公共英语教材的编写提供参考依据、开拓思路。

关键词：项目教学　高职　公共英语　教材

1 杨红全：北京经济管理职业学院外语系教师，讲师。

一、理论支持

项目教学在其三百多年的发展历史中，经历了不同的时期和阶段。依据不同的理论或理念，国外的一些学者专家对项目教学给出了不同的概念。比如：Kilpatrick 于 1918 年首次提出了项目教学的概念并给出了明确的定义："我采用'项目'这个术语，就是专为表明有目的的行动，并且特别注重'目的'这个名词。"德国慕尼黑 Ludwig Maximilian 大学的 Rudolf Tippelt（2004）认为：项目教学是一种学习策略。运用该策略可以将项目的开展或者主题的学习与教学进行实际整合，学生积极主动和独立地参与其中。该方法可以使学生独立地获得实用的知识和技能，同时培养学生的社会技能。

项目教学理论在我国高职院校引进、发展与研究的短短十几年的时间里，引起了许多专家的关注和研究。深圳职业技术学院的徐小贞等（2006）将项目教学法定义为："一种以教师为主导，以学生为主体，以项目为媒介，以职业能力为目标，以社会为背景的系统的教学方法。"杨文明等（2008）认为在高职教育领域开展项目教学，应该融入高职教育的特有元素，应该体现高职教育的特色，应该具有更丰富的职业技术内涵；对于高职教育而言，项目教学是一种贯彻"工学结合、深度融合"教育思想的适当的桥梁和媒介，是一种非常有效的教学策略和教学方法；高职项目教学是一种以职业生涯发展为导向，以学生为主体，以教师为主导，以岗位群工作流程为线索，以典型项目为依托，以产品或服务为载体，以职业素质为目标，以职业技能鉴定为评价标准的教学策略和教学方法。

二、研究意义

本研究所依据的项目教学理论汲取了国内外相关理论与实践的研究成果。该理论近年来引入我国的教育领域后，尤其是被许多高职院校借鉴后，对促进高职院校教学水平的提高起到了积极作用。该研究紧密结合高职院校英语教学的实际问题，以“工学结合、深度融合”的教育思想为指针，研究项目教学理论在当今流行的高职公共英语教材中的应用，找出优势和劣势，为以后项目教学教材的编写提供有效的参考，同时有利于把项目教学更好地运用到高职公共英语教学中。将职业性融入到高职公共英语课程中，既有利于达到国家对高职院校英语教学的要求，也有利于突出高职英语教学的特点，使学生在掌握英语技能的同时，也能将所学的英语与自己本专业相结合，并能用到实际的学习与工作中，这对学生的发展无疑是大有裨益，也完全符合高职高端技能型专门人才的培养要求。

三、项目教学理论在高职公共英语教材中的应用案例分析

本案例以外语教学与研究出版社出版的《新职业英语》为研究范本。本教材为高职英语立体化系列教材，总主编是深圳职业技术学院的徐小贞教授。本研究范本采用了通用版基础篇的第一册和第二册。

表 1 《新职业英语 1》整合分析表 1

册数	单元	主题和内容	听说	写作	小项目
第一册	Unit 1	公司组织机构	会见客户	信封	介绍公司
	Unit 2	办公室	办公室安排	行程安排	旅行计划
	Unit 3	商务餐	外出用餐	邀请函	安排商务餐
	Unit 4	产品	讨论产品	产品目录	描述产品
	Unit 5	贸易	价格谈判	备忘录	销售产品
	Unit 6	交通运输	处理货运	投诉信	选择货运
	Unit 7	客服	处理投诉	调解信	客户调查
	Unit 8	职业	找工作	简历	准备面试

表2《新职业英语2》整合分析表2

册数	单元	主题和内容	听说	写作	小项目
第二册	Unit 1	职场着装	公司内交流	通知	准备晚会
	Unit 2	商务会议	安排会议	会议纪要	会议安排
	Unit 3	商务旅行	安排商务旅行	感谢信	外商礼物
	Unit 4	货币、信用卡	货币处理	请求函	做预算
	Unit 5	品牌创建	品牌商议	传单	品牌调查
	Unit 6	质量	质量商议	问卷调查	质量认证
	Unit 7	市场	参加贸易会	广告	起草广告
	Unit 8	创业	建立公司	报告	起草创业计划

从以上表格中可以看出项目教学理论在本教材中体现在以下几个方面：

第一，纵向来看，第一册和第二册共16个单元，涉及不同的主题和内容，从第一册的公司组织机构、办公室、商务餐、产品、贸易、交通运输、客服、职业等，到第二册的职场着装、商务会议、商务旅行、货币信用卡、品牌创建、质量、市场和创业等，这些主题和内容是在工作中必不可少的或者经常遇到的。听说板块从会见客户到办公室安排、外出用餐、讨论产品、价格谈判、处理货运、处理投诉、找工作等，再到公司内交流、安排会议、安排商务旅行、货币处理、品牌商议、质量商议、参加贸易会、建立公司等，这些听说内容让学生在听懂英语的基础上，学会如何用英语表达，并能提高相应的职业素养。写作板块从信封到行程安排、邀请函、产品目录、备忘录、投诉信、调节信、简历、通知、会议纪要、感谢信、请求函、传单、调查问卷、广告、报告等，这些商务函件在工作中经常使用，因此也是办公人员必须掌握的技能；要学会撰写这些商务函件，并注意不同的文化习俗。小项目的设置内容从介绍公司、旅行计划、安排商务餐、描述产品、销售产品、选择货运、客户调查、准备面试到准备晚会、会议安排、外商礼物、做预算、品牌调查、质量认证、起草广告、起草创业计划等，这些小项目不仅能锻炼学生动脑、动手的能力，还能增强团队合作能力。总之，从纵向来看，英语听说能力、写作能力以及小项目，从面试到进入公司再到创业，这些完全是一个办公室助理的工作内容，比如行政助理、销售助理、市场助理、客服助理等。一个初级职位应该具备的能力都体现在了其中，这些建构了一个完整的知识框架和能力框架，整体来看就是一个大的项目。一个高职学生在两个学期学完两本教材后，应该具备所需要的职场英语应用能力。

第二，横向来看，每个单元就是一个项目，不同的主题和内容分别有与之相应的听说与写作能力的锻炼，并配有小项目的实战演练。每学完一个单元就具备了相应板块的能力，或者说具备了岗位工作流程中某个环节的职场英语应用能力。比如在第一册 Unit 7 中，听说和写作部分设置了与主题“客服”相关的能力训练，学生学完后应该学会如何运用英语处理投诉、如何撰写调解信；在小项目实战中还设置了客户满意度调查，这样学生基本就掌握了一个客服专员的工作流程和需要具备的能力。再比如第二册 Unit 3 中，听说和写作部分设置了与主题“商务旅行”有关的能力训练，即如何安排商务旅行、如何撰写英文感谢信，并在小项目实战中设置了如何根据文化的不同为外商准备小礼物。这样学完这个单元学生就具备了基本的商务知识，可以在商务旅行中做到有备无患。

通过以上分析可以得出，这两册《新职业英语》已经将项目教学理论深入其中。但是笔者认为主题和内容板块的文章过于专业化或者行业化。文章内容虽然新颖，但是所涉及的单词有些比较专业，而且与高职学生的英语水平不匹配，超出了高职学生的英语水平。另外，虽然每个单元的小项目设置均与单元主题相关，而且两册书所有的小项目也构成了一个大项目，但是每个小项目缺少一些操作步骤，学生在准备过程中会显得不知所措，不知道从哪里着手，或者不知道需要完成哪些内容来完成小项目的要求。由于小项目一般需要学生尽量用英语向全班做报告，如果没有必要的步骤指导，就需要教师了解此小项目需要达到的技能目标，并给出简单有效的指导步骤和每个步骤的要求，这样学生就可以带着目标有的放矢地协作完成小项目。举个例子，在第一册 Unit 7 中，小项目是“客户调查”，在所给出的调查表下面只是提了三个小问题，并没有给出如何解决或者统计这些问题。笔者给学生重新设计了小项目：学生餐厅满意度调查。要求:（1）按照课本例子设置一个英文调查问卷，包括 10 个左右的问题（比如有关餐厅的卫生、饭菜的质量、饭菜的价格等）。（2）每个小组需要搜集 20 份以上的调查问卷并上交，并绘制原始统计表格。（3）用英语分析调查数据，并向全班做口头报告。学生在这三步指导下完成得非常好，因此教师的有效指导是不可缺少的。

四、项目教学理论在高职公共英语教材中的问题和解决策略

以《新职业英语》为研究范本，结合目前市场上流行的高职公共英语教材来看，目前项目教学理论在高职公共英语教材中还存在着一些问题，本部分将指出笔者认为比较重要的一些问题，并提供参考性的改进策略。

第一，很多高职公共英语教材还没有将项目教学理论融入进去。项目教学理论在很多高职专业课中已经普遍运用了，但是在公共课中运用得还不深入，高职公共英语课也是如此。目前市场上，外研社、高教社以及其他出版社出版的高职公共英语教材花样繁多，但是将项目教学理论运用进去的还很少，有的仅仅是有个理念的融入。随着校企合作的浪潮一步步扩大深入，高职公共英语课教师也应该积极到企业去实践锻炼，了解企业相关岗位的工作内容和流程，将亲身实践运用到教材编写中。社会发展如此之快，之前一些老话题、旧文章在高职公共英语教材中已经不能被广大教师和学生所接受。

第二，项目设置在高职公共英语教材中定位不明确或不准确。如果教材纵向和横向的项目设置不明确或不准确，那么学生不仅在实际操练中会遇到许多困难，而且可能会竹篮打水一场空，收获不到应有的技能。只有项目设置明确且准确，学生在完成项目过程中，带着教师的有效指导，才能有的放矢，学到所需要的英语技能和职业技能。同样，项日的

设置需要教师和企业专家共同探讨来制定。

第三，高职公共英语太过项目化而导致学生英语基础弱化。教材不能为了项目而设置项目，高职公共英语的最终目标还是语言的学习，只有掌握了语言技能，才能更好地将此技能运用到职场中。教材如果太过项目化就会显得像专业英语，比如文秘英语、商务英语等。而且文章难度要合适。如果这些融入了项目化的英语涵盖了行业知识，从而让难度超过了学生的英语接受水平，那么学生不仅学不到职场技能，连英语基础也抓不住。所以，词汇、语法、听说、写作、翻译等内容都要以语言为基础，并以提高语言技能为首要目标。或者说在教材编写中要找到一个项目化和基础化的平衡点，让融入了项目教学理论的高职公共英语教材在英语教学中发挥更大、更好的作用。

五、编写项目化高职公共英语教材的几点建议

第一，教师要深入企业进行实践锻炼，深度了解企业情况，将岗位需求、岗位职责、所需能力、工作流程等弄清楚，并把亲身实践经验用于教材编写。只有亲身体验了某个岗位，才能真正了解岗位对英语的需求，才能将英语和岗位联系到一起。

第二，教师深入企业最好要有所选择。选择与自己专业能力相匹配的岗位，选择与自己所教科目有关的岗位，或者选择与所教学生专业相关的企业，这样在教材编写时才能更有针对性、目标更明确。只有目标明确了，才能将所需的相应的英语能力融入到其中。

第三，在教材编写过程中，教材编写组的教师与企业专家共同制定和完成课程大纲，共同编写基于职业能力的教材，发挥兼职教师在企业工作的优势，将企业项目中的方案设计、实施等案例，经过教材组成员加工、整理和优化，融入到教材编写中。如果没有企业专家的介入，那么在编写项目化教材时肯定会遇到不明白的问题。在企业专家参与的情况下，遇见问题便能即刻解决，让编写工作更加顺畅。

第四，在编写项目化教材时，还应考虑本校的整体情况，如生源、

学生数量、专业设置、学生就业方向、校企合作单位情况，以及教育部对高职学生的英语基本要求等。如果没有依据本校的整体情况，那么项目化教材也许不适合本校学生使用。

第五，在编写项目化教材时，要基于英语语言基础，保证学生在提高英语语言水平的基础之上，利用教材中设置的项目，提高职业素养和职业能力，同时提高学生的英语职业应用技能。不能为了项目化而项目化，否则就会只拘泥于形式而忽略内容和本质。

参考文献

[1] 徐小贞 . 新职业英语 1 [M]. 北京：外语教学与研究出版社，2009.

[2] 徐小贞 . 新职业英语 2 [M]. 北京：外语教学与研究出版社，2011.

[3] 徐小贞等 . 中国高职英语专业教育理论研究 [M]. 北京：外语教学与研究出版社，2006.

[4] 杨文明等 . 高职项目教学理论与行动研究 [M]. 北京：科学出版社，2008.

[5] Kilpatrick，W. H. The project method [J]. *Teachers College Record*, 1918（19）：319-335.

[6] Rudolf Tippelt，Antonio Amorós M.A. Teoríay práctica del método de proyectors [J].*Technological Cooperation, System Development and Management in Vocational Training*, 2004.

英语课堂教学实效性的研究

赵欣[1]

摘要：如何实现课堂教学的有效性是教学理论和实践长期研究的一个主题。提升英语课堂教学的实效性是深化英语课程改革的关键和根本要求。本文通过对影响英语课堂教学的诸多因素进行分析，探求提高高职英语课堂教学实效性的有效方法。

关键词：课堂教学　有效性　实效性　高职英语

1　赵欣：北京青年政治学院英语系教师，讲师。

国外课堂教学有效性研究开始于20世纪上半叶。早期的研究主要是回答这样一个问题：什么样的教学是有效的教学？什么样的教师是有效的教师（effective teacher）？西方20世纪60年代以前的研究“只是将教师特征与教育结果机械相连，而几乎忽视了课堂实际”。到了60、70年代，西方课堂教学有效性研究的注意力扩展到了整个课堂教学活动，将教师视为影响教学有效性的主要因素之一。近年来的研究在开始注重教学的物质环境的同时，还对教学的精神文化环境给予了充分重视。丹麦语言学家叶斯帕森指出，教授外语的首要条件是要尽可能地让学生接触外语、使用外语。课堂教学是教学的基本形式，是学生获取知识信息、提高实际应用水平的主渠道；课堂活动是语言教学的重要载体，是学习语言的有效途径。因此英语课堂教学的效果直接关系到教学的质量，而实效性恰是课堂教学的“命脉”。

束定芳、庄智象（1996）指出，外语教学的具体实施过程主要在课堂。课堂不仅是教师控制学生情感因素、协调学生学习行为、保证语言输入质量的主要场所，也是学生获得知识和能力的场所。英语课堂教学是英语教师通过言语活动促进学生主体对言语对象的内化，从而形成英语运用能力的过程。能力是存在于主体内部的一种个性心理特征，它的生成必须通过主体内部的活动对操作对象进行内化，从而在主体内部形成一种牢固的神经联系。英语能力的这种内在性决定了发挥学生在学习活动中的主体作用的重要性。换言之，学生主体观是能力目的论的必然推论，其内涵是：学生是言语活动的主体，也是言语能力发展的主体；促进学生主体的言语活动是开展英语教学的主要形式，也是实现英语教学目的的主要环节。

现实中，教师花费了大量精力准备素材、组织教学，学生也积极参与了课堂教学活动。然而，大多数学生的知识积累、语言技能仍停滞不前，较高的教学投入换来的是较低的学习效率。造成此种“高能低效”现象的原因是多方面的。据调查，高职院校英语教师中90.5%以上的英语教师每周课时在12节以上，79.8%没有足够的时间进行科研，32.1%

未曾系统学习过应用语言学，56.0% 没有系统学习过教学法。教师的知识结构、素质状况是提高英语课堂实效的首要的基本条件保障。此外，教材作为基本的课程资源，在很大程度上决定了教师的教和学生的学。内容陈旧、编排粗糙的教材更成为影响英语课堂效果和教学质量的主要制约因素。

提高英语课堂教学的实效性，合理的教学设计是前提条件，而教师的专业素质和教学能力是关键。众多的关于有效教学的著作中提出了各种各样的有效教学策略，从备课到上课，再到评价和课后反思，教学流程的各个环节都有相应的策略。鲍里奇在《有效教学方法》中提到，教师进行有效教学至关重要的五种教学行为是:“清晰授课、多样化教学、任务导向、引导学生投入学习过程、确保学生成功率”。结合高职学生英语学习特点，以下将从教学内容、课堂语言、课堂活动、课堂节奏、开放性和多媒体使用等多个方面，探讨提高英语课堂实效性的方法。

一、深挖教材，科学制定教学内容

教师应严格遵循高职教育以市场为导向、以就业为指导来培养实用型人才的目标，精心选择精品教材，教学内容必须选择具有真实性、趣味性、相关性且多样化的语言题材和材料。在使用过程中，教师不但要掌握教材整体框架和教材的每一个知识点及其相互间的内在联系，把握教学内容中的要点、重点，考虑到学生可能出现的难点、疑点，而且要符合教育规律和学生的认知规律，运用适当策略、方法和情感，并把个人的教学风格与智慧融入到教学理念和科学的教学方法中去，形成优质又不乏个性的课堂教学设计。与此同时，教师要全面掌握学生学习的客观规律和基本过程，通盘考虑知识的递进衔接和内化，制定大到一个学期、小到每堂课的教学内容。

此外，切忌盲目迷信教科书，在强调教材的基础性地位和主干性作用的同时，应懂得如何超越教材去挖掘和追求教材的延伸义、拓展义，形成学生的个性化解读。正如苏霍姆林斯基所说:“只有当教师的知识视野比学校教学大纲宽广得无可比拟的时候，教师才能成为教育过程的真正的能手、艺术家和诗人。”

二、巧妙运用课堂语言，加强教学沟通

按照教学语言在教学过程中的不同作用和不同方式，可将课堂教学语言分为：导语、提问语、阐释语、结语。教师应根据不同的教学内容，使教学语言具有丰富的节奏和韵律，在教学过程中化深奥为浅显、化抽象为具体、化平淡为神奇，从而激发学生学习的兴趣和求知欲，使教学过程更加趋于科学，有效地提高教育教学质量，促进学生的全面而富有个性的发展。教师的语言不但要幽默、诙谐、多具鼓励性，而且要和课堂教学过程结合，灵活使用无声语言。课堂教学语言不精炼，提问不明确，极易造成学生的无序思考、无效思维，影响课堂教学效率。

此外，一些肤浅的提问或答案一目了然的问题，如 Yes or No? True or false? What? When? Where? 等，大多耗时低效，缺少科学性和可研究性，应竭力避免。因而，在课堂教学中，教师应设置不同层次、不同类型的问题，鼓励学生以多种形式进行语言交流的练习，如“pair work”、“group work”、“team work”和“free work”等。并通过观察、倾听、对话、交流、合作成为学生学习的参与者，使“知识在交流中形成，在交流中重组，在共享中倍增”。

三、课堂小组活动求精不求量，学用结合

语言基础是指学习者对语言基础知识和基本技能掌握的程度，而语用能力指应用语言基础知识和技能。采取什么方法、以什么教育思想为指导来管理英语课堂，直接关系到课堂教学效果。教育心理学家布鲁斯指出，成功的外语课堂应当在课内创设更多的情景，让学生有机会运用已学到的语言材料。Ellis R. 认为：“没能给学习者提供自然交际机会的教学活动，将会使学习者失去接触语言材料的主要来源，进而阻止习得的进行。”以交际为目的，让学生接触大量的可理解性语言输入，提供更多

真实的语言交际机会，激发学生语言学习的兴趣，以提高语言学习的效率和效果。那些不能单独解决的、开放性的并能最大限度地发挥学生之间优势互补的话题，才是有价值的必要的小组活动合作项目。学生在教师趣味生动、富有激情的课堂小组活动中，注意力会被迅速地吸引和集中起来，他们会在不自觉的状态中充满激情，学习效果突出。

在具体操作中，教师应注意指令清晰、分工明确，营造"互动、互助、互进"的合作氛围；适时提示，巧妙点拨，合理引导；持续有效地监控，利用情景、问题和评价等多种激励方式，把握学生思维发展的梯度，使课堂教学形成一个问题连续体。

四、把握课堂节奏，张弛有度

一堂生动活泼、内容丰富的英语课，犹如一首婉转悠扬的乐曲，"起调"扣人心弦，"主旋律"引人入胜，"终曲"余音绕梁。而教学节奏松散凌乱，教学情节颠来倒去，教学活动松松垮垮，将造成课堂教学时间严重流失甚至空耗。课堂教学的时间是有限的，在有限的教学时间里实现教学目标，是教学成功的关键。提高课堂教学效率要合理地安排课堂教学中单位时间的使用率，有效地处理好课堂教学节奏，减少繁琐的教学环节和累赘的啰唆。同时，要正确、合理地调控课堂教学节奏的变化，有效掌握教学过程中信息的传递密度，或指导学生高声朗读，或引导学生小组合作，或启发学生质疑讨论等。在这种布局和谐、节奏明快、动静交替的过程中，学生情绪此起彼伏，始终保持着思维活动的持续性和情绪的兴奋点。教学内容要疏密相间，节奏要缓急交错，动静结合，变化有致，从而达到提高课堂教学实效的目的。

五、保持课堂的高度灵活性和开放性

新型课堂是以师生之间、学生之间的沟通为基础的，没有沟通就不能体现课堂中的多主体性。英语教师在教学环节设计中，应充分考虑到学生的知识基础薄弱，根据其思维特点从多角度来激发学生的兴趣点和兴奋点，从而能够较准确地洞察和把握学生学习活动和思维活动的走向。比如在英语课上教学就餐时，采用师生交流、角色扮演、小组讨论、视频播放等教学方法，创造更多的真正用英语交际的机会。此外，还要结合课堂教学的进度和实际，将课堂开放并延伸至课外，适时增加中西就餐礼仪知识。通过有效的沟通技能发掘学生的潜力，了解学生的不同需求及个性差异，将知识转化为能力，从而提高学生的主动认知和社会交往能力。

总之，建立以学习者为中心的动态课堂教学模式，教师要在直接控制语言教学进程的同时，直接控制和组织语言习得进程，以提高学生学习的积极性和参与性，极大地促进语言习得目标的实现。

六、多媒体技术以必要为准则

多媒体教学是指在教学过程中根据教学目标和教学对象的特点，通过教学设计合理选择和运用现代教学媒体，并与传统手段有机结合，以多种媒体信息作用于学生，形成合理的教学过程结构，达到最优化的教学效果。多媒体设计和运用要始终把教师主导、学习者主体这个观念放在首位。盲目地过度依赖多媒体技术，把所有教学环节全部使用多媒体手段再现出来，教师就会成为多媒体技术的奴隶。

教师是课堂教学的主导者，是知识的主要传授者，多媒体环境下的课堂教学更应强调教师的组织作用；课堂活动不能一味围绕课件转，程序化的教学不能代替师生交流，教师更不能只是课件的“解说员”。教学是由教师、学生和媒体等一系列相关联的部分组成的一个统一整体，教学媒体只是教学系统中的一部分，它要与教学系统的整体相适应，更要与整个教学环境相适应。这就要求教师在进行教学时要依据实际情况研制课件，合理选用媒体手段，把握多媒体运用的最佳时机，配合适当的教学方法，这样才会收到事半功倍的效果。

结论

“教学有法，教无定法，有心得法。”英语课堂教学的有效性是一个需要不断探索、不断提高的课题。课堂教学的效果直接关系到教学的质量和人才培养的实际价值。课堂教学实效性的提高，关键在于教师如何把科学的教学理念植根于自己的教学环境中，在教学实践中反思教学过程与实效。由此可见，提高教学的有效性实质上是提高学生学习的效率、效益、效果，而提高学生学习的有效性需要以提高教师教学有效性为前提。因此，坚持“学生为主体，教师为主导”，就一定能提高课堂教学的实效性，进一步实现从“教学实效性”真正走向“教学高效性”。

参考文献

[1] 陈嫔荣 . 高职英语课堂活动的设计与实施 [J]. 湖南师范大学教育科学学报，2011（4）：110-112.

[2] 陈永烨 . 高职英语课堂教学和师资状况的调查与思考 [J]. 教育与职业，2007（35）：88-89.

[3] 农时华 . 探索有效运用学习策略的高职英语课堂模式 [J]. 职教时空，2011（3）：46-48.

[4] 束定芳，庄智象 . 现代外语教学 [M]. 上海：上海外语教育出版社，1996.

[5] 张海燕 . 余文森回归语言教学本身，提高英语课堂实效 [J]. 成都大学学报，2008（6）：94-96.

[6] 朱杏才 . 注重教学艺术手段 提高英语课堂实效 [J]. 教育实践研究，2012（10）：34-36.

从多元文化融合到人文素质的培育

——高职英语公选课的目标定位及教学实践

周琰[1]

摘要：挖掘语言教学的多元文化因素、注重其人文素质教育功能，是新形势、新需求下高职英语公选课课程开发和建设的发展方向。这就要求拔高英语公选课的目标定位，在教学中切实做到“语言与文化并重、教学与教育共存、知识与能力同行、兴趣与学习兼顾”，发挥其在拓宽学生视野、丰富学生内心和提升个体素质和能力等方面的积极作用。

关键词：多元文化　人文素质　高职英语　公选课

1　周琰：北京农业职业学院基础部教师，讲师。

教育部在《关于加强大学生文化素质教育的若干意见》中指出:“文化素质教育，重点指人文素质教育，主要是通过对大学生加强文学、历史、哲学、艺术等人文社会科学方面的教育，以提高全体大学生的文化品位、审美情趣、人文素养和科学素养。”高职英语公共选修课（简称英语公选课）是全校不同系部及不同专业的学生均可选修的通选课程，相较于其他学科的公选课，具有教学内容的跨文化、跨学科性和教学对象的普适性两大鲜明特色；更重要的是，作为高职实施“个性化”教育的平台，它以其灵活性、发散性、针对性等特点，在英语课程改革方面做出了多角度、多层次的探索；而且，语言作为思想文化和科学知识（包括自然科学和人文科学）的载体，在学生世界观和方法论的形成过程中，起着举足轻重的作用。所以，英语公选课既是对英语教学的补充和辐射，也是基础课程改革的前沿阵地，还是学生通识教育课程体系的重要组成部分。在教学过程中，需加强探索和研究，除培养学生的语言知识和能力之外，还理应为学生拓宽通向多元的思想文化、社会理念和人文科学知识的通道，担负起引导学生汲取积极的人文科学素养、奠定自身可持续发展的修养和素质基础的责任。

一、明确英语公选课的目标定位

一般认为，英语公选课是对英语必修课的补充，在课程体系中处于次要地位，因而在开设、选择和学习时，师生都没有给予足够的重视，具有较大的随意性。再加之课时较少、教学内容难以具体界定、教学组织较为繁杂、评价要求宽泛等原因，很多选修课沦为弥补课时不足和获取学分的手段。

根据近三年来笔者及同事们对英语公选课的开设及学习所做的调查结果来看，学生对英语公选课的学习目的较为分散，期望值也不高，而这一点直接左右着课程选择、学习投入度、学习效果以及对于课程可持续性发展的期望与建议等。

在 1546 份样本中，11.25% 的学生选课的目的是为了提高自己的英语水平，以满足专升本、参加水平考试或者将来职业岗位的需求；40.88%的学生是觉得有趣才选择英语公选课的，他们期望寻求较为轻松的英语学习方法；25.3%的学生是受选课系统的限制以及学分的要求退而求其次才选的；还有22.57%的学生缺乏明确的目的，其中多半是因为想和关系比较好的同学或朋友保持一致才选的。

同时，教师对所开设公选课的目标定位，也影响着相关教学内容的编排，教学组织形式、手段和方法的应用，直接关系到该课程对学生的实际效用。实际操作中，由于受到师资、课时、材料来源、教学条件、教学对象等方面的限制，公选课的目标定位一般比较浅层或单一。比如，知识型课程（如语法、句型学习，AB级、四级、各种英语等级考试辅导等）和赏析型课程（如英文歌曲、电影、诗歌、美文欣赏等）往往走向两个极端——前者落入基础英语教学的窠臼，后者只给了学生感官上的享受而在语言和文化方面的熏陶明显不足；技能训练型课程（如实用写作、口语、听力训练、商务英语课程等）本来是要学生经过大量的语言训练以掌握语言能力，但最终基本都变成语言技能的讲解或演示。

在教学的投入度方面，调查显示：一半以上的师生都觉得和最初开设或选择的初衷不符，或多或少出现了失望、懈怠甚至放弃的现象。其中最主要的原因有两个：一是因为对公选课的目标定位本来就不高；二是源自教师对英语公选课的定位和学生的预期目标之间的冲突——教师设计选修课程的时候，或多或少忽视了教学对象及其学习目标的多元化：一方面，学生来自于各个系部的不同专业且语言程度参差不齐；另一方面，虽然选择了同一门选修课，但不同学生对课程的预期却有很大的差异。

可以看出，学生对英语公选课的预期目标简单、分散、随意，甚至接近四分之一的学生根本就没有学习目标。而且，大部分学生都没有努力学习的打算。但是，事物都具有两面性。反过来看，学生对英语公选课低层次的、功利的或者无所谓的需求，归根结底还是源于课程设置本身的简单化和随便化。换言之，所设置的课程中缺乏能够吸引他们付出感情、热情、精力和智慧的因素，不能触动他们内心的深层需要。

新形势下，学校开设公选课应更多的是为了提供更加广阔的平台，去拓展学生的思维，优化学生的知识结构，提高学生的人文和科学素养；同时，应及时调整方向，以满足社会发展和学生发展过程中所出现的“新需求”和“个性化需求”。

那么，具体到英语公选课，不仅要丰富和拓展课程体系，还要使之成为对学校整体英语课程体系进行探索、整合和改善的重要途径；不仅要培养和提高学生的语言素质，而且要迎合社会和个体发展对于语言教学和基础教育所提出的新的、多元化的需求。这就需要其课程体系能够激发教学双方的积极性和开拓精神，并把发挥教师的专长和适应能力同开发学生的个性需求和个体素质放在同等重要的地位。

所以，英语公选课的目标定位，除了满足学生现有的需求之外，更重要的是要担负起开发学生更高需求的责任，即除了满足学生对于语言、兴趣、学分方面的基本需求之外，还须开启学生对于英语语言及其所承载的文化和人文素养的关注，进而产生在拓宽视野、丰富内心和提升个体素质和能力等方面的高层次需求。这就要求所开设的课程要立足于语言教学，拓展其融合多元文化与培养学生人文素养的教育功能，用集兴趣、知识、能力、人文素养为一体的全新课程内容来吸引学生，并在教学过程中探索语言知识、多元文化和人文素养有机结合的途径和方法，切实实现从知识到能力与素质的转化，以达到英语公选课应有的效用。

二、从多元文化融合到人文素质培育的教学实践

语言是思想文化和科学知识的载体，因此英语课程本身就具有兼容多元文化和多元学科的特性，而公选课又是高职基础学科课程改革和适应“个性化”需求教改探索的前沿阵地；同时，英语公选课的普适性，还要求其课程教学要尽可能地满足和开发处于多元个体发展阶段的教学对象的多元化需求，并担负起培养学生优良的人文素质、奠定学生个体发展和职业发展素质的责任。因此，英语公选课要做到“语言与文化并

重、教学与教育共存、知识与能力同行、兴趣与学习兼顾”，真正达到对学生进行多元文化熏陶和积极人文素质培育的高层次目标。

以往，英语公选课是教师个体面向学生群体而开设的，从课程的设计、选材到教学过程、教学组织与评价，都是单一的；而新目标定位指导下的公选课，要求课程内容兼具多元文化因素，课程任务中要侧重对学生人文素质的培育，这就要求首先要优化和整合教学资源，对课程的所有环节进行高标准的研究与开发。

（一）优化和整合师资力量

要依据课程的多元文化内容和多元任务目标，优化和整合相关的师资力量，发挥教学团队集体的智慧。比如，笔者参与进行的“大学生跨文化思维与正向沟通能力训练（双语）”英语公选课研究项目，主讲教师基本上都属于一专多能型，他们来自校内外的不同学科，包括英语教师、学生思想教育工作者和国内沟通学专家，在年龄方面分成老、中、青三个梯队，在职称结构上分属高、中、初三个层次；主讲的课程涉及英语、大学生职业生涯规划、大学生心理健康、大学生沟通能力培训等。“英文电影赏析”项目组成员由英语教研组内具有不同特长的教师组成，包括视频剪辑、音频合成、主题提炼、语言内容加工、情景对话教学、课件制作、教具设备使用等。相关学科、不同特长、工作侧重既有交集也有独立特色的教师组合在一起，精心研究并教授同一门课程，有利于集思广益，逐步开发和建设高质量的公选课程，也有利于师资队伍的整体提高。

（二）优化和整合教学内容

英语公选课要做到对来自不同系部不同专业的学生都具有一定的吸引力，首先要保证教学内容具备语言与文化并重、教学与教育共存的特点。

很多教师想当然地认为，高职学生本身的文化功底尤其是英语功底比较薄弱，对英语学习本来就有一定的抵触。所以，英语公选课往往呈现出涉猎宽广而深度不足的现象——内容包罗万象，却很少触及语言所深植的文化底蕴。

然而，学生抵触英语学习的深层原因并非难度问题。换言之，他们抵触的不是“有难度的语言”，而是词汇、句型、语法、段落等“无趣的”、“守旧的”知识点，以及毫无新意可言的学习内容。例如，单个的单词 district（地区）、organization（组织）、association（协会）既难记又毫无意义，但放在 CBD、WTO、NBA 中，对学生来说，就具备了学习的价值和记忆的兴趣点。所以，课程内容中呈现出适合学生需求和接受能力的多元文化因素和人文素质因素，是开启学生自我提高的需求、吸引学生的注意力、激发学生学习热情的亮点。

“大学生跨文化思维与正向沟通能力训练（双语）”课程中，以大学生日常交际行为中普遍存在的问题为切入点，介绍不同文化背景中积极的思想理念，通过思考、讨论、辩论、案例分析、情景模拟、课堂展示等方式，引导他们形成积极的思想观念和沟通行为。在教学中，以英语为主、汉语为辅，既照顾到学生现有的英语水平，又引导学生进入与以往完全不同的全新的英语环境之中。例如，在培养良好日常行为（good habits or bad habits）的主题中，传统文化警示我们“勿以恶小而为之，勿以善小而不为”（参考译文：Don’t do any evil no matter how insignificant it is. Don’t miss doing any good no matter how insignificant it is.），而西方心理学和行为学研究中，则以“破窗理论”（Broken window theory）来进行解读，体现“引爆点领导力”（tipping point leadership）的案例比比皆是。学生通过练习自己身边的事情进行主题活动，最后得出结论：改掉或避免日常行为中坏习惯的最好办法是“追求至善”。

教学内容中有益的文化因素，不仅是丰富学生知识和思想的养分，也满足了学生“求新求变”、乐于接受新事物的心理需求，给学生提供了全新的语言学习视角。这样，在不同文化的交融碰撞中，学生既体验了全新的语境和语言运用，又得到思想的启迪和观念的升华。

（三）优化和整合教学途径和方法

当今社会，英语不仅仅是沟通交流的工具，更是学生将来自身提高和职业发展的必备素质。培养学生的语言应用能力和人文素质、形成自我学习和终身学习的习惯和能力，是英语课程改革所要达到的主要目标。

就英语公选课的内容来说，能引起学生兴趣的，往往缺乏有效的机制督促他们努力学习。比如英文歌曲、电影欣赏等，由于其学习内容的出发点不在语言本身，而且，在形成系统连贯的语言内容和整体连贯的课堂活动方面存在较大困难，一旦音乐和视频给予学生的短暂的感官刺激消失，教学就会流于形式。而需要学生付诸努力的选修内容，却往往不能引起学生的学习兴趣，如语法和句型学习、等级考试辅导等。对于本来就存在英语学习障碍的高职学生来说，仅仅依靠个体的学习目标和意志力，还不足以克服学习过程中所遇到的困难。

那么，如何在教学过程中贯彻“知识与能力同行、兴趣与学习兼顾”的原则，就成为教学改革中亟待解决的问题。

在具体教学实践中，笔者及同事们采用“主题任务型”教学法，通过影像资料、案例、故事、模拟再现等方式，引导学生在课堂内外充分展开讨论、分析、比较、辩论、演示、模拟展示等，让学生通过真实的或仿真的交际环境、情绪感受和人际交往实践，达到思想上和语言上的修炼，并切实落实到言行举止之中。

例如，在英语电影 *Temple Grandin*（《自闭历程》）的赏析课中，教师确立的主题是“perfect and defect”，目的是让学生树立“accept defects and pursuit perfects（接受缺陷、追求完美）”的观点。首先要求学生提前了解或观看电影，熟悉主题任务；上课伊始先展开“brainstorm（头脑风暴）”——用简单的英文句子或关键词介绍主人公的基本情况，并罗列出 Temple Grandin 成长过程中的有益因素和影片中的相关对白；然后，让学生观看教师精选出的片段，摘取深刻打动自己的关键词语和句子；接着，让学生进行声情并茂的语言展示和交流；最后用提交短文、演讲或情景模拟等方式展示怎样正确对待自己的或他人的身心缺陷。

这样，一方面拓展了教学平台，开辟了课外学习资源（如网络、图书、影像、音乐、微信等）和课外活动任务（如小组讨论、准备辩论、主题提炼、美文诵读、经典再现等），增加了学生的学习途径，让他们寻找到自己的兴趣点，并围绕着兴趣点进行学习活动；另一方面，通过优化和整合教学方法，增加了语言实践的比重，变“教师、课堂、教材”为“学生、现场、任务”，把课堂变成学生的舞台，让他们通过主动学习和亲身实践，把语言知识内化到自身的思想和行为之中。

但同时要注意，途径和方法并不是越多越好，而是要根据具体的主题任务进行优化和整合，达到最佳的“性价比”。

（四）优化和整合教学设备与技术

英语公选课一般是应本地区、本院校师生的需求而开设的，所以课程建设方面的任务尤为繁重。与高素质的、一专多能的师资团队一样，现代化教学设备与技术的开发和应用，也是高质量课程建设的必要条件和保证。要呈现吸引人的、立体化的教学内容，让教学任务紧紧抓住学生的注意力，让语言实践活动有效有序地实施，就要根据具体任务，布置适当的场景，准备教具、道具、图片、音频视频材料、PPT 课件等，这就需要整合不同部门和学科的各种教学设备资源、综合运用各种教学技术手段。

让学生“动”起来，也是重要的一方面，即调动学生把以往用于聊天、玩游戏的设备和技术用于英语学习。学生虽然在语言方面存在困难，但他们思维活跃、肢体灵巧，智能设备品种齐全、配置较高，运用技术的水平也超过一般教师。他们可以凭借自己的设备和技术优势成为公选课的“股东”，把所参与的课程当做自己的“事业”去投入并力求从中获益。这也是调动学生把时间、精力和聪明才智投入课程的“引爆点”之一。

一般的做法，一是吸收部分学生参与到备课环节，比如，需求调查、搜集材料、确立主题、制作课件等；二是选取部分学生充当助教，如分组管理、准备材料、录制剪辑音频视频、做课堂演示等；三是对好的任务作品进行改善而后纳入课程内容之中。这样，课程就能进入“教学相长”的良性循环与发展轨道。

总之，教师和学校应该基于新的社会和个体要求，重新认识英语公选课的需求和目标，从融合多元文化和培育人文素质的高度出发，进行英语公选课的课程开发和建设；要站在教学和课程改革的前沿，注重英语公选课对于英语课程体系和学生自身发展的实践性和实效性；把英语公选课纳入英语课程研究和基础课程建设的体系之中，作为重要课题加以研究和开发，并不断进行完善和提高。

参考文献

[1] 黄晓雄．构建大学生英语素质可持续发展的绿色课堂 [J]. 内蒙古农业大学学报（社会科学版），2012（2）：93-94，97.

[2] 麻富游．深化高职院校人文素质教育的十大路径 [J]. 教育与职业，2013（6）：64-66.

[3] 孟凡丽，于海波．国外多元文化背景下教师教学能力培养的探索及启示 [J]. 高等教育研究，2008（2）：40-44.

[4] 孙萍．提高高职英语选修课教学实效性的对策研究 [J]. 齐齐哈尔师范高等专科学校学报，2011（6）：138-139.

[5] 杨渊．多元文化背景下大学英语教学改革 [J]. 教育与职业，2013（29）：147-148.

[6] 张端端．高职人文综合素养课程的开发与实践 [J]. 职业技术教育，2012（14）：34-36.

浅析高等学校英语应用能力考试及应对策略

高珏[1]

摘要：为进一步提高学生的英语应用能力，不断提升高等学校英语应用能力考试效果，笔者以北京青年政治学院为例，全面分析了高等学校在校生的英语学习情况以及英语学科的学习特点，针对英语应用能力考试提出了一些对策和建议。

关键词：高等学校　英语　应用能力　考试

1　高珏：北京青年政治学院英语系讲师，英语系基础英语教研室主任。

高等学校英语应用能力考试（Practical English Test for College），简称PRETCO，是经过国家教育部批准，在教育部高教司的指导下，根据《高职高专教育英语课程教学基本要求》（简称《基本要求》）和《高等学校英语应用能力考试大纲》，对成人高等学校、普通高等专科学校、高等职业技术学院学生的英语水平进行测试的国家标准。根据《基本要求》，高等学校英语应用能力考试主要考核学生的英语应用能力，分为两种，即A级和B级。其中，A级考试对学生词汇量的要求为3400个，B级考试对学生词汇量的要求为2500个。北京青年政治学院根据学院实际，每年第一学期组织大学一年级学生参加B级考试，第二学期组织他们参加A级考试。由于学院领导高度重视，任课教师认真负责，学生积极备考，学院的总体成绩排名在北京市同类院校中位居前列。本文以北京青年政治学院为例，基于提高高等学校英语应用能力考试通过率，对高职学生的英语学习情况、英语考试成绩等方面进行了系统分析，为进一步增强学生的英语学习兴趣、持续改善英语课程的教学效果、全面提升学生的英语应用能力提出了一些对策和建议。

一、高等学校英语应用能力考试题型及分析

高等学校英语应用能力考试题型主要包括听力理解、语法结构、阅读理解、翻译以及写作，全方位地考查学生的听力、词汇、语法、阅读、翻译、写作等能力。听力理解包括15个小题，测试内容包括简单对话、较长会话以及短文，题型包括多项选择题、填空题及简答题，分值为15分。语法结构题有20个小题，内容包括语法句法结构、词法、词形转换等，题型涵盖多项选择题、填空题等，分值为15分。阅读理解题包括几篇短文的阅读，题型有多项选择题、填空题等，分值为35分。翻译题包括句子翻译和段落翻译，分值为20分。写作题主要是应用文写作，包括摘要、通知、信函、简历、申请书、投诉信等，分值为15分。考试时间为120分钟。

二、高职院校学生的英语学习情况

随着高等教育改革的推进，有机会进入大学学习的高中毕业生越来越多，高等教育不再是精英教育，而是逐步发展成为大众化教育。1978年，中国的高等教育毛入学率只有1.55%，1988年达到3.7%，1998年升至9.76%。1999年开始大学扩招，高等教育毛入学率快速上升，2002年达到15%。2007年中国高等教育毛入学率达到23%。2010年，中国高等教育毛入学率达到26.5%。2012年，中国高等教育毛入学率达到30%。高等职业院校的入学率也在逐年上升，但是学生的学科基础较差，在英语学科方面主要呈现以下特点：

一是学生英语基础差，英语水平参差不齐。高等职业院校大部分学生的高考英语成绩只有总分的一半左右。这部分学生没有认真系统地学习英语，掌握的词汇量有限，对学习英语感到很吃力。这与学习动机缺失、学习目标不明确、学习习惯不科学等因素密切相关。同时，也有小部分学生英语基础较好，学习主动性较强。如某校近年招收的学生中，高考英语成绩平均分布在70分左右，最高分可达120分，而最低分却不到30分。这必然会给高等职业院校的英语教学造成相当大的困难。

二是学生学习不刻苦，英语学习兴趣低。英语学习需要一个漫长的过程，需要坚持不懈的努力，而浓厚的学习兴趣是产生好的学习效果的重要前提。著名教育家孔子曾经说过："知之者不如好之者。"知名科学家爱因斯坦也说过："兴趣是最好的老师。"学生对英语知识感兴趣，才会积极开动脑筋、努力钻研，最终获得良好的学习效果。

三是对英语科目重视程度下降。高职院校的学生不重视英语学科的学习，有些家长及教育管理人员也有同样的问题。2013年10月，北京市公布了中高考改革方案，2016年起高考英语和中考英语分数都有所减少。这一改革方案无疑进一步动摇了一部分学生和家长对英语学科的重视。如此一来，必将导致高等职业院校学生英语水平进一步下降。

三、英语科目学习特点分析

首先，英语科目的重要目标之一是培养学生的实操技能，这与其他许多学科如历史、经济、化学等有所不同。英语教学要求学生不仅掌握必要的英语知识（如音标、词汇、语法）和相关的文化知识，而且要具备运用知识的能力。学习英语不仅要记忆、理解，更需要实际运用。英语学习的整个过程贯穿着实操性的训练，贯穿着技能的培养。

其次，记忆量大是英语科目学习的第二个特点。学习任何语言都需要记忆大量的信息和应用规则，但对于学外语和学汉语而言，记忆的难度差异性很大。中国人自出生之日起，就在汉语语言环境中长大，具备汉语认知的天然条件，自然能够很快掌握汉语知识的听、说、读、写等基本技能。但是，英语学习则不一样，很多中国人是从少年时期开始学习英语，没有经历婴幼儿时期学习语言的最佳阶段，面临大量的英语语音规则、语法规则和词汇，需要主动投入更多经历才能很好地掌握。

第三，遗忘快是英语科目学习的另一个特点。有人学习英语几学几辍，甚至每次都得从头学起。容易遗忘可能是使英语学习者最为苦恼的事情之一。心理学告诉我们，遗忘有两种。一种是记忆痕迹的衰减、消失或失真。也就是说，有关信息不再储存在大脑的记忆系统里，或者虽然还储存在那里，但已经面目全非。防止记忆痕迹衰减或失真的方法有很多，但最有效的是经常使用该信息，使其逐步趋于稳定、永久储存在长时记忆中。这个过程叫巩固。外语学习中，强调及时复习、经常运用，使记忆的信息得到巩固，其意义就在于此。另一种遗忘，是信息虽然储存在记忆系统中，但一时提取不出来。有时我们想不起来已经学过的某个单词，但过些时间，在某个情景下又能回忆起来。这说明记忆痕迹并未消失，只是没有合适的线索提取。这个问题在最初记忆时就应该解决。也就是说，在学习某一内容的时候，应当很好地组织，使学习内容之间建立联系，形成网络，增加检索信息的线索。

第四，持续性是学习英语科目的第四个特点。它有两层意思：一是英语学习各阶段之间有密切联系；二是英语学习达不到一定的深度和熟练程度不能中断，否则将前功尽弃。要达到英语考试大纲规定的目标，自考考生需要的时间一般比在学校学习的学生会更长一些。只有坚持不懈、刻苦拼搏，才能学好这门课程。

四、加强英语课外教学，提升学生考试效果和实际应用能力

为了不断提高学生的英语 A/B 级考试成绩和实际英语应用能力，北京青年政治学院主要从以下几个方面着手，不断加强英语教学管理，持续提升英语教学水平。

首先，在学生入学教育阶段，加强新生英语学习指导。向学生系统介绍英语学习的重要性，以及英语作为一门国际语言对他们今后职业生涯的影响，使学生刚进入校门就充分意识到大学阶段仍需要继续加强英语学习，为后期的英语教学奠定重要的思想基础。

其次，实施英语早自习学习。学校制定了系统的英语早自习方案，规定了学习内容及学习要求。任课教师采取早自习出勤检查和授课考查相结合的方式，检查学生早自习学习情况及学习效果。在早自习学习方案中，明确规定:（1）要求认真阅读英语教材内的单词、对话及课文。对于单词，要准确、熟练阅读，正确拼写并记住含义；对于对话，要熟练掌握并能够背诵；对于课文，要做到熟练阅读，并按照任课教师的要求背诵相关段落。每个班的任课教师，根据教学情况适当调整本班学生早自习练习内容，并在课堂上检查学生的早自习学习效果。（2）要求学生利用早自习的时间做听力练习，主要包括两个方面。第一方面是听教材中的对话及课文录音，并跟读。要准确理解听力内容，并初步独立完成各部分练习，最终能够听写出大部分内容。第二方面是完成高职高专英语应用能力考试历年真题及模拟题中的听力部分的题目，以此达到提高英语语言应用能力的目的。

第三，实施英语学习 A/B 级强化训练。为了更好地推动学生英语学

习的主动性和积极性，提高学生高职高专英语应用能力考试成绩，北京青年政治学院大力实施英语学习 A/B 级强化训练。主要方式是，在任课教师课堂教学及日常训练之外，利用 A/B 级考试系统平台，定期对学生进行专项训练，测试其英语学习效果。根据班级情况，要求辅导员和班级学习委员组织本班级学生考前利用早自习或其他时间至少完成两套历年真题的专项测试。

在北京青年政治学院的英语教学过程中，学院领导高度重视，经常了解、掌握教学情况。教务处、英语系及东校区等相关部门认真课划、积极协作，出台了英语教学制度和教学方案。基础英语教研室积极领会学院、英语系及相关部门指示精神，主动开展丰富的英语教学活动。公共英语科目任课教师认真负责、系统备课、尽职授课，并及时了解学生的学习动态。在学院各方的共同努力下，北京青年政治学院的英语教学成绩尤其是英语应用能力考试成绩逐年提升。

参考文献

[1] 高达.高职高专英语教学改革初探[J].和田师范专科学校学报,2008(3).

[2] 梁悦 . 浅析高职院校英语教学存在的问题及对策 [J]. 辽宁商务职业学院学报，2000（4）.

[3] 文秋方 . 英语学习策略论 [M]. 上海：上海外语教育出版社，1996.

[4] 周小微 . 高职英语教学值得关注的几个问题 [J]. 大众科技，2006（1）.

[5] 朱凌云 . 浅谈高职英语教学 [J]. 淮北职业技术学院学报，2003（8）.

国际化视野下的行业英语教学初探

程云艳[1]

摘要：高职英语教学更多地重视英语作为工具如何更好地服务于专业学习，如何更好地体现素质教育本质，因此本研究中的课题就显得非常有意义。中国的行业英语教学环节因为全面引入外教教学更彰显了国际化特色。国际化视野下的行业英语教学现状和所需要解决的问题就自然成为关注中心了。本文通过对行业英语内涵、行业英语教学的现状以及可能的解决办法的探索，希望能够找到提高高职英语教学实用性的良好途径。

关键词：高职英语　行业英语　国际化视野

1　程云艳：北京青年政治学院英语系副教授，英语系行业英语教研室主任。

一、国际化视野下的行业英语内涵

《高等职业教育英语课程教学要求（试行）》（简称《要求》）中明确提出，高职英语课程以职场交际为目标，以应用为目的，培养学生实际应用英语的能力，特别是听说能力，使他们能在日常活动和与未来职业相关的业务活动中进行一般的口头和书面交流，同时掌握有效的学习方法，增强自主学习能力，提高综合文化素养；为他们提升就业竞争力及今后的可持续发展打下良好的基础。所以，各高职院校应以培养学生在职场环境下运用英语的基本能力为目标设置高职英语课程，以职业需求为主线开发和构建教学内容体系。建议高职英语教学分为两个阶段，即基础英语阶段与行业英语阶段。仔细研究《要求》内容，可以确定目前经常谈论的行业英语（vocational English）实际上应是职场英语（workplace English）。经过一学年的基础英语学习后，第二年开始的行业英语教学阶段更多地注重营造职场氛围，打造职场环境，注重听说技能的训练。基于此，笔者所在学院的公共英语教学引入了外教教学。

首先，为了突出行业英语教学特点，行业英语教研室应运而生。该教研室的职责就是服务与管理日常外教的教学并同时承担艺术系的行业英语教学。承担 26 个班级行业英语教学任务的外教来自美国、加拿大、南非等不同国家，这样的行业英语教学自然带有不可避免的国际化视野。

其次，外教的教学不能简单地等同于完成课堂教学。行业英语教研室要积极做好服务与沟通，做到开学前有准备、期中有座谈、期末有总结，全过程沟通不断线，让学生期待外教的课堂，也帮助外教更好地把握课堂。经过一年的摸索后，外教自行编写的教材 Practical English（《实用英语》）因为选材新颖、语言地道、图文并茂并配有影音材料等受到了学生的欢迎。

再次，在教学方式上，外教因为语言上的天然优势和自身的专业背景，其教学方式会比较灵活，仿真度高。以职场面试教学为例，外教会结合不同国家的职场要求进行模拟训练。因为新鲜，学生自然会积极参与其中。

最后，突出实训环节。公共英语第二学年全外教授课（除艺术类专业），课堂教学以英语听说和英语记写为主线，以行业基础知识内容为载体，以跨文化交流为平台展开。与此同时，拓展课外英语实践实训项目，在中方英语教师指导和英语专业助教（TA）协助下各专业学生需完成：（1）应用英语口语测训项目（全员参与、个体评价）或行业英语听力速录速记测训项目（全员参与、个体评价）；（2）TELL ME MORE 或 LONGMAN 在线自主英语学习项目（www.longmanenglish.cn）以及旅游商务英语笔记技巧实训评测系统（http://10.10.177.254:81/member/login.html）（全员参与、个体评价）；（3）英语竞赛项目（英语演讲、英文写作、英语视听速记等）；（4）校内外英语类社会服务实践项目（自主参与、团组评价）。后两项延续第一学年的要求，实践实训侧重在工学结合环境下训练和提高学生的英语应用能力。

上述几点，粗略地解释了国际化视野下行业英语教学的内涵。

作为国内首例，在公共英语教育教学中引进外教全程全员同台讲授，起到了逐步提高学生文化敏感度的作用；改变了他们在用非母语与异文化背景人士的交流中，常常单纯依赖母语文化语用规则来表达自己或理解对方的习惯；增强了他们在充分了解对方文化身份的基础上作出判断、站在本民族文化和异文化之上的高度来把握文化现象进行交际的意识，即什么时候、什么场合讲什么话，对谁讲，怎样讲。

二、行业英语教学现状

（一）对于行业英语的认识还有待提高

一般的公共英语教学更多地强调全国高等英语应用能力 A/B 级考试的结果，因此对于基础英语阶段的学习，学校、教师和学生都给予了一定的关注，但是行业英语教学还处于起步阶段，要切实提高成效恐怕还有很长的路要走。首先，外教承担的教学班级多，要了解学生并进行有效教学就显得力不从心。其次，行业英语教研室服务与管理任务重，要监督一千多名学生的日常网络训练和跟踪考核，同时还要负责外教成绩登录等，这些事务在一定程度上影响了更多教学活动的开展与进行。

（二）缺乏合适的行业英语教材

虽然在教材方面进行了探索，但是离充分满足行业英语的教学需求还有很大距离。外教编写的《实用英语》(Practical English）从内容量上来说，只能满足一个学期的授课需要；从内容自身来说，还需要细化；从形式上来说，还停留在讲义层次，还需要进一步研讨、提炼。同时，要研发新的内容来满足行业英语教学第二学期的需求。行业英语教材编写的困难在于其必须紧跟市场经济的发展，内容丰富新颖，全面覆盖行业知识，难度适中，符合实际工作需要，实用性、可操作性强。目前市场上的一些教材还是脱离实际，不适合课堂使用。由此不难发现，缺乏合适的行业英语教材在很大程度上影响了行业英语教学效果。

（三）教师缺乏行业背景

高职院校的教师多为从高等院校毕业后直接进入教学岗位的大学毕业生，他们往往较缺乏社会实践经验，对于承担的专业不甚了解，甚至从来没有接触过，因此对于特殊专业的教学工作常存在边学习边教学的情况，对行业英语的专业词汇感到生疏。外教授课在某种程度上满足了听说技能训练的需要，但是能否从专业角度进行知识讲解则要求教师有行业相关知识和从业经验。目前的行业英语教学还停留在一般意义层面上，即把英语知识放在特定职场环境中进行讲解，而不是把英语当作职场环境需求的语言交流工具，这样的结合多少显得牵强和别扭，也让缺乏专业背景的英语教师觉得痛苦。因此，行业英语教学还缺乏有战斗力的教师队伍。

（四）课堂环境与教学手段单调

现在的行业英语教学都是在一般的多媒体教室进行，教师控制操作台，学生在下面听讲或观摩，能够模拟职场环境教学的机会少。这样的教学环境和教学手段相比较迅速发展的新媒体技术而言是陈旧与落伍的。现在的学生喜欢教学过程的互动与参与，对于知识的掌握是碎片式摄取。目前的大学生是伴随动画与网络成长起来的一代，他们喜欢张扬个性与自我，传统的课堂讲授行业英语的方式显然不对他们的胃口。

三、行业英语教学发展的解决方法

（一）主体性原则

高职教育的目标是培养高技能、高素质、创新型的人才，这一培养目标注定了我们必须以人为本，培养全面发展的学生。体现在评价内容上，首先要突出综合性，在考核高职公共英语课程的核心知识、技能和素质的同时，还要考虑多学科的交叉，因为科学技术的突破和创新往往就是出现在多学科的交叉边缘上。其次要突出其应用性或实践性。语言只是一种交际的工具，因此考核内容要侧重对语言应用能力的掌握，充分体现职业教育的特色，实现公共课为专业课服务的功能。最后要突出创新性，联合国教科文组织在《学会生存》中曾警示世人，教育具有开发创造精神和窒息创造精神的双重作用。作为具有教育导向功能的考核体系，在内容的选择上还要考虑到学生个性的发挥，充分激发学生的创造潜能，为创新人才的成长提供一块“沃土”。因此，建议评价内容多以项目为载体，从学生的综合能力、综合素质、实践能力和创新能力等多个维度加以测评。

主体性原则指导下的教学将从“以语言知识为本”转为“以人为本、以应用为本”。著名教育家陶行知说：“生活、工作、学习倘使都能自动，则教育之收效定能事半功倍。所以我们特别注意自动力之培养，使它关注于全部的生活工作学习之中。自动是自觉的行动，而不是自发的行动。自觉的行动，需要适当的培养而后可以实现。”“好的先生不是教书，不是教学生，乃是教学生学。”因此，教学中要突出学生为主体，培养他们的学习习惯。根据认知理论，语言的学习就是新旧语言知识不断结合的过程，语言能力的获得是从语言知识向自动运用的转换过程，要实现这种结合和转换，仅靠教师是不可能完成的，只有通过学生自己的不断实践才能完成。

（二）实用性教学内容

注重教学内容的实用性，重视网络实训第二课堂的拓展与延伸。全新的学习内容和互动形式可以让学生更加有效地利用网络自主学习。因为网络自主学习赋予高职英语课堂新的学习内容和互动形式，更容易体现学生在学习中的主体地位。教师可以利用网络资源的丰富性，采用新型的合作学习法和任务型学习法，让学生课下自主查找、比较课堂任务，寻找答案，完成教师课堂所布置的各项任务。而课堂上的互动也不再仅仅只包括师生间的互动，更有生生间的互动和教师间的互动。课堂上的师生互动会因为网络自主学习而更加活跃，生生间的课堂竞争和互动更能促进课堂学习气氛的高涨，教师间的互动会让学习效果更加理想。因此，重视网络试题库的建设一直是我们努力的方向，系领导更是身体力行，带领全体师生研发了针对不同专业的速记系统和旅游商务英语笔记技巧实训评测系统，不仅丰富了学生的课外生活，也成功地将英语学习顺利地拓展到学生的课外生活。

除了实训，当然还要重视课堂教材的研发，因为根据 Hutchinson 和 Waters（1987）的需求理论，学习者的需求分为目标需求（target needs）和学习需求（learning needs）两大类。目标需求指学习者在未来可能遇到的场合中使用语言的客观需要，包括交际活动、语言功能和语言形式。学习需求指学习者在学习过程中所需要的条件和需要做的事情，包括学习者缺乏的知识和技能，哪些应该先学，哪些应该后学，哪些是学习者喜欢或最易适应的学习方法等。也就是说，要考虑知识和技能的学习顺序和方式。如果要选择合适的教学内容并合理安排知识与技能的学习顺序和方式，教师就要深入学生中间进行调研，获取真实可靠的第一手资料，这样才能编写出符合教学实际的教材。

除了教学内容的选择与建设，对于教学方法的探索也是必不可少的重要一环。教学方法是教学目的能否顺利实现的重要载体，一门学科，如果有好的教学方法，课堂会更加精彩，学生的学习热情也会更加高涨。具体做法是，要坚持以行业英语要求变革教学方法。一方面，要突出学生的主体作用。一直以来，学生都被定位为被动接受的角色，很难发挥主观能动性。突出学生的主体作用，要将学生置于与教师同等的地位，使学生与教师共同交流与学习，不断激发学生对英语学习的兴趣与主动性，提升学习效果。要坚持实践教学的方法，改变传统的讲授型的教学方法，将其转变为对学生实践能力的培养，大量增加学生与教师、学生与学生的英语对话练习，不断提高学生运用英语解决问题的能力，以适应就业需求。另一方面，要科学运用现代教学手段。多媒体设备的引入，极大地丰富了现代教学手段。高职英语教学要科学运用多媒体，通过多媒体的声、像、图、影等优势，为英语教学营造更加真实的情景，使学生获得更多的实践机会。

高职学校的英语教学，不是要求学生从事英语研究，而是要让学生能够适应全球化时代的需要，为未来的就业作准备。因此，必须突出英语的专业性。这个专业性是指英语教学的内容要兼顾学生本身所学专业，如旅游专业的学生，其英语学习应主要以听说能力的培养为主，故应加大旅游英语知识的教学比例，使学生在今后的工作中能够自由与旅客进行英语交流。

（三）不断学习进步的教师队伍

苏霍姆林斯基曾言：“教师的个性在于如何塑造学生的个性，一个精神丰富、道德高尚的教师，才能尊重和陶冶自己学生的个性。”因此，高度尊重并适当满足学生的个性化发展需要，既是促进学生个性和谐全面发展的需要，也是调动学生的学习积极性，促使教师乐教、学生乐学的重要条件。著名教育家陶行知认为：“要想学生好学，必须先生好学。惟有学而不厌的先生才能教出学而不厌的学生。”一方面要求教师本身要不断学习，另外一方面学校还要加大培训力度。培训的内容不仅是业务知识，也应该包括教育信息技术，以及如何利用现代教育信息技术和网络来开展教学活动等。高职英语教师整体素质的提高是高职英语真正转型及课程改革和全面提高教学质量的关键。

（四）新媒体的平台利用

在实际教学中，虽然引入了网络知识，也研发了校本实训内容，但是如何借助新媒体来提高互动性和参与性还需要进一步探讨。网络的普及，微博、微信等新媒体个体参与网络的特点都可以考虑纳入到语言技能训练中来。有什么比用学生喜欢的方式讨论他们喜欢的话题更有吸引力呢？

结语

随着国际经济的发展和国际交往的增加，行业英语教学势必要被置于国际化视野下。教、学、做三位一体的职场行业英语教学一定要更多利用网络平台，发挥学生的实践主体作用，切实提高行业英语教学的实用性。

参考文献

[1] 边丽君．浅析高职高专行业英语教学现状及发展对策 [J]. 河南财政税务高等专科学校学报，2012（5）.

[2] 丁莉．高职院校基础英语教学向行业英语教学过渡中的问题及应对方法 [J]. 吉林广播电视大学学报，2012（12）.

[3] 教育部高等学校英语类教学指导委员会．高等职业教育英语课程教学要求（试行）. 2009.

[4] 老青．回眸高职公共英语教育教学改革创新与成效 [J]．科教导刊，2014.

[5] 李海霞 . 高职公共英语课程考试改革与创新人才的培养 [J]. 广东职业教育论坛，2012.

[6] 罗卫华，伶大明． 专门用途英语教学法与研究方法——以海事英语为例 [J]． 外语界，2009（1）：86-89．

[7] 吕凤华 . 基于学习需求的高职行业英语教学现状调查 [J]. 长江大学学报（社会科学版），2011（3）.

[8] 王丽蓉 . 高职行业英语教学滞后之现状、成因及发展对策 [J] . 钦州学院学报，2009（2）.

[9] 王小莉 . 高职英语教学实效性探索—由高职英语转向行业英语 [J]. 英语广场，2012（12）.

[10] 张燕如 . 高职公共英语教学体系中行业英语的教改研究 [J]. 中国职业技术教育，2011（35）.

[11] Hutchinson,T,&Waters, A． *English for Specific Purposes: A Learning-centered Approach* [M]． Cambridge: Cambridge University Press，1987．

浅论如何加强高职公共英语实践教学

姜丽[1]

摘要：目前，大多数高职院校在公共英语实践教学方面重理论教学、轻实践教学，未能满足学生就业的需求。按照现阶段高职教育人才培养目标，高职公共英语实践教学应突出职业性，教学内容应岗位化，教学平台应多元化，教学方法应对象化，切实真正提高学生的实践能力。

关键词：高职　公共英语　实践教学　职业性

1　姜丽：北京青年政治学院英语系讲师，学生工作辅导员。

随着我国高等职业教育进入内涵建设发展阶段，传统的讲授式公共英语教学已不能满足学生实际就业需求。为此，应改变过去公共英语实践教学主要依赖理论教学的模式，提高实践教学质量，最大限度地调动学生学习英语的积极性，提高其英语应用能力；应充分发挥教学为行业服务的宗旨，通过实践教学，与职业和岗位相结合，突出职业特色；应将实践教学融入日常课堂教学中，形成课堂教学与岗位实习、实训相结合的主动式教学模式。

一、高职院校公共英语实践教学存在的问题

（一）实践教学理念未完全转变

目前，高职院校公共英语教学教师未充分认识到实践教学的重要性，依然遵循传统的教学理念，注重理论教学，轻视实践教学，将实践教学作为理论教学的附属品，不认真对待或精心设计教学环节。

（二）“重语言、轻应用”，教学定位不够准确

高职院校公共英语教学普遍存在“重语言、轻应用”、教学定位不够准确的问题。虽然早在 2000 年《高职高专教育英语课程教学基本要求》就提出了“以实用为主、以应用为目的”的教学思想，但在具体的教学中，这一目标普遍遭到忽视。大多数高职院校公共英语教学还是以考试定级来衡量其教学质量。在日常教学中，教师也还是以教授和训练英语的词汇、语法、听力、写作等基础知识为教学重点，实践应用性较弱，更别提与职业特点挂钩了。

（三）实践教学与职业岗位严重脱节

基于高职专业的特点，高职公共英语实践教学与学生岗位专业的相关性不强，且实践内容没有彰显出职业特色，真正与职业挂钩的实践活动并不多，在工作过程中真正实用的英语活动更是凤毛麟角。由于受到师资和传统教学模式的影响，教师过分注重英语基本知识的训练，认为

学生只要掌握了这些基本语言知识和技能，将来在工作岗位上就能很快适应职业岗位的要求，因而学生职业英语技能的培养被忽视。

（四）师资力量薄弱

高职公共英语实践教学师资力量严重匮乏，结构不够合理，这是影响当下实践教学未能顺利开展的决定性因素之一。承担公共英语教学的大多数教师都是英语专业出身，没有职业实践的知识和背景，对学生将来要从事的岗位知之甚少，所以对学生的需求不了解，即使一知半解，也没有能力教授。近年来，高职院校都在鼓励教师成为“双师型”，但真正名副其实的“双师型”教师并不多，大部分教师都缺少行业实践经验和能力，教师的注意力和精力很少放在实践教学方面。在实践教学内容和教学环节设计上，任课教师由于缺乏这方面的培训大都应付了事，凭借各自的感觉和经验完成教学，这样实践教学的效果自然大打折扣，学生不满意，老师多怨气。

（五）实践教学教材内容与职业岗位不匹配

目前，高职公共英语实践教学教材稀少，各高职院校普遍使用综合类的公共英语教材，这类教材是集听、说、读、写、译于一体的综合性教材，内容侧重于文史类方面的题材，强调生活性、趣味性和故事性，缺乏实用性和职业性。这些教材未能从专业性和岗位目标的角度去编写，没有任何的岗位实用性，学生学习兴趣不浓，觉得与自己将来的职业没有关联。

（六）实践教学方法滞后，模式陈旧

高职院校的大部分教师对传统教学模式的认识根深蒂固，以教师为中心、课堂教学为主的教学模式没有发生太多变化。教师是知识的传授者、课堂的演讲者，学生是被动的接受者，无法真正参加到教学的各个环节中，这样学生的自主性、积极性、实践性就无法实施。再者，公共英语教学班级人数较多，没有有效的教学辅助设施，教师无法针对学生

的具体英语水平和特点开展个性化实践培养，实践教学的初衷和意义难以实现。

针对以上存在的问题，高职公共英语实践教学到底何时改革、如何改革就显得棘手和迫切，值得高职院校管理者和教师深思。

二、高职公共英语实践教学改革的对策

（一）构建符合专业特点的实践教学体系

目前，高职院校采用的公共英语实践教学体系与专业和岗位特点严重脱节，只是一味注重学生英语综合知识的掌握，轻视其将语言应用能力与职业能力相结合。实践教学的真实内涵是让学生在真实的环境中去做，而不是只重视知识传授和形式上的实践教学。因此，在高职英语教学中，应以实践教学为目的、理论教学为辅的方式打造内外一体的开放式实践教学体系。所以，实践教学课程改革必须结合各专业自身特点，根据各专业对英语的需求度，重新制订教学计划、教学目标、教学方式等课程体制，注重学生职业技能的训练，区分实践教学的侧重点，针对不同岗位特点采用不同的实践教学方法，以真正符合高职教学理念。

（二）将实践教学融入日常理论教学中

目前，部分高职院校将公共英语理论教学和实践教学完全分开进行，这样就把两者割离开来，这种做法不妥。应将两者有机统一起来，贯穿在整个教学活动中，你中有我，我中有你，完美融合在一起。教师要转变教学方法，树立创新观念，多采用启发式教学方法引导学生；采用以学生为中心的教学模式，充分调动学生学习英语的积极性；重点加强学生对英语的实践运用能力的培养，将固有的单一课堂教学环境调整为多元的实践教学环境，把教、学、练有机结合起来，提高学生英语的职业岗位运用能力。例如，课堂上可以采用英语游戏、小组讨论、报告、演讲、辩论、角色扮演、模拟对话等方式，将更多课堂时间交给学生，给予学生更多操练职业英语的机会。

（三）改革教材内容，突出实践特色

为真正满足职业教育的需要，改革公共英语课的教材内容是重中之重，也是教学改革的重点和难点。英语教学内容应与未来职业岗位相联系，具有实用性。教学内容应围绕岗位任务的完成进行合理的设计，将直接呈现改为实际所需的知识和技能。所以高职公共英语教学应考虑职业性、实用性和实践性，重点突出学生的英语实际应用能力和职业能力的培养，提升其就业能力和可持续发展能力。职业英语课程就是专业课程和英语的有机复合、相互渗透、协调发展，这就需要合适的教材。教材内容必须体现职业性，应与专业所对应的职业岗位和岗位群衔接，还要注重培养学生的职业道德、职业能力和职业意识。另外，教材的内容应与时俱进，紧跟相关专业或职业标准的最新发展，及时更新课程教学内容。这就需要教材编写者亲自到职业岗位进行深入细致的调查研究，认真听取企业人的建议，这样才能获得确切的信息。总之，编写职业岗位与教学相结合的教材刻不容缓。

（四）转变教学方法，凸显职业特色

改革传统公共英语实践教学方法，转变教师和学生的传统角色。教师成为教学的指导者和辅助者，学生真正成为学习的主体，充分发挥学生的学习和实践主动性和积极性，既培养学习兴趣，又真正掌握就业岗位所需的职业英语。

在教学课堂上，可以采用小组讨论、真实情景模拟、任务驱动等教学法进行教学。小组讨论形式让学生根据自己的兴趣和需求，选择自己的伙伴进行合作学习，在讨论交流中获得知识，既能真正提高学生实际运用语言的能力，又能培养学生团结协作的精神。情景模拟法是教师分配角色，学生模拟实践。职业英语大多以对话形式出现。让学生身处真实的会话环境中，学生会有压力和动力去运用行业英语，强化其运用能力，这也会充分激发学生应用英语的积极性。任务驱动法是让学生按照提出任务—分配任务—演示任务—补充任务—完成任务的步骤来进行实

践活动。学生是所有步骤的执行者，通过每一次任务的完成，他们会亲身体会岗位英语的运用，且对岗位的流程也更加熟悉。

课堂外的实践教学，学生是实践教学的真正主体，教学方法应更加灵活多样，突出“做中学，学中做”的特色。首先，组织丰富多彩的、学生感兴趣的活动，例如，指导学生参加各类英语竞赛、组织校外实训基地参观、举办英语讲座、创设英语角等。其次，搭建网络实践学习平台，该平台主要包括课内学习、等级学习、专业学习、师生互动、咨询模块。网络平台在实践教学中发挥了强化基础知识和模拟专业场景的作用，学生借用电脑随时随地都能进行实践学习。再次，利用校内和校外实训基地进行实践教学。利用学校的设备和技术在校内实训基地开展模拟的实践教学活动。通过模拟的岗位语言环境，学生们真正了解到各个岗位的运作程序和方式，达到在实践中学习的目的，为将来的职业发展打下良好基础。目前，各高职院校的专业都有对口的校外实践教学基地，校企共同组建实践教学小组，共同制订实践教学计划和内容，学生在真实的语言环境中通过企业指导老师的帮助完成实际的工作，既检验了学生的英语学习情况，又激发他们学习英语的主动性，真正将“教、学、做”融为一体，有效地强化了学生英语实际应用能力的培养。

（五）加强实践型师资队伍培训，提高实践教学能力

高职公共英语教学对师资要求很高，教师既要懂理论教学，更要懂职业实践教学。目前高职院校急需建立具有现代教育理念和创新精神、教学能力强、乐于教书育人的高素质英语教学师资队伍。重视对高职公共英语教学教师的国内外培训，使其更新教学理念、改进教学方法。注重英语教师的职业岗位知识培训尤其重要，让教师利用假期时间深入到用人单位进行挂职锻炼来提高自身整体职业素质，培养既懂理论知识又有实践经验的真正的“双师型”教师队伍，而不仅仅是参加考试获取职业资格证书应付了事。高薪聘请企事业单位中英语水平较高且工作经验丰富的人员担任兼职专业英语教师，抑或指导校内英语教师的实践。

（六）公共英语教学考核方式多样化和全面化

改革高职公共英语教学考核方式，重视实践教学考核，将实践教学考核纳入公共英语整体教学考核中来。考核评价体系应多元化，与各专业紧密结合，强调形成性评价，将课堂和课外理论学习和实践学习综合起来，构建综合能力考核评价模式。

三、高职公共英语实践教学改革迫在眉睫

目前的高职公共英语实践教学从教学观念、教学内容、教学方式、评价标准、学生满意度、企业满意度等多方面都差强人意，未能更好地培养企业和社会发展需要的高职人才，未能突出职业性和实践性，未能将英语语言能力通过实践真正与专业岗位相结合。所以，加强高职公共英语实践教学的改革是社会和时代发展的需要，也是整个职业教育的需要。

转变目前高职公共英语教学的重心，注重职业特色的实践教学是高职院校改革的方向。探索一种英语与岗位相结合的模式应从专业需求出发，让学生在真实的岗位语言环境中实践学习，学以致用；针对不同的岗位类别采用不同的实践教学，树立职业性和实践性的职业教学理念。

高职公共英语实践教学改革是社会的需求，更是学生的内在需要，也是整个高职教育发展的必然要求。以前学生拥有英语四级或六级证书就可以应对企业对岗位英语的要求，现在用人单位对学生外语能力的评估更趋实用化和合理化，不仅要看学生的外语证书，更注重对其本职业英语的应用能力的考核。所以，高职公共英语教学的总体目标应是培养学生特定职业范围内使用英语的基本能力。

总之，对于高等职业教育来说，公共英语实践教学尤为重要。通过实践教学，学生的语言能力跟专业岗位相结合，真正做到理论应用于实践，既丰富了课堂教学，又让学生所学技能更加实用，从而提高高职英语教学的整体水平。

参考文献

[1] 陈婷婷，张立峰 . 突出职业特色大力加强高职公共英语的实践教学 [J]. 网络财富，2009（10）：54-55.

[2] 刘园.浅析如何加强高职公共英语实践教学[J].现代企业教育，2013（2）：90-91.

[3] 鲁瑛，基于高职公共英语实践教学模式创新的探索与研究 [J]，湘潭师范学院学报（社科版），2009（11）：153-155.

[4] 马俊波.高职公共英语教学：问题与对策[J].职业教育研究，2011（3）：111-113.

[5] 涂爽 . 基于职业能力的高职公共英语实践教学研究 [J]. 漯河职业技术学院学报，2013（1）：10-11.

文科高职英语师资队伍建设的途径与发展

张志明[1] 刘卫红[2]

摘要：文科高职英语师资队伍的建设和发展决定着文科高职英语课程的教学质量和教学水平。要从人员队伍结构优化、政策制度保障、培训进修体系完善、人才培养引进方式和教研、科研能力提高等方面加强英语师资队伍建设，从而促进文科高职英语教育教学的改革和发展，办好符合时代要求的现代文科高等职业教育。

关键词：文科 高职英语 师资队伍

1 张志明：北京青年政治学院讲师，教务处副处长。
2 刘卫红：北京青年政治学院英语系教师，副教授。

文科高职英语教育教学工作能否做到科学有效地发展在很大程度上取决于英语师资队伍的建设水平。英语师资队伍建设主要分为师资培养和人才引进两个方面，其目的是使文科高职院校英语师资队伍的结构呈现合理梯队和良性发展的态势，从而能够为文科高职院校的英语人才培养、英语教学、科学研究和英语课程建设给予有力的支撑。可以从以下几个方面实现文科高职英语师资队伍建设的途径与发展：

一、通过优化英语师资队伍结构，提升高职英语教学水平

在文科高职院校中，基础英语课程是公共必修课，课时较多。要完成这种基础性课程的教学任务，没有一支专职英语教师队伍是很难保证其质量的。因此在文科高职院校中，一定要重视这样的专职英语教师队伍建设，确保其稳定性和可持续发展。

做到这一点，首先要保持专业技术职称在合理比例下的层次性发展格局，即建立以正、副高级职称人员为学术带头人，以副高级、中级职称人员为主要力量和以初级职称人员为新生力量的师资层次结构。近年来，在北京地区的高职文科院校中，英语教师的专业学历普遍呈现起点低于其他专业教师的现象。在职称方面，拥有副高职称的教师逐年增加，中级职称者在专任教师中占有比例最大。要保持文科高职英语教学的发展，就需要下大力气提高文科高职英语教师的学历层次，要在引进优秀人才方面下很大的功夫。

文科高职院校的英语教师队伍建设应在坚持正确政治方向的前提下，通过优化师资结构，提升师资素质，大力实施人才强校战略，以培养优秀中青年骨干和学科、专业带头人为重点，从政策上完善用人机制，最大限度地发挥英语教师队伍的作用，为文科高职院校英语教学的发展提供坚实的人才保障。

要按照开放办学的思路进行文科高职英语师资队伍建设。一是创建开放的资源环境，学校、企业、社会三方协力合作，形成行业专家参与教学、学校专业英语教师到行业挂职锻炼和开展技术服务的良性运行机

制；二是积极推进人事制度改革，建立有利于专兼职英语教师自我提高和优秀英语教师脱颖而出的激励机制；三是聘请行业的兼职英语教师、英语专职业务骨干定期到学校举办讲座及演示观摩课，讲授英语实践技能课程，指导学生进行校内实训和校外实习；四是在保持稳定的专职英语教师队伍的前提下，建立一支实力雄厚、相对稳定的兼职英语教师队伍，使英语教学充分体现实用特色；五是坚持贯彻实施英语教师教学力提升战略，做好梯队建设和教师的在职培训及双师培训工作。

二、通过制度保障，提升英语师资队伍发展水平

英语师资队伍建设是文科高职英语教育的一个系统工程，而制度建设是其中的基础工程。要在现有基础上，进一步完善英语师资培养管理机制，逐步建立与英语教师教育教学过程的实践性、开放性、职业性相匹配的文科高职英语教师管理制度。为此迫切要求做好以下几方面的工作，以保障英语师资队伍建设的顺利进行：

1. 建立文科高职英语教师准入制度

文科高职院校英语师资队伍建设水平取决于人才的层次和水平。要确保英语教师的整体素质，就要制定切实可行的文科高职英语师资队伍建设规划，制定专任英语教师引进规划实施方案和英语教学专业带头人引进规划实施方案等政策制度，并通过一系列严格规范的程序确保文科高职英语师资队伍的整体素质。

2. 建立文科高职英语教师培训、激励制度

如何能够充分调动文科高职英语师资队伍的整体积极性，发挥他们的创造力，提高文科高职院校的办学质量和办学效益，使高等职业教育的发展充满活力和后劲，业已成为文科高职院校英语课程教学管理工作所面临的迫切问题。要解决这一问题，就要从英语师资发展战略上制订相应的发展计划，比如制定初任英语教师培养工作实施方案、专职英语教师培训方案、英语教师到企事业单位挂职锻炼实施办法等规章制度，

从而构建起一套完备的教师培训、激励机制，保证高职文科英语师资队伍的健康持续发展。

3. 以兼职教师师资队伍为必要补充并制定相应管理制度

为贯彻高职教育“以服务为宗旨，以就业为导向，走产学研结合之路”的办学方针，文科高职英语教学也要把引进外聘兼职教师作为提升英语教学水平和教学针对性的重要手段。目前在实践中业已证明，加强外聘兼职英语教师的管理，组建一支师德高尚、业务精良、技术过硬、结构合理和相对稳定的专、兼职英语教师队伍，对提高文科高职英语教学质量具有极其重要的意义。要通过签订工作合同和下达具体的工作任务书，来规范外聘兼职英语教师的聘用程序、管理职责、任职条件和具体工作任务；在教学实践中还要加强对兼职教师进行培训、组织听课，以保障兼职英语教师的教学质量，从而实现文科高职英语课程的教学秩序能够保持稳定，教学水平能够不断得到提升。

4. 提升文科高职院校英语师资队伍的教研和科研能力

要提升文科高职院校英语师资队伍的整体教学和研究能力，就要从教学、科研和出版等方面给予政策和经费方面的充分支持，通过制定一系列相关的规章制度和优惠政策来引导和鼓励英语教师投身于教学研究和科学研究工作并不断提升工作水平。只有建立这样的政策氛围，才能引导文科高职英语师资队伍在教研和科研方面走上稳定的发展道路。

三、构建立体培训体系，全面提升英语教师教学能力

为了满足文科高职英语教师专业成长和发展的需求，充分发挥英语教师的能动作用，还必须从战略高度规划英语教师的培训工作，不断创新文科高职英语师资队伍建设思路，制定英语师资培养方案与实施制度，开展以着眼于教师对现代文科高等职业教育新理念和新知识的学习能力，基于工作过程的课程开发能力、行动导向的专业教学能力、专业实践能力和科学研究能力等为核心的教师教学力提升工程。对初任教师、青年

教师、骨干教师、专业带头人、教学管理人员实施多层次、多类型的培训，构建立体师资培训体系，提升各梯队英语教师的教育教学能力。

四、重视英语教学骨干教师培养，打造英语教学专业带头人队伍

要博采众长，拓展文科高职英语课程建设思路，学习其他高校质量工程项目建设经验及新形势下高职教育教学的先进理念，广泛参加国内外相关业务交流、研讨和培训，加强与国外高等院校的联系与合作，为英语教师提供更多到国外进修和接受培训的机会，开阔文科高职英语教师的眼界，提升文科高职英语教师的教学和科研水平。同时要加强骨干教师项目培训，鼓励英语教学骨干教师积极投入教育教学研究和科研工作，强化研究意识、教学管理意识、教学质量意识、团队意识，不断提升文科高职英语课程教育教学研究、科学研究工作质量。

五、引进优秀人才充实教学团队，组织实用培训提升工作水平

纳贤才优化师资队伍是保持文科高职院校英语师资队伍建设可持续发展的重要途径。要注重提高专任教师的整体素质，优化专任教师队伍结构，坚持“重点选拔，择优录取”的原则，吸收国内外院校的应届博士、硕士毕业生和社会人才充实文科高职英语教学的专任教师队伍。对于新入职人员，在上岗前要组织严格但又务实的岗前培训。通过这样的培训，不仅要提高初任教师的思想政治素质、职业道德修养、教学基本技能和教育基本理论知识水平，也要让初任教师了解文科高职教育的发展历程、发展规律和文科高职英语教学的特点和相关要求，帮助这些新任教师结合文科高职教育的实际情况做好自己的职业生涯设计，从而使他们尽快胜任文科高职英语教师的角色。

六、深入学生实习和就业一线，培养双师素质英语教师

要切实推进文科高职院校英语师资队伍建设，就必须大力推进“双

师型”英语教师的培养工作，要根据市场需求来强化英语教师的职业技能，提高英语教师的实践指导能力。要通过加大资金投入，以进修、挂职和自学等形式加速文科高职英语教师的“双师型”发展速度。在推进英语师资“双师型”发展的过程中，要注意发展目标的直接指向性、培训学习的自我主体性、学习内容的现实针对性和培训方法的灵活多样性。坚持理论与实践相结合、学用一致、专业对口的原则，明确文科高职英语教学“双师型”人才培养的方向。

七、明确文科高职英语师资队伍保障建设的奋斗目标

要在不断探索中搞好文科高职英语师资队伍建设，就要不断提高英语师资队伍的整体素质和水平，重点扶植和培养一批高职英语教学专业带头人和中青年骨干教师，逐步完善英语师资的引进、培养、职称评审、聘用、考核、激励机制与政策，创造有利于文科高职英语师资队伍发展的良好环境。根据文科高职英语教学的发展方向，不断调整英语师资队伍的专业结构，提高“双师型”教师比例，引进具有行业经验的技能型人才，打造优秀英语教学团队，形成合力，建设一支师德高尚、素质优良、技能精通、结构合理、专兼职结合的文科高职英语师资队伍。

要实现这一目标，在具体做法上要通过教师引进计划，根据高职文科英语教学要求和文科高职教育专业发展规划，坚持引进适合高职教育发展方向的人才；要通过英语教师培训计划，鼓励和支持教师进修，逐步提高英语教师学历层次，为建设具有较强竞争力的教学骨干队伍和梯队结构奠定基础。按照高职文科英语教学发展需求培养和引进专业带头人，鼓励英语专业教师参加职业培训和技能鉴定，并力争获取职业资格证书，从而大幅度提升“双师型”英语教师的比例。

通过师德建设及现代教育理论与方法和专业理论知识的学习与培训，提高文科高职英语师资队伍的整体职业素质和专业理论水平。提高专职英语教师的实践能力，建立健全鼓励英语教师参与实践教学活动的政策措施，形成英语教师到校外挂职的长效机制。同时鼓励和支持文科高职

英语教学一线教师参与社会机构、相关行业等的实际工作。建立兼职英语教师资源库，健全兼职英语教师管理办法。对兼职教师的聘用、管理与考核评价等进行跟踪管理，形成对兼职英语教师的动态管理机制。提高文科高职英语教师的整体教学水平，加强对重点人才的培养，努力打造具有一定影响力的名师。

要根据文科高职教育的发展方向，在不断调整高职英语课程教学内容的同时，鼓励英语任课教师不断调整知识结构，把文科高职院校的专业发展规划和英语任课教师的专业背景、职业兴趣和专业能力结合起来。可以尝试逐步把英语教师分流为以理论教学为主的教师和以实践教学为主的教师，重点培养一批技能型骨干英语教师。建立稳定的专兼职文科高职英语教师队伍，使文科高职英语教学保持活力，保持教学的针对性。

八、今后文科高职英语师资队伍保障建设的主要任务

1. 完善文科高职英语师资培训和培养体系

要在对高职教育市场需求充分调研的基础上，积极探索建立文科高职英语师资培训和培养的长效机制，通过专业教学培训、高职英语课程专项技能培训、英语教师定期挂职锻炼等方式，加大文科高职英语师资专业带头人和英语教学骨干教师等的培养力度，积极为中青年英语教师的发展创造有利条件，提供必要的资金支持和政策扶持。

2. 推进文科高职英语师资“双师型”培养工程

要依托文科高职院校的现有外部实训基地，积极寻求适合英语师资发展的企事业合作单位，组织安排行业工作经验少或无行业工作经历的专任英语教师在与高职英语教学相关的行业接受技能培训或参与行业的实际工作。根据文科高职英语教学发展需求和文科高职院校专业发展要求，为英语教师取得相关职业证书创造条件。

3. 积极推进高职英语教学中兼职教师队伍建设

通过与行业企业、事业单位、科研院所等单位合作，探索互利双赢

的合作模式，吸收一批与文科高职英语教学相关的行业优秀专业人士或具有丰富实践经验的高端人才，充实到文科高职英语兼职教师队伍行列，进一步壮大、优化兼职教师队伍。

总之，高素质的师资队伍是文科高职英语课程进行创造性教学和科研的中流砥柱，是为社会培养人才的源泉，文科高职英语教学的发展在很大程度上取决于英语师资队伍的建设和整体素质。在这方面还应不断地探索和总结经验，学他人之长补己之短。以更新文科高职英语教学观念为先导，以解决文科高职英语教学中存在的突出问题为突破口，以学习研究和改革英语教学方法为重点，以提高英语教师创新意识和创新能力为主线，以组织英语教师参与研究培训为主要形式，着眼于造就一支能适应文科高职英语教育教学工作需要，结构合理，相对稳定，师德风范高尚，专业知识扎实，教育业务精湛，具有强烈的超越自我的进取精神和追求卓越的成就欲望，并潜心于文科高等职业英语教学研究和实践的教师队伍，从而最大限度地促进文科高职英语教育教学工作的发展。

参考文献

[1] 曹冬梅．高校双语教学师资问题研究 [J]. 网络财富，2008，（12）：21-23.

[2] 崔万秋，唐代清，赵建平．开放式教师继续教育模式的建构与实施策略 [J]. 教育与职业，2009（21）：39-40.

[3] 何建菊．对高职商务英语师资队伍建设的思考 [J]. 河南科技学院学报，2011（2）：33-35.

[4] 刘冬慧．高职英语教师培训现状及完善策略 [J]. 中国科教创新导刊，2010（34）：169.

[5] 余桂兰．教师专业化发展与高校英语教师的继续教育 [J]. 武汉科技学院学报，2005（10）：108-110.

浅谈高职英语教师专业化发展及其途径

范丽萍 [1]

摘要：高职英语教师应通过自我发展和学校人文环境的支撑，从自身专业精神、专业理论与专业实践知识、专业技能等方面进行终身专业训练，走专业化发展之路。

关键词：高职英语教师　自我发展　专业化发展

1　范丽萍：北京汇佳职业学院英语系教师，讲师。

一、高职英语教师专业化发展的含义

高职英语教师专业化发展是指高职英语教师在整个英语专业生涯中对自身专业精神、专业理论与专业实践知识、专业技能等方面的终身专业训练，并不断提高与完善专业成长和专业成熟的过程。

二、高职英语教师的现状

（一）教师学历偏低，专业训练亟待强化

对教师的教育是社会发展到一定阶段的产物，是基于社会发展的需要而产生的，是社会进步、提高全民族文化素质的体现。整体来看，我国从事高职教育的英语教师的学历偏低，有留学经历的不多，从教后的专业训练更是不足。

（二）从教观念落后，态度不积极

部分教师的责任心不强，把从教工作作为工作，而不是作为事业和终身追求的目标；只注重教学任务的完成，不关注学生的持续发展。

（三）知识结构比例失调，从教能力显得不足

从教师的专业化知识看，优秀的专业英语教师既需要有深厚的学术根底、广阔的学术视野、把握学科前沿的意识和能力，又需要通晓教育规律，具有良好的教育品质和教师职业道德，具有扎实的专业知识和教育理论知识。而这些正是高职院校的英语教师所欠缺的。

（四）教学方式单一

在教学过程中，大多数教师惯用传统的灌输式教学，主要是习读课本，缺乏多种教学方式，不能做到让学生乐学和学以致用。

三、高职英语教师专业化发展的重要性

学生的成长是有时代规律的，英语教师需要了解学生成长和发展的规律。能否真正培养出时代所需要的英语专业知识强、具有熟练运用英

语的综合能力的优秀人才，很大程度上取决于英语教师。

社会在发展，时代在进步，教师既要有较丰富的学科专业知识，又要有宽广渊博的综合知识。在从教过程中，单一的英语知识已经不够用，英语教师还必须具备其他学科和其他领域的知识，否则会在教学中遇到困难。比如，学生在某贸易公司做兼职，那么他可能会向你请教贸易类的英语翻译和翻译习惯问题，这时就需要英语教师具备一定的贸易方面的知识。

教师还需要理解和掌握现代信息技术，并能恰当运用到教育教学中，用它来提高课堂的生动性和趣味性。

如今教师的角色正在发生变化，现代师生关系需要建立在民主、平等、理解和信任的基础上。如何让课堂既生动又有活力，如何让学生积极参与、互动学习，如何让教师教得轻松，学生学得愉快、记得清楚，是英语教师应该琢磨的问题。

教师的劳动是复杂的脑力劳动。教育既是一门科学，又是一门艺术，具有极大的创造性和灵活性。教师面对的是千差万别的学生，具有鲜明的示范性。学生往往把教师视为学习的榜样，而且这种榜样的力量具有长期性和长效性。

另外，这也是学校发展的需要。教师是学校发展、祖国人才培养的原动力，是学生学有所用的驱使者。尤其是在市场竞争激烈的今天，创造学校的品牌，关键在于教师，在于教师的专业水平及其发展。

总之，对高职英语教师的专业化培养和发展，有利于教师自身水平的提高，有利于素质教育顺利开展，有利于课程改革的顺利推进和实施，有利于学校品牌的创立和保持。

四、高职英语教师专业化发展的途径

高职英语教师专业化发展既具有教师专业化发展的一般特征，又有其特殊性。它是一个持续的动态发展过程，具有阶段性、自主性、丰富性和差异性。从高职英语教师专业化发展的现状研究和对教师的专业化发展分析中，笔者发现影响专业化发展的因素包括个人、学校和社会。为了提高高职英语教师素质，笔者对教师本人和学校环境提出一些建议，以促进这一群体的专业化发展。

（一）高职英语教师的自我发展

1. 加强自我专业化发展需要的意识和终身学习的观念，制定个人专业化发展规划

高职英语教师自我专业化发展意味着教师对自己的专业化发展负责，强调教师不仅是专业化发展的对象，更是自身专业的主人，是一种自我更新、专业自主的发展。因此，教师要想尽快适应教师这一职业，提高自己的教育教学水平，就必须依赖于自身强烈的专业化发展动机和意识，树立良好的教育信念，制定个人专业发展规划，这样才能使教师摆脱“教书匠”的困惑，使平凡的工作得以升华。形成良好的教育信念，是教师专业化发展的最高境界，它直接影响着教师的自主发展意识。没有强烈的自我专业化发展意识，离开自主发展，教师的专业化成长和发展就无从谈起。在强烈的自我发展需要和意识的促动下，在良好的教育信念的引导下，英语教师才会有强烈的内驱力，才会遵循个人专业发展规划，其专业化发展才会从自觉走向自发，才会通过终身学习，使自己拥有宽广渊博的综合知识。

2. 自主学习：自我发展的重要渠道

高职英语教师工作的特点决定了自学是教师培训和发展的重要渠道。英语教师的成长，离不开学习，教师的学习伴随教育教学生涯的始终。英语教师要想汲取深厚的营养、拥有扎实的专业知识、掌握渊博的学识，就必须抓住每一个时机和场所向书本学习、向实践学习、向校内外老师学习、向自己的学生学习、向其他专业人士学习，通过各种渠道，集百家所长，不断充实自己。同时，学校也应该长期坚持教师自学制，制定教师业务学习的有关要求，鼓励教师们多读书、多学习，对教师自学、摘抄、撰写心得笔记、论文、教后札记、网上阅览等都作详尽的规定，

并列入教师教学工作考核。还可辅之以开展活动加以强化，如每学期组织读书笔记展，举行读书心得评比与交流、教后反思集锦等。

3. 自我反思：英语教师在梳理得失中发展

反思是“共同思考”，是对已经发生的教育过程的再思考，并作出理性的选择、判断与整理，进而促进自己理念转化，提升教学能力；从中可以评估实践活动的效果和成败，还可以探索其中的原因和机理，为下一阶段的实践提供经验和决策。教育中的反思贯穿于教育的全过程，它可以反思教育教学的成功之处，也可以反思教育教学的失误之处；可以反思教学机智的生成之处，也可以反思学生表现的独特之处，还可以反思教学设计的改进之处等。教育反思一般可分为三个环节：第一是对实践过程和教育现象的回顾；第二是对上述过程与现象进行价值和本质探索，主要包括学生分析、策略分析、亮点分析；第三是为后续的实践提供教育启示和操作策略。

4. 现代信息和工具的运用

为了使课堂生动有趣，英语教师应熟悉现代信息技术，熟练使用现代教学工具，比如PPT、Photoshop、微博等，使自己教得轻松，学生学得投入。同时，教师还应使课堂多样化，除了传统的教学方式以外，还可以设置情景，教师和学生一起进行情景模拟，以小品、故事会、贸易会等多种形式进行教学；还可以让学生观看英文电影等。

（二）学校人文环境的支撑

高职英语教师要不断成长和专业化发展，需要学校提供一个有利于成长的人文环境，指导和促进教师的成长和进步，让教师不断创新，形成自己独有的教学特色和风格。学校的人文环境、教师队伍的精神、学校领导对教师的信任和关怀，能够给他们很大的信心。

1. 实施三大工程

（1）师表工程。组织英语教师学习教育部《高等学校教师职业道德规范》，学习北京市和学校先进教师的优秀事迹，举办师德大讨论、征文大赛、演讲比赛，寓学习于活动中，引导教师深入反思并提高自己的师道修养。

（2）名师工程。①探索名师成长的“校本自培”模式，加速名师队伍建设，打造促进名师成长的良好环境。学校选拔校级骨干英语教师作为培训对象，为他们聘请导师，为他们提供外出学习进修的机会，采取多种形式促进其成长。②放大名师效应。请骨干英语教师举行示范课活动，请他们做讲座、听随堂课、与英语教师进行对话式研讨，为他们落实培养对象。③激励制度：A. 分月度、学期、年度在学校网站和宣传栏宣传月度、学期、年度优秀教师；请学期、年度优秀教师在学期、年度总结大会上集体亮相，并派代表作经验总结和成果报告。B. 对月度、学期、年度优秀教师给予适当物质奖励或者旅游奖励等。C. 对于年度优秀教师、突出贡献教师，可以聘请其为校本教材的编写者，或者推荐其为市优秀教师。

（3）青蓝工程。重视和加速青年英语教师的健康成长，把青年英语教师的队伍建设作为一项十分重要的工作。每年为新到学校的教师选派综合素质高的优秀英语教师与他们结对，通过明确师徒关系的形式，让“新老教师”之间建立起亲密的师徒关系。同时每个青年教师必须制定个人发展规划，进行自我诊断、自我设计，分年度制定奋斗目标，并指定教师督促、检查，最后由教务处负责考核。

2. 搭建两大平台

（1）专业引领：在专家的引领下提升。聘请知名教育专家（高校的和中学的都可以）到学校做专题讲座。让英语教师聆听专家讲座，可以让他们在较短时间内接受专家的教育理念、教育思想和对某些教育问题的见解，还可以打开自己的教育视野，获得某些方面的教育启迪。

（2）同伴互助：在经验共享中前行。①英语教师讲述自己成长和接受教育的故事，演绎自己的精彩。开展讲解自己与学校共同成长的经验交流会，每年派出新人代表，每年有不同层面的代表，包括新老、男女英语教师。熟悉的人讲熟悉的事，很容易引起共鸣。②开展英语教学研讨会，教师先说，管理者再说，最后达成决议。③开展英语教育质量分析会。对同一本书、同一节课进行教研活动。“同课异构”、“一课多人上”，让教师之间更好地取长补短、借鉴改进、优化整合。“一课一人多上”，即一堂课由一位英语教师上几次，每上完一次，都有一个集体探讨和修改教学方案的过程，然后重新执教，纵向对比成败得失，并进一步修改完善，不断优化和超越。在真实的教育场景中与同伴互动交流，知无不言。

3. 贯彻四大策略

（1）集中学习：强化重点。英语系加强领导、精心组织，切实抓好英语教师的业务理论学习。把计划好、布置好、开展好每次学习活动作一项为重要的工作，建立并完善出席登记、学习记录、中心发言、集体讨论、经验交流等制度。

一是专题讲座。由系主任、骨干教师定期举行专题讲座。还可以与学校教研室和其他友好学校的有关教师签订合作协议，请他们定期来学校上课，做讲座、听随堂课、与英语教师进行对话式研讨，随时感悟和执行课改。同时，学校骨干英语教师也可以到别的系和其他友好学校去做专题讲座。二是专题研讨。除了常规性的校本教研方式如集体备课、听课评议等之外，学校还应该注重专题式的校本研究，针对课改中碰到的一些难题或重要问题进行专题研讨，结合课例和各自的方案谈想法、体会或困惑。专题研讨是一种有实效的深受英语教师们欢迎的校本研讨活动形式。

（2）案例学习：示范引路。案例学习就是通过某堂课的呈现和描述，激发英语教师参与研讨的积极性，激励其进行多方面分析，来理解和提炼有关的教育理念与教育智慧，促进英语教师发展。教学一线的英语教师都具有丰富的实践经验，积累了许多教育方面的故事，有些事情如果不去整理和研究，过后便烟消云散，而若稍加关注，并作剖析，就可从中感悟到某些共性的、规律性的东西。教师把这些课堂转化成教育案例的过程，就是一个重新认识、整理自己教育思维的过程，它可以促使英语教师对自身实践进行反思，从而提升教育水平和科研能力。

案例学习可以这样进行：收集和整理实践素材，包括自己的或他人的，形成第一阶段经验，即案例，这是所有英语教师都要达到的；经过分析研究，提炼出有价值的东西，并有所感悟，形成第二阶段的经验，这实质上就是反思；进一步把相关案例串联起来进行剖析，举一反三，升华为自己富有个性的理论，则形成第三阶段的经验。这是一个成为专家型高职英语教师的必由之路。英语系应定期组织英语教师讲述自己的故事，反省自己和他人的实践。可以通过案例征集活动，评比、编辑案例集，宣传优秀案例；组织专门的交流，让部分英语教师“现身说法”，追述和反思自己的教育故事，在讲述中不断进行自我剖析与自我角色定位，然后由其他参加者就其话语的合理性进行分析，研究疑难与困惑的解决办法，帮助教师提高对自己行为的辨析能力。

（3）实践学习：搭建舞台。只有主体亲身实践，学习才会发生。学校作为校本培训的突破口和切入点，应建立科研申报、立项、过程管理、阶段总结、汇报、奖励等管理制度，形成教育科研网络。让英语教师参与教育科研，并在教育科研中发展自己，时时刻刻用一种教育科研思想来统摄学校的教学工作。引导教师进行教学研究，把科研带进课堂。教师们应努力学习，汲取先进的教育思想，掌握现代教育理论，同时用新的教育理念指导自己去进行教学实践，进行更高层次的研究和探索。使教师树立“学然后知不足，教然后知困，研然后知美”的学习工作观，这样既提高了他们的教育教学能力，又提高了教科研能力。

学校应为英语教师搭建展示才华的舞台，定期由骨干教师上示范课，青年教师上汇报课，要求每位听课教师着重思考几个问题，如：①这节课体现了哪些新课改理念？存在哪些缺陷和不足？你认为应如何改进？②你平时是如何上这节课的？你的课与该课例相比有何不同？你的优点和缺陷是什么？③应如何在不同课型中渗透新课改理念？你能举例说明吗？接着分组讨论：讨论围绕该课例进行，小组讨论重在营造一种相对自由开放的"学术沙龙"环境，鼓励教师畅所欲言，让教师把自己的收获、感悟与困惑摆出来，促使教师不断反思和矫正自己的教学行为。

（4）一切为了学生：创立和保持学校品牌。英语教师发展了，学校能否创立和保持自己的品牌，关键还在于从学校毕业的学生能否得到社会的认可和发展。笔者通过调查，发现从自己任教的学校毕业的学生，有的毕业以后从事外贸工作，有的在从事翻译工作，有的在工程公司工作，还有的出国深造。英语系的学生毕业以后，从事的工作绝大多数都与英语有关。他们毕业以后，能否很好地胜任工作，和英语教师的专业水平和综合水平有直接的关系。笔者对所任教学校英语系不同类别的教师（暂由笔者自己判断分类）所教授的已经毕业的10名学生进行了调研，对他们毕业后3年的工作情况，分别通过访问或者电话进行了调查，结果见下表：

学生就业情况调查表

教师类别	学生工作情况	
	胜任工作（人）	职位晋升（人）
普通教师	8	1
骨干教师	10	3
优秀教师	10	7

通过上表可以看出，英语教师的专业水平，直接关系到学生的发展和学校品牌的保持。

四、总结与启示

促成高职英语教师的专业化发展，既有教师的内因作用，又有学校的外因作用。内因起决定性作用，外因作用于内因，起形成性作用，内因和外因互动共同促进外语教师的专业化发展。只要内因和外因共同发力，英语教师就可以不断地进行专业化发展。

参考文献

[1] 董金伟 . 外语教师专业发展的有益方略——《语言教师专业发展：教师学习策略》介绍 [J]. 外语教学与研究，2007（2）.

[2] 教育部师范教育司 . 教师专业化的理论与实践 [M]. 北京：人民教育出版社，2003.

[3] 沈冬妮 . 英语教师专业化发展途径与策略探微 [J]. 四川教育学院学报，2010（3）.

[4] 束定芳，庄智象 . 现代外语教学——理论、实践与方法 [M]. 上海：上海外语教育出版社，1996.

[5] 王才仁 . 英语教学交际论 [M]. 南宁：广西教育出版社，1996.

[6] 熊川武 . 反思性教学 [M]. 上海：华东师范大学出版社，2000.

[7] 叶澜等 . 教师角色与教师发展新探 [M]. 北京：教育科学出版社，2001. 226.

[8] 朱永新 . 我的教育理想 [M]. 南京：南京师范大学出版社，2000.

基于人才培养目标的高职英语教师角色分析

郑昱霞[1]　马彦蕾[2]

摘要： 随着经济的发展，当今社会越来越多的企业迫切需要拥有精湛的专业技能以及具备良好的英语应用能力的人才。为了满足社会企业对高素质技能型专门人才的迫切需求，高职英语教师作为人才的培养者，必须从传统教学模式的知识传授者向培养高素质技能型专门人才需担任的多元化角色转变。教师能否扮演好多元化的角色是培养高素质技能型专门人才的先决条件。

关键词： 高职　英语教师　人才培养　多元化角色

1　郑昱霞：廊坊燕京职业技术学院教师，讲师。

2　马彦蕾：廊坊燕京职业技术学院教师，助教。

随着我国经济的快速发展，接受高等教育的人数在增加，高等教育大众化的步伐也不断加快。作为高等教育的重要组成部分，高等职业技术教育在我国经济建设和社会发展中扮演的角色越来越重要。为了大力发展高等职业技术教育，教育部在 2006 年 11 月颁布了《关于全面提高高等职业教育教学质量的若干意见》的文件。文件中明确指出，我国高等职业教育的办学指导思想为“以服务为宗旨，以就业为导向，走产学结合发展道路，为社会主义现代化建设培养千百万高素质技能型专门人才”。作为生产、运输和服务等领域岗位一线的从业者，高素质技能型专门人才不仅要拥有精湛的专业技能，在关键时刻能解决生产过程中的操作难题，还要具备良好的英语应用能力，能够运用英语进行基本的业务沟通交流，完成与英语相关的业务流程，甚至能够参与国际化的生产及管理等。在经济全球化的大环境下，我国的国际贸易活动也与日俱增，越来越多的社会企业迫切需要这种能够运用英语进行沟通交流并能完成与英语相关的业务流程的高素质技能型专门人才。英语显然已成为高素质技能型专门人才的重要标志。

一、高职英语教学现状

高职英语是培养高素质技能型专门人才的一门重要课程，早在 2000 年国家教育部颁布的《高职高专教育英语课程教学基本要求》的文件中就明确指出：“高职高专英语教育是以培养学生实际运用语言的能力为目标，突出教学内容的实用性和针对性。”该文件明确了高职英语教学不仅要重视英语语言基础的教学，帮学生打好语言基础，也要遵循“实用为主，够用为度”、“学一点、做一点，用一点”的教学原则，培养学生实际应用英语语言的技能，特别是运用英语处理与未来工作岗位相关的业务能力，例如看懂英文产品介绍或者操作国外进口机器。正因如此，各大高职院校不仅开设了高职英语课程，而且还把该课程设置为高职学生必修的一门公共基础课。但在课程开展过程中，很多高职院校选用公共基础英语作为授课内容，教师以课文讲解为主，过于注重单词和语法的学习，基本上还遵循的是传统授课模式，侧重应试教育，语言的实用性和针对性反而被忽略了，甚至大部分高职院校以通过 A/B 级和大学英语四级考试为教学目标，学生所学与后续专业英语课程毫无衔接，与未来职业也关联不大。这种传统的教学模式不仅无法培养出高素质技能型专门人才，而且还会严重打击学生学习英语的积极性和自信心；不仅背离了高等职业教育的办学指导思想，而且无法满足社会岗位对高素质技能型专门人才的迫切需求。要改变这种现状，摈弃这种传统教学模式，首先就要从高职英语教师自身做起，不仅要摆脱传统教育观念的束缚，还要充分了解当今高职教育的发展动向，逐渐调整和转变自己在英语教学过程中所担当的角色。

二、当今高职英语教师面临的挑战

面对当今高职教育的发展方向，英语教师不得不从传统教学模式的知识传授者向培养高素质技能型专门人才需担任的多元化角色转变，而在这一转变过程中势必会面临各种挑战。

从学生生源来看，近几年高职学生的录取分数线在逐年降低，学生英语水平整体较差、参差不齐，而且这些高职学生的学习能力也相对较弱，自主学习意识较为淡薄，如何在一年半或两年的时间里帮助这样的学生打好语言基础并培养出能运用英语处理日常涉外业务的能力将是高职英语教师面临的一个极大挑战。

从教师自身来看，高职英语教师要胜任多元化的角色首先必须要摈弃旧的教学模式、摆脱旧的教育理念，而要运用新的教学模式、接受新的教育理念。如何提高自身综合素质以适应多元化的角色将是高职英语教师面临的另一个巨大挑战。除此之外，如何改善课堂教学、如何让学生积极参与到课堂活动中也将是高职英语教师要面临的挑战。

三、高职英语教师角色定位分析

为了满足社会企业对高素质技能型专门人才的迫切需求，高职英语教师作为人才的培养者，必须首先从自身努力，不仅要从容应对以上各种挑战，更要扮演好以下多个角色：

1. 教材的使用者和研发者

教材是教师向学生传授知识的重要媒介，是教学活动过程中的重要线索。教师需要透彻理解教材，灵活地选用适合的教学方法把教材上的主要内容传授给学生。作为教材的使用者，教师不能只向学生传授教材上的内容，还应教会学生如何学会教材上的内容。“授人以鱼，不如授人以渔”，通过教材内容教会学生如何学习、如何把知识转化为能力，这是对教师更高的素质要求。另外，随着网络、媒体的快速发展，教材已不再是学生获取知识的唯一来源，教师不能仅仅是教材的使用者，还应依据高素质技能型专门人才培养的目标，借助丰富的网络资源，广泛地收集更多的学习资源，发挥教师自身的创新能力，对收集到的学习资源进行研究、整理和选择，研发出更适合自己学生的水平、更能激发学生学习兴趣、更能针对学生未来就业方向的实用教材。

2. 教学活动的设计者和引导者

教学活动的设计直接决定着课堂的教学效果，高职教师必须要扮演好教学活动设计者的角色。面对高职院校学生英语水平参差不齐、整体不高的状况，高职英语教师应围绕培养高素质技能型专门人才这一核心目标，依据社会企业的岗位需求，了解学生的兴趣点，分析学生的长处，依此为依据来设计英语课堂的教学活动；根据具体的课程目标，结合学生的实际情况以及学生所学专业的不同需求，设计一些有利于提高学生实际运用语言能力的、切实可行的教学活动。教师在设计课堂活动时，还应考虑学生的个体差异和英语水平的差异，设计一些让每一名学生都能很好地参与进来的教学活动，使每一名学生都能通过这些教学活动有所收获。

教师不仅要扮演好教学活动设计者的角色，还应扮演好教学活动引导者的角色。在开展教学活动时，教师应对学生加以引导，引导学生在进行教学活动的过程中养成良好的学习习惯、选用和掌握适合自己的学习方法。

总之，作为教学活动的设计者和引导者，教师应该努力为学生创造丰富的、更贴近真实工作环境的教学氛围，激发学生的学习积极性，提高学生的实际语言运用能力。

3. 课堂教学的组织者和协助者

教师如何组织课堂教学直接影响着教师设计的教学活动能否在课堂上顺利地、成功地开展。要做好课堂教学的组织者，教师一定要对学生进行小组划分，准确地告知学生如何通过小组活动进行教学，确保所有学生都能参与到课堂教学活动中，让每一名学生都能在课堂活动中扬长避短、发挥自己的能力。通过组织学生完成教学活动，逐渐培养学生运用语言的能力，同时也培养学生团队合作的能力。另外，在进行课堂活动过程中，学生们随时可能会遇到他们很难解决的问题，教师也必须扮演好课堂协助者的角色，能够及时发现学生们的困难，协助他们一起解决问题，最终顺利地完成课堂教学活动中的学习任务。

4. 学生自主学习的指导者和促进者

高职学生英语基础普遍较为薄弱，他们的自主学习能力也相对较低，因此，教师有责任指导和督促学生进行自主学习，帮助学生提升他们的自主学习能力。

首先，教师应该帮助学生认清英语科目的特殊性，认识到掌握语言运用能力必须要反复不断地进行练习，只利用课堂时间学习远远不够，还要学会利用业余时间进行自主学习，在反复的练习中提高自己的语言运用水平。其次，教师作为指导者应该帮助学生寻找适合自己的学习方法，帮助学生学会多种学习策略和技巧。例如，指导学生如何能更快地记忆单词，如何提高听力水平，如何掌握阅读、写作技能，让学生运用不同的学习策略进行自主学习，在自主学习中巩固和提高自己的能力。另外，教师也应为学生创设自主学习氛围，特别是课堂之外的时间。教师可以为学生设计并举办丰富多彩的课外活动，如英语歌曲比赛、英语演讲比赛、英语短剧比赛、英文经典影片赏析、英语单词竞赛、英语口语比赛以及外语角等，这些课外活动可以极大地激发学生的学习积极性，为学生提供大量的实践和运用英语的机会，不仅能够很好地培养学生自主学习的能力，而且还能让学生在自主学习中提高英语的综合运用能力。

5. 学生学习效果的测试者和评估者

学生学习效果的好与坏需要教师来进行测试和评估。教师能否扮演好测试者和评估者的角色对学生的心理以及以后对英语学习的信心会产生极大的影响。教师作为学生学习效果的评估者，应该从学生平时的学习过程和学生参加的期末口试及笔试等多方面进行综合性评估。教师的评估方式和评估结果对学生学习英语的积极性有着极为重要的影响，因此教师的评估方式一定要公正、合理、多样，不能只局限于期末的笔试成绩的评估，毕竟试卷成绩并不能真正地、全面地反映出学生在英语学习中的努力程度、进步程度、学习态度及学习水平等。教师作为评估者更应该注重过程性评价。在过程性评价中，教师作为评估者要避免随意给学生打分，而应该制定详细的评价方法，由学生通过自身努力完成具体的学习任务来获得成绩。例如，一个学期可以要求学生回答一定数量的问题、朗读或背诵一定数量的文章、分小组完成一定数量的课外任务、上交一定数量的书面作业等，这些都是可以激发学生学习动力的评价方法。具体的数量教师可以根据学生的实际水平来设定。通过学生完成的程度来进行评价。这样的评价结果不仅可以真实地反映学生的学习努力程度、学习态度，还可以反映学生的自信程度和进步程度；这样的评估结果可以很好地激励学生学习英语的积极性，还可以帮助学生调整学习策略、体验学好英语的成就感。

6. 教学过程的监督者和反思者

教师在开展教学活动的过程中一定要进行自我监督，监督各个教学环节的进展以及教学效果等。只有通过自我监督才可以发现自己在教学过程中存在的不足，发现哪些教学环节还需要改进。通过自我监督发现问题，然后进行自我反思。自我反思可以更加深入地认识和了解自己的教学行为，更加客观地评价自己的教学效果。通过反思，教师还可以提高自身的业务水平及教学效果。另外，是否具备反思能力也是教师自我成长的关键因素，是衡量现代教师素质的重要方面。所以，作为高素质技能型专门人才的培养者，教师必须具有自我监督的意识和自我反思的能力。

7. 科研活动的倡导者和研究者

科研活动是开展教学活动的重要基础，是提高教学质量的主要动力来源。教师除了做好本职教学工作之外，还应该在科研活动中做个先行者，深入透彻地研究与教学相关的先进教学理念、教学方法和策略等。例如，如何更加有效地组织课堂教学活动，如何更好地培养高素质技能型专门人才，如何把先进的教学理念与实践教学相结合等，这些课题都值得高职英语教师去研究并实践。通过研究，高职英语教师不仅能够提高自身的科研能力，而且还能更好地开展教学活动，使科研与教学互促互进，让科研带动教学，提升高职院校的整体教学水平。

四、结语

高职英语教师必须跟上时代的发展，认清当前高职教育发展的趋势，主动适应多元化教师角色的转变，极大地发挥自身的价值，这样才能不断地提高英语教学质量，为社会企业培养出大批高素质技能型专门人才。

参考文献

[1] 姜勇，阎水金．教师发展阶段研究：从“教师关注”到“教师自主”[J]. 上海教育科研，2006.

[2] 刘润清．英语教育研究 [M]. 北京：外语教学与研究出版社，2004.

[3] 束定芳．外语教学改革：问题与对策 [M]. 上海：上海外语教育出

版社，2004.

[4] 吴一安 . 外语教师专业发展探究 [J]. 外语研究，2008（3）.

[5] 约翰·麦金太尔，玛丽·约翰·奥黑尔 . 教师角色 [M]. 丁怡，马玲，译 . 北京：中国轻工业出版社，2002.

[6] 中华人民共和国教育部 . 关于全面提高高等职业教育教学质量的若干意见（教高 [2006]16 号）.

[7] 中华人民共和国教育部高等教育司 . 高职高专教育英语课程教学基本要求 .2000.

[8] 周燕 . 高校英语教师发展需求调查与研究 [J]. 外语教学理论与研究，2005（3）.

[9] 周燕 . 中国高校英语教师发展模式研究 [J]. 外语教学理论与研究，2008（3）.

"微课"——高职 ESP 教学新思路

李受恩[1]

摘要： 高职教育强调职业性与高等性并重，高职公共英语教学也应以应用为主要目的。引入专门用途英语（ESP）教学，有助于将英语教学与职业需求相结合，提高高职英语的应用性。ESP 教学面临学生基础差、教材匮乏、教学方法单一、师资力量严重不足等问题，而利用"微课"资源，建设相应的 ESP"微课"网络课程，能有效解决上述问题。

关键词： 高职教育　公共英语　专门用途英语　微课

1　李受恩：国家开放大学对外汉语教学中心副教授。

引言

根据教育部公布的《2013年具有普通高等学历教育招生资格的高等学校名单》，截至2013年5月3日，我国普通本科院校共有879所，普通高职（专科）院校共有1266所。高职教育已经稳占我国高等教育的大半壁江山，在校生人数已超1000万。高职教育是我国高等教育的重要组成部分，其目标是培养适应生产、建设、管理、服务第一线需要的，德、智、体、美等方面全面发展的高等技术应用型专门人才。

为提升高职学生的技术应用能力，适应社会需要，需要按照“突出应用性、实践性”的原则重组课程结构，更新教学内容，其中基础理论教学要以应用为目的。高职英语教学是基础理论教学中的重要组成部分，在目前全球经济一体化进程加快、跨国公司日益增多、技术交流合作频繁开展的背景之下，英语愈加成为学生就业能力和职业发展的重要影响因素之一。

然而，目前的高职公共英语教学现状却不容乐观。某第三方权威专业机构调查结果显示，其调查的高职院校的五个“专业对口率”较高的专业中，四个非英语专业中有两个专业的学生将英语列为其“核心课程”，其重要度达80分左右，而其满意度则仅为50余分。

造成这一差距的原因是多方面的，而其中，高职公共英语教学内容跟专业结合不紧密，教学模式仍以传授知识为主、训练技能为辅，教学方法仍以传统理论讲授为主，教学形式仍以课堂授课为主等都有不可推卸的责任。在高职公共英语教学中引入专门用途英语（ESP: English for Specific Purposes）能在一定程度上解决这一问题，尽可能缩小学生对英语教学的重要度和满意度之间的差距。

但是ESP教学实施过程中，也遇到一些困难，如师资水平不足、相应教材缺乏、实施场地受限等。而突破这些障碍，为广大高职学生提供各大专业群的ESP教学，“微课”教学可以成为一个新思路。

一、高职英语教学现状

综合徐红《对当前高职英语教学改革的反思》，宋嘉《高职英语教学存在的问题及对策》，戴志华、伊小琴《高职英语教学现状及改革策略分析》，龚英君《高职英语教学改革探索思考》等论文的探讨，目前，我国高职公共英语教学中的问题主要有：

（1）学生方面：生源结构导致的基础薄弱、水平参差不齐；学生自身学习主动性不足、方法欠缺等。

（2）师资方面：教师教学观念更新不到位，仍以应试教育为指挥棒，注重知识的传授，忽视应用能力训练；公共英语教师基本都是英语专业出身，对于学生未来的职业领域实际所需的岗位技能很难有深入了解；教师自身能力、水平、态度等也会影响教学效果。

（3）教学方面：首先，高职公共英语课程仍以基础英语或综合英语为主，大多数还是沿用单一的教学模式，教师讲，学生听，学生一味地依赖教材和教师，缺乏思考，缺乏实践的机会，只能被动地接受知识。

其次，教学内容上，目前大部分高职英语教材侧重知识传授，倡导以教师为中心，即重在让教师有东西可教，而不是重在如何让学生参与。这些教材往往课文冗长，书面练习多，缺乏覆盖范围较广的启发性问题，在实用性和针对性方面也欠考虑。

再次，高职公共英语的教学实施基本仍以课堂理论讲授为主，极少有走进实训室或是实际工作岗位中、将英语学习与职业技能直接而且直观地结合的授课方式。

二、ESP 对于高职英语的必要性

Hutchinson 和 Walters（1987）对 ESP 的定义为：“专门用途英语是与某种特定的职业、学科或目的相关的英语，它的内容及教学方法均取决于学习者的学习需求。”

高职教育中职业性是其重要特征之一，学生学习英语的最佳效果应该是将语言知识与专业知识有机结合，语言能力与专业技能有效融合，以便在需要时能更有效地完成各项工作。从岗位需求和职业需求分析来看，ESP 教学与具体职业岗位紧密相连。学生只有获取了职业岗位上的专业英语知识和技能，才有可能成功地在实际情景中运用语言。

三、ESP 教学的现状及问题

邹德虎在其硕士论文《高职院校 ESP 教学情况调查研究》中对几所高职院校的 ESP 教学情况进行了深入而广泛的调研，他认为目前高职院校 ESP 教学问题比较突出，大致有以下几个方面：

（1）专业定位不明确，思想上对专门用途英语教学的重要性认识不够。大多数高职院校基本上还沿袭本科专业的课程设置和教学模式，课程设置没有明确的目的性，缺乏计划性和延续性。

（2）学生外语基础不好，ESP 教学效果不理想。

（3）教学大纲设计不够合理，教学安排欠规范。由于对课程研究不够，制定的教学大纲不太合理。在设置课程前，没有进行需求分析，所设课程与学生需求之间有很大出入。教学安排上，学时数偏少，并且与基础英语部分衔接不够顺畅。

（4）高职 ESP 教材匮乏、ESP 教法落后。目前 ESP 教材版本不多，难易程度难以适应不同程度学生的水平。加之大多数 ESP 教材依然沿用传统的“课文—单词—注释—练习—语法—阅读材料”的模式，在一定程度上也挫伤了学生学习的积极性。

（5）ESP 师资问题突出。一方面，英语专业的教师往往欠缺专业领域的知识和相应岗位的技能，从而在教授专门用途英语时，通常会感觉吃力。即使有的英语教师通过自身的努力，一定程度上学习和了解了某一领域的专业理论和知识，但目前公共英语教师可能同时兼任不同专业的教学任务，很难做到各个专业都深入了解。另一方面，英语基础较好的专业课教师有可能来承担专门用途英语的教学工作。这一部分教师，在专业理论和知识，甚至动手能力方面都明显优于英语教师，但也存在问题，如英语知识体系不够完整，对英语教学法不够了解，语音语调方面也不够理想等，从而造成教学方法比较单一，以翻译课文为主，从而教学也难以达到理想效果。另外，毕竟专业课教师的教学和科研重心都以专业为主，给予英语课的关注度有限，因此，也很难在专门用途英语教学上面作出太多改革。

四、引入“微课”，突破 ESP 教学难题

综上，高职英语教学需求度较高，而目前的教学满意度却不高。提高满意度的重要方法之一便是促进公共英语教学与专业知识的结合，增强公共英语教学的实用性，而解决这一问题的有效途径便是增设 ESP 课程。可是，ESP 教学目前也存在前文中提到的种种问题。那么，什么方法能在相对短的时间内，在投入相对少的精力、财力和物力的情况下，尽可能克服 ESP 教学的困难呢？

随着信息技术的到来，教育技术也在不断创新，以适应新的教学需求。微型课程，或者“微课”，正是在这一时代背景下应运而生。

(一)“微课”的概念

在国外的研究中，与“微课程”有关的名词有 Minicourse、Microlecture、Microlesson 等，如美国阿依华大学附属学校于 1960 年首先提出微型课程（Minicourse）的概念；新加坡教育部于 1998 年实施的 MicroLESSONS 研究项目，涉及多门课程领域；2004 年 7 月，英国启动教师电视频道（www.teacher.tv），每个节目视频时长 15 分钟，频道开播后得到教师的普遍认可；2008 年秋，美国新墨西哥州圣胡安学院的“一分钟教授”戴维·彭罗斯（David Penrose）因首创了影响广泛的“一分钟的微视频”的“微课程”(Microlecture）而声名远播。

国内对微课程也进行了相关研究或实施，有“微型课程”、“微课程”、“微课”等不同提法。田秋华认为，微型课程是基于学校资源、教师能力与学生兴趣，以主题模块组织起来的相对独立而完整的小规模课程。国内学者胡铁生给微课程的定义是：按照新课程标准及教学实践要求，以教学视频为主要载体，反映教师在课堂教学过程中针对某个知识点或教学环节而开展教与学活动的各种教学资源的有机组合。

微课的特点突出表现为三点:(1)主题突出，目标明确。微课主要围绕某一个知识点进行教学，这与ESP教学需要与职场环境、岗位任务相结合的需求完全吻合。(2)资源多样，情景真实。微课以“微视频”为核心，可以深入到职场环境中进行摄制，然后再由教师根据学生具体情况与需求，配上相应的微教案、微习题、微反思等，形成一个小而完整的教学过程。(3)短小精悍，使用方便。微课视频通常为5 ~ 8分钟，最长不超过10分钟，符合学生的注意力集中时间规律，且可以通过笔记本电脑、手机、iPad等移动终端学习。

(二) 微课在ESP教学中的应用

微课的特点使其能与ESP教学很好地融合，从而成为ESP教学的新思路。

1. 需求分析

由于目前各个高职院校都有若干个专业大类、几十个专业，每个专业所涉及的专门用途英语必然有所不同。那么，学院层面就需要组织相关人员，包括英语教师、专业教师、企业人员进行研讨，总结归纳出每一个专业对于ESP教学的具体需求。

2. 制作和积累微课资源，建设ESP微网络课程

英语教师和专业教师合作，根据上述需求，提炼出典型的教学内容，并进行教学设计，然后利用微课录制软件或聘请视频制作团队，进行微课视频制作。根据ESP教学主题特点，可以采用录屏软件录制教师讲课语音及教学PPT展示的方式，也可以深入到教学内容应用的实际工作场景之中，摄制真实环境中的语言应用过程，制作微课视频教学资源。针对不同主题安排不同的教师授课。如果是职场通用类的，可以由英语教师进行授课，专业教师进行内容把关；如果是专业性强的，则建议由专业教师进行授课，英语教师进行语言把关。

当资源积累到一定程度，可以在学院校园网或教学软件平台上建设学院的ESP微课网络课程，将所有ESP微课视频资源分类别上传至网络

课程中，并在网络课程中设置清晰的导航指引以及相应的内容，以便学生能够快速、便捷地知道如何学习、学习什么等。

3. 应用微课教学

建好 ESP 微课网络课程平台后，当学生完成高职公共英语基础部分的学习之后，便可以由英语教师指导学生进行 ESP 学习。

课前，英语教师可以布置学生进入 ESP 微课网络课程平台进行自学，让学生带着问题进入课堂。课堂上，在教师的引导下，开展学生与学生之间、学生与教师之间的讨论和问答，全面而深入地剖析微视频中的知识点，并根据学生的掌握程度，适当进行知识拓展。课后，教师通过开放的网络课程平台下发练习，学生完成练习后通过网络课程平台提交作业，教师根据情况对学生作业进行实时或非实时互动点评。最后，教师需要根据学生的学习情况、学习效果进行教学反思，保留效果良好的微课内容；对于效果欠佳的，分析其原因，并针对学生需求进行修改，甚至重新制作。

结语

微课因其短小精悍、主题明确的特点，能很好地与专业岗位知识或技能相匹配。将其应用于 ESP 教学，通过公共英语教师和专业教师的合作，可以做到“专门人才做专业事情”，并且制作的微课视频资源可以反复播放，也可以多人同时播放。如此，既有利于解决高职公共英语教师专业知识不足的缺陷，也能一定程度上解决专业教师缺乏英语教学经验的问题；既可以解决高职英语与岗位知识和技能结合不紧密的问题，也可以解决以往专业英语内容深奥、冗长、枯燥的问题。

微课视频可以反复播放，不像传统课堂，教师讲一两遍即过。对于基础薄弱的学生而言，微课让他们有机会深入学习。由于可以逐步累积，微课视频资源可以做到尽可能满足各个专业的 ESP 教学需求，而且学生和教师可以共同选择需要学习的内容，组合成特定专业的教学内容包，相对系统地进行学习。

如果高职院校在初期投入一定的人力、财力和物力，根据不同院校专业大类梳理 ESP 教学内容，分门别类地制作视频资源，然后，院校之间形成合力，进行资源共享，必将对高职公共英语教学，尤其是 ESP 教学起到极大地促进作用，从而加快高职英语教学的改革步伐，使高职英语教学的社会满意度与需求度基本匹配。

参考文献

[1] 戴志华，伊小琴 . 高职英语教学现状及改革策略分析 [J]. 武汉船舶职业技术学院学报，2010（4）：120-121.

[2] 桂耀荣 . 微课及微课的制作和意义 [J]. 化学教与学，2013（5）：41-42.

[3] 胡铁生 .“微课”区域教育信息资源发展的新趋势 [J]. 电化教育研究，2011（10）：61-65.

[4] 教育部相关链接：http://www.moe.gov.cn/publicfiles/business/htmlfiles/moe/moe_634/201305/151636.html.

[5] 麦可思人力资源信息管理咨询公司 . 北京工业职业技术学院社会需求与培养质量年度报告（R）.2011：47.

[6] 斯婉青 . 基于专门用途英语教学 提高高职英语教学的社会适应性 [J]. 贵州商业高等专科学校学报，2012（3）：61-64.

[7] 田秋华 . 微型课程及其开发策略 [J]. 课程·教材·教法，2009（5）：3-5.

[8] 徐红 . 对当前高职英语教学改革的反思 [J]. 成都大学学报（社科版），2010（4）：128-129.

[9] 张静然 . 微课程之综述 [J]. 中国信息技术教育，2012（11）：19-21.

[10] 中华人民共和国教育部 . 教育部关于加强高职高专教育人才培养工作的意见（教高 [2000]2 号）.

[11] 邹德虎 . 高职院校 ESP 教学情况调查研究（D）. 上海：华东师范大学硕士论文，2009：40-43.

[12] Hutchinson, A. Walters. *English for Specific Purpose: A Learning-centered Approach* [M]. Cambridge:Cambridge University Press，1987.

浅议后 IT 时代系统化的大数据与 MOOCs

老青[1]　张海丰[2]

摘要： 自从进入后 IT 时代，网络化信息系统无处不在，导致网络上记录的各种数字化数据正在呈几何级数爆炸式的增长。大数据是一个开放的特殊的复杂巨系统，它是由相互关联的多元海量数据结合而成的、具有特定功能的有机整体。而系统化大数据驱动的思维方法模式与 MOOCs 结合带来了教育教学研究的思维方法的进步，丰富了教育教学科学研究的模式。

关键词： 后 IT 时代　大数据　MOOCs

项目来源： 2013 年北京市高等学校教育教学改革立项项目"慕课视角下，高职英语教育教学属性变革的探究与实践"（项目编号：SJG201301；主持人：老青）

1　老青：北京青年政治学院教授，英语系主任。

2　张海丰：北京青年政治学院讲师，教务处副处长。

从美国的硅谷漫延到世界的各个角落，从信息领域辐射到社会领域、商业领域、教育领域，如今大数据的神奇正在以“大数据”方式火爆地传播着。特别是一系列大数据分析应用的成功案例，如谷歌利用全美几十亿条互联网检索的词条记录实时预测美国流感的传播；Farecast利用10万亿航班价格记录帮助人们准确预测航班票价；……这一切让人们看到大数据正在引发着社会的变革、商业模式的变革、公共管理的变革、教育模式的变革，等等。事实上，大数据引发的变革归根结底是思维方法与研究模式的变革。

一、系统化的大数据

所谓数据，是关于自然、社会现象和科学实验的定量或定性的记录，是人类认识自然和社会、开展科学研究的重要基础。

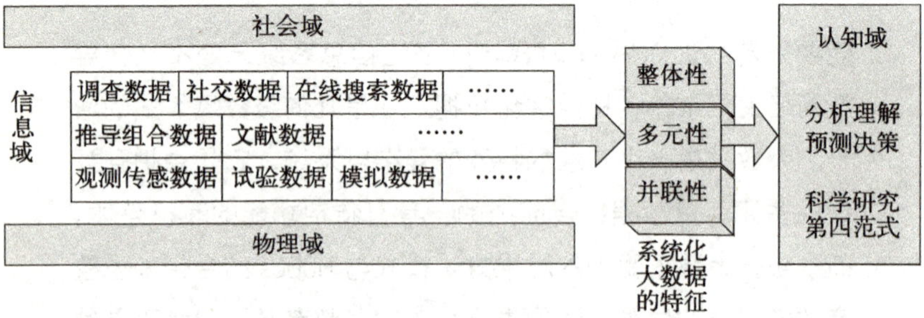

为了更好地理解数据与客观物理世界以及与人和社会构成的主观世界的关系，可以用三个域来进行描述。这三个域从下到上依次是物理域、信息域、社会域，如上图所示。其中物理域就是客观物理世界；社会域分别反映人类的个体和群体对客观世界的认知以及行为表现；信息域居中，是核心和纽带，它由具有领域背景的数据构成，包括两个方面：一是对自然观察和科学实验所获得的物理数据，二是对社会观察和采样统计所形成的人类个体和群体的认知与行为数据，这些数据结合领域背景共同提供给人类进行认知，从感知、理解、预测到决策。从三个域的划分可以看出数据是主观世界和客观世界的客观反映。所以，美国科学家

维克托·迈尔-舍恩伯格在《大数据时代》一书中指出“世界的本质是数据”。

如果仅仅用三个域来描述大数据肯定是不够的，因为自从有了人类就有了数据，自从有了符号和文字就有了可记录的数据，可以说数据自古有之。但是，自从进入后IT时代，无处不在的网络化信息系统使得网络上记录的各种数字化数据正在呈几何级数爆炸式的增长，已经发展到了人们简直无法想象的地步：谷歌每月处理的数据高达600PB（1PB=100万GB），相当于100万年《新闻早报》的总和，这个信息量是由城田真琴结合野村综合研究所的调查数据，在《大数据的冲击》一书中独家披露的。人们在一天之内上传的照片数量就相当于柯达发明胶卷之后拍摄的所有图像的总和……从文字记录出现到2003年，人类总共创造的数据量只相当于现在全世界两天创造出的数据量；在如此大的基数上，全球的数据量仍然每18个月就会翻一番；预计到2020年，全球数据规模会达到今天的44倍。这就是大数据，光从字面来看，可能会让人觉得只是用现有的一般技术难以管理的容量巨大的数据集合而已。但是，量变导致质变，大数据也一样。如此浩瀚巨大的数据累积形成的量变，达到一定程度必然会引发质变，涌现出新的特征和属性，这就需要我们运用科学的思想和观点去正确认识和理解。

大数据的量变引发的质变足以把“大数据”看成是一个系统了，而且还是一个复杂系统。所谓系统，按照钱学森的定义就是由相互作用和相互依赖的若干组成部分（要素）结合而成的、具有特定功能的有机整体。系统必须具备三个特征，即整体性、多元性和相关性；相关性体现为“系”，整体性表现为“统”。

（一）整体性

在小数据世界，人们无法获得完整的数据，因此只能采用随机采样方式获得部分数据，以此来对整体进行统计分析和预测。例如人口普查，要获得完整的人口数据在人类历史上都是一件不可能完成的工作。因此，最佳的捷径就是采取随机采样的方式，随机采集部分人口数据，在此基础上对整体人口状况进行分析和预测。虽然这种方法在历史上取得了巨大的成功，但这只能是一条存在缺陷的捷径，也是在不可收集和分析全部数据的情况下的无奈选择。

在大数据背景下，随着数据量的陡增，这种情况发生了质的变化。维克托•迈尔-舍恩伯格在《大数据时代》一书中指出，样本开始趋近于总体，即样本≈总体。如果我们认同数据是主观世界和客观世界的客观反映，当它发展到样本≈总体时，大数据的整体性就不言而喻了。例如谷歌流感趋势预测并不是依赖于对随机样本的分析，而是分析了整个美国几十亿条互联网检索记录。分析整个数据库，而不是对一个小样本进行分析，能够提高微观层面分析的准确性，甚至能够推测出某个特定城市的流感状况，而不仅是一个州或是整个国家的流感状况。

大数据的整体性给我们的科学研究，特别是社会科学研究带来了一种自然科学的模式，即基于大数据的定性定量综合集成分析法。这种方法不再仅仅依赖于样本分析、问卷调查等这些有可能以偏概全的研究模式，转而应用在线搜索数据、位置数据、社交数据等完整性的大数据分析手段。

（二）多元性

在小数据世界，数据主要是准确性的数值和文字，而且大都是结构化的数据，且鲜有图像、音频和视频等非结构化数据，更没有后 IT 时代所特有的时空位置数据、在线搜索数据、社交媒体数据、移动电话数据、遥感遥测数据等。

在大数据背景下则不同，上述各种数据一应俱全，且只有 5% 的数据是传统的结构化数据，甚至还混杂着大量错误数据和垃圾数据，这就是大数据所体现的鱼龙混杂的多元性。多元性虽然带来了大数据的不精确性、不确定性和混杂性，但 1+1 ＞ 2 的整体效应，正是建立在多元整合的基础上的。因此，是多元性带来了大数据的系统思维。

谷歌的机器翻译系统就是一个典型的案例，它的翻译质量之所以能够胜过 IBM 的机器翻译系统，其根本原因不是它的算法更智能，而是谷歌拥有大量来自网络上多元混杂的未经过滤的网页内容，并以此作为语料库的输入源，这个语料库是 IBM 的几百万倍。这个例子告诉我们，大数据的多元性比算法智能性更重要，会带来意想不到的涌现效果。

（三）相关性

世界是普遍联系的，即组成系统的元素具有相关性。同时相关性也是系统元素之间结构的体现。

在小数据世界，由于数据不完整，只能借助于关联物或建立在假设的基础上考量数据的相关性，即便如此也常常无法建立甚至错误建立数据的相关性。例如父母经常告诉孩子，天冷时不戴帽子和手套就会感冒。然而，事实上，感冒和穿戴之间可能没有直接的联系。

但是，在大数据背景下，特别是具有整体性的大数据，相关关系分析会更准确、更快捷，而且不易受偏见的影响。建立相关关系分析基础上的预测是大数据的核心。例如 2004 年，沃尔玛通过对历史交易数据记录这个庞大的数据库进行观察，发现每当在季节性飓风来临之前，不仅手电筒销售量增加了，而且蛋挞的销量也增加了。虽然不知道这是为什么，但是，沃尔玛却利用这一大数据的相关性，在季节性飓风来临时，刻意把库存的蛋挞放在靠近飓风用品（如手电筒等）的旁边，以方便行色匆匆的顾客，从而增加销量、提高营业额。

简言之，大数据是一个开放的、特殊的复杂巨系统，它是由相互关联的多元海量数据结合而成的、具有特定功能的有机整体。

二、系统化的大数据与 MOOCs

目前，对于人类来说大数据还是一个复杂的灰箱系统。我们已知它趋于整体、纷乱多样，但多元化数据间的关联及其具有的可能功能价值尚属迷雾，就像蛋挞和飓风的关联结构需要我们挖掘才能产生新的销售模式一样。在系统化大数据观的驱动下，我们需要树立大数据思维与研究模式。

系统化大数据驱动的思维方法模式与 MOOCs 结合带来了教育教学研究的思维方法的进步，即从随机采样思维到完整性的系统思维、从结构化精确化思维到多元化融合的集成思维、从因果思维到普遍联系的关联思维。

在系统化的大数据驱动下，科学研究的模式也将更加丰富。在科学研究中，最初只有以实验为主的实验科学，接着有了以模型和归纳等为主的理论科学，然后是对复杂现象进行仿真模拟的模式。这些模式产生的数据，当下都是大数据的源头。新的研究模式就是通过仪器收集数据或通过仿真产生数据，然后用软件进行分析处理，形成信息和知识，并用于预测和决策。如上图右侧所示。这种基于系统化大数据的数据密集型科学研究模式，已成为一种新的科学探索范式，即第四范式。教育学作为一门科学，由于其研究对象是以教与学的主体“人”为主的开放复杂巨系统，存在很大的复杂性和差异性，而且难以有大量教与学的定量数据可供分析。因此，传统的教育学研究大都以定性为主、定量为辅。但大数据时代具有泛在性 MOOCs 的出现令教育研究发生了本质性的变革，根本原因是具备了获得“量大”而且“全面”的教育大数据的可能，从而使得教育研究可以通过数据挖掘实现定性与定量的有机结合，彰显研究的系统性、针对性和科学性。

在教学过程中，MOOCs 平台上大量系统化的教与学的过程数据持续产生并自动采集，涵盖了所有用户从注册到逐个知识点的学习时限和周期、互动问答频次和内容（实时记录下学生鼠标的逐次点击）、学习任务完成状态（试卷问题提交、论坛作业发帖）、知识点掌握情况（讲座视频暂停及时长间隔、回放频次以及 1.5 倍加速或减速的时间与位置）等。这些数据噪声可视为用户反馈，有助于开展反向搜索进行数据分析，作为优化用户界面、改进教学内容的重要依据。教学研究人员不再只是看学生的合计平均数据，而是可以跟踪课程每个用户的学习历程，监测分析各种在线交流和交互经历对其学习的影响。当然，这些要在一定的授权和隐私保障前提之下进行。

MOOCs平台产生的大数据有益于我们开展深度教育研究，以促进教育教学的改进和发展。成千上万的多元文化类型、各种不同层次的用户注册选课在教学过程中形成了系统化的大数据。例如，大数据平台中的MOOCs系统可帮助教师分析学生学习过的内容和他们完成课外任务的质量，预测学生学习相关内容后高质量完成课外任务的概率，由此来判断哪些内容更适合学生学习。此外，MOOCs数据研究不仅仅局限于学习结果，还有学习过程中情商等数据信息。如此全面、系统的可供分析挖掘的大众学习数据，为建立不同人群的学习心理和动力分析奠定了基础（教育信息学）。提取海量可跟踪学习历程的教育过程数据也是知识积累，通过监测分析各种经历和交流对学习的影响，探索并获得教育的聚集规律，结合社会教育心理学和社会教育动力学，构建全新的“学习理论和学习模型”。基于数据分析我们可以不断改进学习内容和教学方式，有益于实现个性化定向定制学习过程的产生，进而有针对性地适时调整学习内容和学习方式。换言之，有了基于大数据的MOOCs，我们可较为频繁地、更加完善地去测量高等教育学习情况。

不断从数据中学习、善于从大的噪声数据集中吸取教训的成功案例便是谷歌，它是大数据的最大受益者。因此，基于系统化大数据和MOOCs的教学与教育研究将从个体学习行为的无序领域转入群体大规模学习行为的有序领域，引发教育研究的科学属性产生变革，系统化大数据驱动的思维方法模式和科学研究模式也将发生变化。

三、结语

大数据也好，MOOCs也好，现在确实趋热。对大数据和MOOCs的未来认识也不尽一致。但是回顾历史我们可以发现：十五年前，人们认为互联网存在泡沫，但事实证明其没有被高估；五年前，人们又都认为电子商务被夸大，但如今看来这也是错误结论。对新事物发展的批判性的思考和讨论，也需要泡沫，这样才能吸引更多的人去思考、实践并验证，沉淀下来的才是真正宝贵的东西。

参考文献

[1] 姜泓冰．中国一流高校纷纷加盟“慕课”在线教育，推动大学课堂 [EB/OL]. 新华网（news.xinhuanet.com 转载），2013-07-15.

[2] 李纪元．MOOC 背后的理念 [EB/OL]. 中国教育和科研计算机网（http://www.edu.cn/），2013-07-30.

[3] 赛思·弗莱彻．数字教育会带来什么 [J]. 郑奕宸，译．环球科学，2013（5）：38-40.

[4] 斯蒂夫·库伯，麦赫润·撒哈米．对斯坦福MOOC的思考[J].孙志岗，蒋泽清，译．中国计算机学会通讯，2013（5）.

[5] 维克托·迈尔 - 舍恩伯格，库克耶．大数据时代：生活、工作与思维的大变革 [M]. 盛杨燕，周涛，译．杭州：浙江人民出版社，2012.

[6] 袁成琛．MOOC：大学变革 [EB/OL]. 中国教育和科研计算机网（http://www.edu.cn/），2013-05-02.

第二部分

公共英语信息化职业技能竞赛赛项方案研究

第一章 英语速录速记实证研究报告及赛项方案

行业英语速记需求调研报告及赛训方案

刘晓晶[1]

摘要：速记即快速记录，包括手写速记与计算机速录两方面的含义，广泛应用于人们的日常生活和工作中，文秘、法律、新闻等很多行业均需要速记人才。随着英语这门国际语言在中国的日渐普及，英语速记在很多职场上得以运用，例如对外商务会谈纪要、涉外庭审记录、英汉交替传译，等等。因此高等院校，特别是职业院校应该培养学生的行业英语速记能力，将英语听力、英语速记与职业挂钩，开设相关课程并开展相应的实训及竞赛活动，使行业英语综合能力在听、说、读、写、译之外，再加上"记"。

关键词：英语速记　行业英语　实训　竞赛

项目来源：教育部职业院校信息化教学指导委员会 2013 年立项课题"公共英语信息化职业技能竞赛赛项方案研究"(项目编号：2013LX055；主持人：老青)

1　刘晓晶：北京青年政治学院英语系讲师，英语系实训主任。

一、英语速记的概念

（一）速记的定义

1990年12月上海辞书出版社出版的《辞海》（缩印本）对速记的定义为“用特别简单的记音符号和词语缩写符号迅速记录语言的方法。符号设计，各家不同。速记记录，往往须经过整理，转写为文字”。中国速记打字学会会长庞麟在《速记入门与提高》一书中认为，“速记和普通文字不同，因为它不是普通文字的快写，而是运用一些简便符号和省略方法，迅速记录人类语言或表达思维的一门科学”。夏河年在其《中文速记》一书中提到，“速记，顾名思义，就是‘快速记录’的意思，确切的定义是：用有规律的简单符号记音的方式迅速记录口语或书面语的方法”。“亚伟式速记”创始人、“亚伟中文速录机”发明人唐亚伟先生认为，“‘速记’是一种运用简单符号和缩写方法快速记录语言和思维的高效技术”，“速记是一种应用技术，‘速记学’是应用语言学的一个分支”。

上述定义具有一个共同点，即速记是使用符号和缩写记录语言的方法。在计算机尚未问世之前，速记的方法和途径为手写，即“手写速记”。随着信息化时代的到来以及各种电子设备的广泛应用，速记的方法和途径有了新的变化，可以用键盘来代替笔进行“电脑速记”。因此速记的定义应该增添新的内容。在国际速记打字联合会第31、32和33届大会上，对于“速记是指单一的手写方式，还是指包括速记机、速录机等在内的多种方式”这一问题曾经多次进行过讨论。大多数人认为，不妨把速记的定义理解得宽泛一些，即不管采取什么方式，凡是能达到快速记录目的的就叫速记，包括传统的手写速记方式，也包括速记机、速录机和语音机等。由此可见，速记的定义可以表述为：“速记是用简便易写的特殊符号（或编码），借助科学的缩略方法，记录语言和思维的快写方法。”

（二）英语速记的定义

根据上述对速记的定义，英语速记可以定义为“用符号和缩写（或编码）快速记录英语的快写方法”。

英语速记分为几个流派，最为大家所熟知的为皮特曼速记法和葛瑞格速记法，另外还有 20 世纪以来出现的速写法（speed writing）。皮特曼速记法是英国人伊萨克·皮特曼（Isaac Pitman）于 1837 年创立的，它以几何式的正圆弧线和直线为基础，采用了加粗笔画来区别两个发音近似的辅音、把符号写在不同的位置以省去元音等方法，至今仍比较流行。葛瑞格速记法的创始人为美国人约翰·罗伯特·葛瑞格（John Robert Gregg）。他在精密地研究椭圆分割以后，结合英语字母的小写截头、去尾、取中法，逐一发明了代表所有英语元音、辅音的速记符号。目前葛瑞格速记法是全世界最流行的速记体系。速写法是于 1924 年由美国芝加哥大学的艾玛·迪尔伯恩（Emma Dearborn）创立的。与上述两种速记法不同，它并不完全是符号体系，而是混合使用拉丁字母的简化写法和简单笔画的速记体系。速写法比普通书写要快至少两倍，但是速度远不如速记法，不过速写法不需要花较长时间的训练就能掌握，因此为一般文字工作者所青睐。

英语速录可以采用英语速录机。在中国最早的中文速录机为唐亚伟先生发明的亚伟速录机。随着社会对英语速录的需求，中国开始了对英语速录机的研制和开发。北京东方飞耀速录技术研究中心推出了中英速录机，使用计算机键盘录入，简化单词，实现四倍速英文速录。

二、行业英语速记需求调研

（一）速记在行业中的应用

速记在出版、会议、法律、文秘、新闻、会展、口译等很多行业中得以应用。很多书籍是在速记稿的基础上整理出版的，例如著名学者梁漱溟的《东西文化及其哲学》，是由时任北洋政府的速记员罗长培记录的演讲稿整理后出版的；再例如孙中山先生的《三民主义》演讲集也是先由其秘书黄昌谷记录下来后转译成文字出版的。速记还应用于国际会议或会谈当中，1971 年周恩来总理同美国国务卿基辛格举行的中美建交会谈中，中方人员便使用亚伟速记法进行记录。

随着现代信息技术的迅猛发展，很多文字都需要整理成电子稿件，因此计算机速录技术在很多行业中得到推广。因为速录可以实现“语音落、记录完、文稿成”，因此应用范围甚至超过了传统的手写速记。最高人民法院 1997 年第 19 号文件《关于在全国法院系统推广使用亚伟中文速录机实现庭审现代化》，向全国法院推广亚伟速录技术。亚伟速录机是 1993 年推出的，使用专门的外挂键盘，速度很快，不过培养一名高级速录师最少也需要一年的时间。当电脑进入千家万户，成为普遍的办公设备的时候，2006 年飞耀速录器（U 盘大小）诞生了，它直接使用计算机键盘录入，使用方便，见效快，使速录技术向大众化迈进。此外，飞耀速录器除了中文速录外，还实现了英文、日文、韩文、法文、俄文、德文等多国文字的速录。

目前，除了司法系统外，速录还应用于多种场合，例如现场会议记录，录音（像）带、录音笔和 MP3 等数码录音资料的整理，媒体采访速录，网络文字直播记录，电视、电影字幕制作，远程在线同步速录，电话同声实时速录，客服与呼叫中心记录，海关报关员填单；等等。

（二）行业英语速记的需求

中国劳动和社会保障部于 2003 年制定颁布了《速录师国家职业标准》，这标志着“速录师”正式成为一种新的职业。速录师不仅能够打字，还要求对专业术语和英语有一定的了解。市场需要复合型的速录人才，但是职业院校输出的速录师人才无论是数量上还是质量上远远不能满足市场的需求，拥有行业知识和英语知识以及分析和综合能力的高端速录人才更是凤毛麟角。

行业英语又可称为职业英语，是适用于正式工作场合的英语，例如旅游英语、法律英语、商务英语等。和我们生活中的日常英语相比，它更注重语言交流能力和运用能力，更强调一个人在现代工作环境中的综合语言能力。速记既是一门学问，又是一门应用技术。因此当英语速记技术应用于各个行业时，便形成了行业英语速记，例如文秘英语速记、法律英语速记、新闻英语速记，以及英汉口译速记等。目前无论是中文速录速记人才还是行业英语速录速记人才均不能满足市场的需求。

1. 文秘英语速记需求

作为秘书，需要对上司口述的命令、布置的任务以及交代的其他事宜进行记录；作为秘书，还要在会议、会谈中做好记录；此外，办公室工作还要求对来电、来客做好信息记录等。速记是秘书需要掌握的核心技能，在涉外机构或企业任职的秘书则需要掌握英语速记技能，包括计算机速录与手写速记两个方面。据统计，目前主营收入在 500 万元以上的大中型企事业单位对速录文秘人才的年需求量很大，总需求量达 10 万人以上。根据中国国家工商总局的数据，外商投资企业占中国实有企业的大约 3%；据海关统计，2012 年中国有进出口实绩的企业共 32.9 万家，而欧盟和美国为中国最大的贸易合作伙伴。由此可见，中国市场对涉外秘书的需求量很大，而对文秘英语速记人才也有较大的需求。

2. 法律英语速记

法律英语速记指在司法系统中使用英语进行快速记录，主要指计算机或速录机记录。计算机速录师最早出现在司法系统，专门从事庭审记录和为律师取证服务，例如庭审记录、询问记录、口授记录等。中国加入 WTO 以及 2008 年北京奥运会举办后，很多国家与中国的经贸和人员往来日益增多，涉外纠纷和案件也随之增多。根据最高人民法院的数据，截至 2010 年 11 月，全国法院共审理 13 191 件涉外案件，同比增加 15%，而涉及的外国当事人排在前五位的国家分别为美国、日本、韩国、德国和英国。由此可见，法律英语速录人才也有很大的需求量。

3. 新闻英语速记

速记在新闻行业中应用广泛，在新闻采访时，尽管配有录音设备，但是采访者还是经常使用手写速记记录重要信息。此外，在整理录音文件或为视频编制字幕时则无疑会使用计算机速录技能。随着英文采访和英文新闻视频的逐渐增多，新闻行业越来越多地应用英语速录速记。据不完全统计，中国的英文报刊有20多家，新闻类日报和周报10多家，包括《中国日报》(*China Daily*)、《上海日报》(*Shanghai Daily*)、《深圳日报》(*Shenzhen Daily*)、《今日北京》(*Beijing Today*)等；英语教育类报刊10多家，包括《21世纪报》(*21st Century*)、《英语周刊》(*English Weekly*)、《上海学生英文报》(*Shanghai Student's Post*)等。中国有英语调频的电台也有很多家，包括中国国际广播电台（CRI）的英语频道、中央人民广播电台（CNR）的外语广播、北京人民广播电台的外语广播（Radio 774）等。有英语频道的电视台也在逐渐增加，最为知名的为央视英语新闻频道（CCTV News）以及中国电视网环球新闻频道（CNC World News），它们全天候播放英文节目。上海外语频道（ICS）、旅游卫视和一些省台的教育频道，以及中央台的第6套、第10套均有英语类节目。此外，还有逐渐兴起的不可小视的各大英文新闻、英语学习网站以及各大门户网站的英语板块，例如新华社新闻英文版（http://www.xinhuanet.com/english），《中国日报》英文版（http://www. chinadaily.com.cn），沪江英语学习网（http://www.hjenglish.com/），可可英语学习网（http://www.kekenet.com/），等等。由此可见，新闻英语速记同样拥有很大的需求量。

4. 英语速记与英汉口译

在新闻发布会、国际会议、对外贸易、中外文化交流等活动的英汉交替传译中，译者会对英文讲话进行记录，称之为口译笔记，然后根据笔记进行完整正确的口译。因此英汉交传中会使用英语手写速记。随着中国同世界各国开展全方位、多层次的交流，对涉外口译工作者的需求也与日俱增。从事英汉口译工作的译员必须要掌握一定的英语速记技能，因此英语速记是英汉口译人员从业的保证。

综上所述，文秘、法律、新闻、口译等行业均需要英语速记人才，一些岗位，例如涉外会议现场记录、涉外案件庭审记录、影视作品英文字幕编译和录入等，需要从业者具备相关行业的英语速记能力。不过目前中国还没有英语等外语速录师的国家职业标准，相关人才资源稀缺严重。据了解，国内专门开设英语或英汉双语速录速记专业的高校几乎为零，但一些学校的英语相关专业开设有“英语打字”课程以及英汉口译课程，这在一定程度上为英语速录速记人才的培养打下了基础。

三、行业英语速记课程的开发

行业英语速录速记结合了行业、英语以及速录或速记三种知识和技能，是很难在社会上的培训班经过短时间培训就可以掌握的，因此培养行业英语速记人才的重任还需要学校来承担。由于这是技能型课程，因此非常适合职业院校开设。在中高职的涉外秘书、商务英语等专业可以开设“文秘英语速录速记”课程，而在法律或新闻专业也可以尝试开设“法律英汉双语速录”、“新闻英汉双语速录速记”等类似课程。

（一）课程建设的目的和意义

将英语速录速记技能与文秘、法律、新闻等语言文字处理相关的行业相结合以提高工作效率。通过本课程的学习，学生的行业英语词汇量和背景知识会得以增长，最重要的是学生的英语计算机速录、英语手写速记无论是速度上还是正确率上会得到很大的提升。此外，对学生的记忆力，耳朵、眼睛、手指、大脑等部位的反应和协调能力也有很大的帮助。

（二）教学内容和方法

教学内容分为计算机速录和手写速记，两部分分别开展，各占一半课时。计算机速录主要利用金山打字通对学生进行训练。循序渐进地布置速录任务，从句子到段落，从一分钟 20 个单词左右到一分钟 30 或 40 个单词，从看打到听打。在学生掌握计算机键盘各个英文字母的位置并能基本进行盲打的时候，速录教学基本完成。此外，如果师资条件允许，可以利用几个课时引入中英飞耀速录器的基本使用方法，并在课堂上做简单的操练，鼓励感兴趣的学生在课外进行深入学习和训练。

手写速记的学习内容并不是传统的葛瑞格速记法和皮特曼速记法，也不是西方国家新兴的速写法，而是针对职业院校学习者的英语水平，结合口译课程中所需要掌握的口译笔记技巧而形成的包括英文缩写以及速记符号在内的速记笔记。它的目的并不在于将每个单词记录下来，而是将基本信息进行记录，使速记者能根据笔记对原文信息进行基本复述。值得注意的是，不同于汉语速录速记，英语速录速记不仅仅涉及速录速记技巧，还涉及英语听力理解问题，因此进行此课程学习前，学生应该具备一定的英语听力水平，掌握各个行业的一般英语专业术语。

（三）考核方式和标准

目前，调查发现，各大公司要求英文打字速度不少于 35wpm（words per minute：每分钟字数），因此对英语速录部分的考核方式和标准为能针对行业英语语篇进行计算机看打和听打。建立 word 文档进行录入，看打每分钟不少于 35 个单词，正确率在 95% 以上；听打每分钟不少于 30 个单词，正确率在 85% 以上。如果用速录机或速录器进行英语速录教学，则拟定新的考核标准，实现四倍速，即看打每分钟不少于 140 个单词。对手写速记的考核方式和标准为能够对商务会谈、庭审记录、新闻采编等领域内简单的听力材料进行速记，形成有内容、有逻辑的速记笔记体系，并能根据速记笔记进行原文复述，吻合率在 85% 以上。

四、行业英语速记赛训方案

行业英语速记是技能性较强的课程，开展相关技能竞赛能够激发学生的学习和训练热情，更好地提高专业水平。下文将以北京青年政治学院开展的行业英语速录速记竞赛为例阐述赛训方案。2011 年 12 月北京青年政治学院组织全院学生开展了校园行业英语速录速记大赛，设专业组（英语系、文秘系、法律系和计算机系）和非专业组（财经系、社工系、青少系、管理系、艺术系）分别进行，学生积极参与，反响热烈。随后，北京青年政治学院在高教社的大力支持下，于 2013 年 1 月承办了第一届“高教社杯”全国高职高专院校英语速录速记比赛，来自全国高职高专近

30 所院校的选手们参加了比赛。行业英语速录速记比赛初具规模，竞赛内容和形式基本形成，分为“看打、听打、听记、听译”四个模块。赛训方案便依此为主线展开。

首先需要选拔参赛小组。北京青年政治学院英语系和文秘系涉外秘书专业开设了“英语速记”课程，因此参赛选手通过自愿报名与任课教师推荐相结合的方式进行。先确定 4~5 人组成参赛小组，这样小组成员间既竞争又合作，培训效果要优于单人培训。

接下来需要对参赛小组成员进行“看打、听打、听记、听译”四个模块的训练。“看打”为在规定时间内（含校对时间）看赛题完成文字和符号的录入；“听打”为在规定时间内（含声音播放）听赛题完成文字和符号的录入；“听记”为在规定时间内（含声音播放和笔记整理）听赛题完成所听内容的英文摘要（100 ~ 120 词）或提纲（三级以上）；“听译”为在规定时间内（含声音播放和笔记编译）听赛题进行英汉编译，完成所听内容的中文摘要（150 ~ 200 个汉字）和关键词（3 至 5 个）。在课上教师会对四个模块的基本做法和要领进行讲解，因此竞赛培训是反复操练、熟能生巧的过程。培训材料包括文秘、法律、新闻、商务等各行业英语速记实训教程（包含单机版光盘）以及英语专业实训室安装的速录速记笔记实训系统。实训系统为在线学习和训练平台，教师可以在后台对学生的网上学习和训练情况进行监控，方便指导教师布置和检查作业任务。赛训自选手选拔后开始直至竞赛当天，一般持续半个到一个学期，给学生充足的时间对每个模块进行充分的练习，同时还要记忆相关专业的英语词汇。

最后验收赛训成果并最终确定参赛选手。经过一定时间的竞赛培训后，在竞赛前两周对参赛小组成员进行竞赛模拟测试，一方面检验赛训成果，另一方面根据成绩和综合素质选拔最终参赛选手。

五、总结

文秘、法律、新闻等很多行业都离不开速录速记技能，如果能掌握汉英双语速录速记技能则会在很多岗位上无往不利。这样的人才是很多企事业单位急需的高端人才，薪酬也是其他很多岗位望尘莫及的。职业教育尤其是高等职业教育应该抓住机遇，结合学院实际情况，开展相关行业英语速录速记课程，拓展学生行业英语综合运用能力，提高学生未来就业竞争力。

参考文献

[1] 陈习东．培养英语英汉双语速录人才，对接武汉城市圈发展需要 [J]. 前沿，2012（12）：98-99.

[2] 老青，刘晓晶，何明华．英语速记笔记探究与设计 [M]. 北京：世界知识出版社，2013.

[3] 李文玲．中国速记的发展现状及问题 [J]. 河北科技师范学院学报（社会科学版），2008（1）：125-128.

[4] 舒振涛．中国速记百年拾零 [J]. 广西大学学报（哲学社会科学版），1994（4）：70-71.

[5] 王斗斗．全国法院去年前 11 月审理 13191 件涉外案同比增加 15％呈分布广数量增类型多势头最高法调整涉外民商事案件集中管辖格局 [EB/OL]. 法制网（http://www.legaldaily.com.cn/bm/content/2011-01/11/content_2434383.htm?node=20733）2011-01-11/2014-06-07.

[6] 韦俊谋．速记定义探析 [J]. 广西大学学报（哲学社会科学版），2002（24）：91-93.

[7] 翁晔，张浩，谢亚璐．全国速录人才目前缺口大薪酬待遇高就业渠道广 [EB/OL]. 新华网（http://www.gx.xinhuanet.com/newscenter/2013-10/21/c_117808341. htm），2013-10-21/2014-06-07.

[8] speed writing，维基百科（http://en.wikipedia.org/wiki/Speedwriting），2013-03-16/2014-06-06.

高职学生英语速录速记文本的特征及其与竞赛成绩的关系
——基于第一届“高教社杯”全国高职高专院校英语速录速记比赛的实证研究

江洁[1]

摘要：本研究以第一届“高教社杯”全国高职高专院校英语速录速记大赛的全部答卷为研究对象，分析了高职高专学生速录速记文本的特征，包括语篇长度、语篇结构、意群分解和微小错误，对比了高分组、低分组的高职高专学生在笔记特征上的不同，并分析了这些笔记特征与竞赛成绩的关系。结果发现：在语篇长度和关键词方面，高分组与低分组没有明显差异；而语篇结构、意群分解则与竞赛成绩呈现高度相关性，且高分组与低分组差异明显；微小错误与竞赛成绩并未呈现显著的相关性。本研究对高职高专院校的英语速录速记教学提供了一定启发，教师在授课中可针对这些特征采取有效的教学措施。

关键词：高职　速录速记　笔记特征　竞赛成绩

项目来源：教育部职业院校信息化教学指导委员会 2013 年立项课题“公共英语信息化职业技能竞赛赛项方案研究”(项目编号：2013LX055；主持人：老青)

1　江洁：北京青年政治学院英语系教师，副教授。

一、引言

我国的速录速记服务业起步较晚，直到20世纪90年代中晚期才随着大型会议、商务活动的兴起出现了提供此类服务的专业化公司和第一批职业速录人员。然而，职业速录人员的数量稀缺、素质参差不齐、双语能力较低，与高速增长的市场需求之间的矛盾日趋明显。为顺应就业市场的需求，一批高职高专层次的院校设立了速录专业或在其文秘、英语等专业中加入了速录能力模块，以期为速录速记行业提供懂专业、精速录、素质高的复合型人才。在这种背景下，第一届“高教社杯”全国高职高专院校英语速录速记比赛的召开，无疑为检验英语类速记人才的培养质量、交流培养经验提供了很好的平台。参加此次比赛的选手来自全国近30所高职高专院校，均经过校内严格的选拔和推送程序，他们在赛事中的表现能够很好地代表目前我国高职高专层次上英语速记速录人才的培养情况和共通问题，是难能可贵的分析样本。通过对参赛选手的答卷进行编码与分析，可以了解高职高专学生在进行英语速录速记时的习惯、特征及常见错误，进而对比高分组和低分组的情况，从而为高职高专层次的英语速录速记人才的培养提供一定启发。

二、研究现状

速录速记是一个新兴行业，在高职高专层次上速录速记人才的培养也才刚刚开始，因此，与此相关的学术研究成果还非常少。目前，与此领域最接近的研究，当属英语口译中的笔记研究。口译笔记与速录速记笔记相类似的地方在于：(1）它们都是即席记录；(2）它们都是由源语经过记录人员处理后形成的成果；(3）如果速录速记的源语不是本族语的话，它与口译笔记一样都涉及本族语与第二语言间的转化。目前，对于口译笔记的研究，主要包括：从职业译员的操作规范来探讨记录的方法和笔记的形式（Rozan，1956）；从职业译员和非职业译员对比的视角探讨提升笔记有效性的要素（戴炜栋等，2007）；对笔记与口译成绩相关性的研究（王文宇等，2010）。这些研究深入地探索了有效提高口译效率的笔记技巧和笔记方法，为速录速记提供了有益的启示。然而，除了相似之处，也需注意到口译笔记与速录速记具有本质上的不同。口译笔记被视为口译活动的“路标”(鲍刚，2005)，主要目的在于为译员的短时记忆提供“提示性”笔记，以有效提升口译的效率；它不能取代译员的记忆功能，只是进行补充和完善。一般而言，口译笔记的介质是笔与纸张，且口译带有鲜明的个性化特征。正如台湾辅仁大学的刘敏华教授所言，口译笔记是“利用纸张空间，以非特定语言记号为充分译语表达提供视觉可能性的一种方式”(刘敏华，1993)。速录速记则被人们视为“用手指追赶声音”的活动，其主要目的在于“信息实时采集并生成电子文本”，信息源主要是语音信息，也有可能包括文本信息、非语言现场信息（动作、表情等体态语及场景描述）等。速录速记实时生成的电子文本就是该项活动的最终成果，要求信息完整、正确，排版整齐，便于阅读。同时，速录速记中所使用的编码、符号具有规范性，是在统一的行业标准下融入个人创造力的结果。只要是专业速录速记人员，对同一套编码的解读就应该是基本相同的。目前，用以速录速记的工具主要有两种，一种是专业速录机，另一种是普通计算机。这两种不同工具对速录速记人员的操作手法、技巧的要求不尽相同。与口译笔记研究相比，速录速记领域内的研究亟须深化和拓展，要以规范化的理论构建和丰富的实证研究指导该领域的教学与实践活动。

在现有文献中，对速录速记的研究主要分为两大类：一类是高职层次上速录速记人才培养模式的探讨（黄玉芬等，2010；郭秀敏等，2014)，还有一类是基于企业视角对速录速记人才需求的分析（中国职业技术教育，2013)。至今，尚未有针对高职高专层次上速录速记人才培养效果的实证研究出现，因此，这也是本研究的着重点和创新点。

三、研究问题及研究设计

具体来说，本研究主要回答以下三个问题：(1）对高职高专学生而言，他们的速录速记笔记特征是什么样的？（2）高分组和低分组的差异体现在哪些方面？（3）这些研究结果对于高职层次的速录速记教学有什么样的启示？

针对这些研究问题，笔者选取了第一届“高教社杯”全国高职高专院校英语速录速记大赛所有参赛选手的答卷（共42份）作为研究样本，对其进行编码、整理和录入，并利用SPSS软件进行分析；对笔记特征与竞赛成绩间的相关性进行分析，并对照了高分组和低分组的差异。

（一）速录速记大赛的试题构成

速录速记大赛的试题由四大部分构成：看打、听打、听记、听译。看打部分要求参赛选手在30分钟时限内看赛题（提供纸质打印版试题）完成文字和符号的录入、编辑、整理和校正。听打部分要求参赛选手在30分钟时限内（提供音频，音频长度约2分钟）听赛题完成文字和符号的录入，并对所录入内容进行适当编辑。这两部分主要考查速录者的眼、耳、手的协调与录入速度。听记部分要求参赛选手在30分钟时限内看视频（长度约5分钟）完成三级提纲式笔记的录入和整理，笔记要求用英文。听译部分要求参赛选手在30分钟时限内听音频完成从英文篇章（提供音频，音频长度约8分钟）到中文摘要和关键词的编译和录入。这两个部分主要考查录入者的理解归纳能力、抓住关键信息的能力及中英双语间的转化能力。从赛事的题型设置来看，这四大模块较好地覆盖了对高职高专层次速录速记人员的素质要求；从数据客观程度而言，整个比赛过程持续2个小时，每个模块的比赛完成时均要求参赛者提交电子版，且提交后即不可更改，比较完整、忠实地记录了参赛者的临场表现和能力水平；从选手的构成来看，参赛选手来自全国近30所高职高专院校，具有较好的代表性，因此，此次竞赛答卷是进行定量化分析的良好样本。

（二）答卷特征的整理及标记

本文参考了徐海铭（2008）、王文宇（2010）和戴炜栋（2007）等人对口译笔记特征的划分标准，并结合速录速记的要求与特性，采用四个标准对竞赛答卷的特征进行整理和标记：标准一，语篇长度，即统计各部分答卷的字数总和；标准二，语篇结构，包括语篇层次（语篇划分为几个层次）和语篇主题句；标准三，意群分解，包括意群数量及逻辑关系（连接词）；标准四，微小错误，如单词的拼写错误、时态的错误。首先分析原文的文本，按照四个标准提供特征统计的范本，再按照范本逐一整理所有答卷，统计参赛选手速录速记笔记中与之相符的特征数量。之后将这些笔记特征作为变量来探讨其与比赛成绩的关系。

表 1　标准答案的文本特征统计

	语篇长度	语篇结构		意群分解		微小错误
		语篇层次	主题句	意群	连接词	
Part I	1103（words）	3	3	16	13	/
Part II	271（words）	4	4	9	7	/
Part III	543（words）	6	6	15	12	/
Part IV	167（汉字）	4	4	10	8	/

（三）高分组与低分组的划分

将专家组对所有参赛选手的总评分按从高到低排列，共 42 份答卷。研究者取前 21 名及后 21 名学生分为高分组和低分组，对其成绩的统计数据如下表所示：

表 2　低分组和高分组竞赛成绩独立样本的 t 检验

	低分组		高分组		t 检验	
	均值（mean）	标准差（Std.）	均值	标准差	t 值	显著性（two-tailed）
总分	61.32	7.12	83.13	5.37	16.840	.000

从表中可以看出，低分组和高分组的选手在总分上呈现显著的差异性，可以作为两个不同群体进行比较分析。

（四）竞赛成绩

本次竞赛所有选手的成绩均经过专家组成员进行单独评分、复审、小组审核三轮程序，以尽量保证结果的公正、客观。因此在分析中不再考虑评分偏差的因素，直接使用参赛者的最终得分作为变量进行分析。

四、数据分析及讨论

(一）语篇长度与竞赛成绩相关性的分析

分别统计低分组和高分组速录速记笔记中四个部分的总字数的均值，并分析语篇的长度与竞赛成绩的关系，结果如表 3 所示。

表 3　语篇长度与竞赛成绩的关系

组别	部分	每部分语篇长度（均值）	总体语篇长度（均值）	t 值	P 值（two-tailed）	r 值（与竞赛成绩的相关性）
低分组	Part I	1101	2527	.623	.519	.071
	Part II	273				
	Part III	721				
	Part IV	432				
高分组	Part I	1102	2253			.067
	Part II	270				
	Part III	613				
	Part IV	268				

从表 3 中可以看出，低分组和高分组在语篇长度上的差异不大，低分组的语篇长度还略微高于高分组，但二者之间不存在统计上的显著性差异，与成绩的关系也没有呈现明显的相关性。可能原因有二：其一是速录速记的题型设置，第一部分和第二部分均要求参赛选手尽可能记录下测试信息的所有内容，并给予了确定的信息内容（word 文本和音频）和充分的记录时间，考查的是选手的录入速度和准确性，所以这两部分答卷在语篇长度上呈现高度一致性。这也意味着所有选手基本都能在限定时限内完成速录速记任务，录入速度上的差异性不大。第二个可能原因是参赛选手仍缺乏实际操作经验，在比赛现场对信息的取舍和速记速录内容的确定并不熟练。这一点从第三和第四部分的语篇长度可以看出。第三、第四部分属于“要点式”速记，参赛者不需要记录所有信息，只需抓住关键信息即可。但无论高分组还是低分组选手，其语篇长度都远远超过参考答案的语篇长度，低分组选手的语篇长度超过了高分组选手。这说明在速录速记过程中，选手们信息取舍的意识较为薄弱，还是采用

了尽可能多记录、以防遗漏的策略。同时也可发现，这种策略的效用并不好，尽管低分组选手在语篇长度上超过高分组选手，但与竞赛成绩却未成正比。这与戴炜栋（2007）、何慧玲（2001）等人对口译笔记的研究结果相符，即笔记长度与口译效率并不成正比。

（二）语篇结构与竞赛成绩相关性的分析

本研究从两个层面分析参赛选手对语篇结构的把握，一是语篇的层次结构，主要看参赛选手的速录速记文本是否忠实地反映了原文的语篇层次。例如，第一部分的原文有 3 个不同层次，每识别出一个层次，记录为 1 分，最后四部分合计得出选手在该方面的总分值。二是语篇的主题句，主要看选手的速录速记文本能否记录下对语篇重点内容进行提示、归纳的主题句，这里也是按识别主题句的数量进行计分，每识别出一个主题句计 1 分。在分析语篇结构时，不考虑速录速记文本中微小错误的影响，只要识别出相关的语篇和主题句，即记录得分。分析结果如表 4 所示。

表 4　低分组、高分组语篇结构的独立样本 t 检验

	得分均值	标准差	t 值	p 值（two-tailed）
语篇层次（低分组）	6	3.21	2.337	.017*
语篇层次（高分组）	13	2.43		
主题句（低分组）	9	2.77	3.172	.023*
主题句（高分组）	15	2.01		

*p<0.05

从表中可以看出，两组选手对于主题句的识别优于对语篇层次的识别，这说明在某些情况下，参赛选手虽然能抓住一些关键信息，但并没有意识到该信息与其他信息的区别与关联。同时，高分组选手无论对于语篇层次的识别还是主题句的识别，均优于低分组的选手。两组选手在语篇层次与主题句的识别上具有明显差异，达到了统计意义上的显著性要求，由此可以初步推断语篇层次、主题句与竞赛成绩具有相关性。高分组的选手对语篇结构的把握更加全面、细致，能分辨出不同语篇层次上的差异，并且对主题句更加敏感。对语篇结构与竞赛成绩的分析结果如表 5 所示。从表中可看出，无论在高分组还是低分组，语篇层次、主题句与竞赛成绩均具有明显的相关性。

表 5　语篇结构与竞赛成绩的相关性分析

	语篇层次	主题句
与竞赛成绩的相关系数	.263*	.437*
低分组与成绩的相关系数	.201*	.305*
高分组与成绩的相关系数	.306*	.529*

*p<0.05

（三）意群分解与竞赛成绩相关性的分析

意群的分解对理解与记录视听内容有着重要的意义，有助于记录者从语句层面更细致地理解与选取记录内容。本研究利用两个指标统计选手的意群分解能力，一是对语篇中意群的识别（每识别出一个意群计 1 分），二是意群间的关键联系（记录下每个意群间的连接词计 1 分），最后统计选手在这两个指标上的总分值。分析结果如表 6 所示。

表 6　低分组、高分组意群分解的独立样本 t 检验

<table>
<tr><th></th><th>得分均值</th><th>标准差</th><th>t 值</th><th>p 值
（two-tailed）</th></tr>
<tr><td>意群识别（低分组）</td><td>32</td><td>4.12</td><td rowspan="2">2.159</td><td rowspan="2">.037*</td></tr>
<tr><td>意群识别（高分组）</td><td>48</td><td>3.37</td></tr>
<tr><td>连接词（低分组）</td><td>29</td><td>3.62</td><td rowspan="2">1.063</td><td rowspan="2">.294</td></tr>
<tr><td>连接词（高分组）</td><td>33</td><td>4.07</td></tr>
</table>

*p<0.05

从表中可以看出，在意群识别方面，高分组与低分组差异较明显。高分组平均识别的意群数量为 48 个，而低分组平均识别的意群数量仅为 32 个。两组的差异达到了统计上显著性的要求，这说明高分组选手比低分组选手更加关注对意群的把握，且具有较好的识别、理解意群的能力。在连接词方面，尽管高分组与低分组之间也显示出一些差异性，但并未达到统计显著性的要求。其原因可能有两个：一是两组选手在识别、记

录连接词上的能力差异不大；二是两组选手均未理解连接词在速记速录笔记中的重要性，所以尽管有选手能够识别它们，但并未记录下来。联系前三项的分析结果，原因二的可能性更大一些。意群分解与竞赛成绩的相关性如表 7 所示。

表 7　意群分解与竞赛成绩的相关性分析

	意群识别	连接词
与竞赛成绩的相关系数	.327*	.207*
低分组与成绩的相关系数	.408*	.314*
高分组与成绩的相关系数	.639*	.279

*p<0.05

表 7 的统计结果显示，从总体成绩而言，意群识别和连接词与竞赛成绩均具有明显的相关性。但在高分组中，连接词与竞赛成绩的相关性并不显著。这说明即使是较为优秀的高职高专学生，对于连接词作为关键词的作用也尚无较深入的理解。而低分组中，连接词与竞赛成绩显著相关，这可能是由于能够把握连接词的选手对于意群的识别和理解更加有优势。

（四）微小错误与竞赛成绩相关性的分析

本研究中将微小错误定义为不影响识别的单词拼写错误和语句中的时态错误，如将 interesting 误拼为 intersting，或在一般现在时句式中，当单数第三人称做主语时遗漏了谓语的变化。这种错误与选手对音流的听辨能力、理解能力和记录能力都没有太大的关联，反映的是语言的基本功。对微小错误与竞赛成绩的关系分析如表 8 所示。

表 8　微小错误与竞赛成绩的关系

组别	错误数量（平均数）	标准差	t 值	P 值（two-tailed）	与竞赛成绩的相关性
低分组	37	6.21	3.421	.321	.307*
高分组	28	4.73	3.421	.321	.761*

*p<0.05

从表中的统计数据看，尽管高分组与低分组在错误的平均数量上有差异，但这种差异并未呈现统计上的显著性。这说明无论对于高分组还是低分组的选手而言，微小错误都较频繁地出现在速录速记文本当中。由于微小错误的出现，速录速记文本的准确性和可读性降低了，由此可推测微小错误与竞赛成绩应具有相关关系。分析结果也进一步印证了这种推测，即微小错误与高分组和低分组的竞赛成绩均具有显著的相关性。

五、结论

第一届“高教社杯”全国高职高专院校英语速录速记大赛汇聚了全国近 30 所高职高专院校的 42 名选手，他们均是经过严格的校内选拔程序推送至大赛决赛的优秀代表，因此，这些选手在竞赛中的表现，可以很好地代表目前高职层次速录速记人才的总体水平，也反映了该领域教学中可能存在的一些共通性特点。

首先，注重速录速记基本功的培训。从所有参赛选手第一、第二部分的竞赛成绩来看，他们基本都达到了速录速记行业的初级标准，能在规定的时限内，较为快速和准确地记录所需信息。这样的高职人才培养与行业规范紧密联系，可以满足就业市场对于速录速记人才的基本要求，为学生求职奠定了良好的基础，并为学生未来进一步提升技能、追求职业发展铺设了道路。

其次，英语基本功尚需加强。英语速录速记人才是速录速记领域内的高端技能型人才，其特色在于结合了速录速记技能和对英语语言的熟练掌握。从对参赛选手速录速记文本的分析来看，尚需强化英语基本功的培训，尽量减少拼写错误与语法错误，强化对专有名词、常用动词和基本时态、句式的训练，以提升高职高专学生在英语速录速记领域的就业竞争力。

第三，需要提升综合的人文素养。速录速记不仅仅是简单、机械的录入，在从源语到输出语的转换中，速录速记人员起到了重要的中介作用，不仅是抓住信息，更多的是对信息进行理解、辨别、提取和综合等处理。而对语言的理解，需要的也不仅仅是词汇和语法的堆积，更重要的在于广泛的知识面和综合的人文素养。从上文的分析中，我们发现，大部分选手还停留在追踪信息、记录信息的阶段，尚未提升到主动地抓取信息、综合信息的阶段。而且，对于关键信息的识别和选取仍存在一定问题，这在意群的分解和主题句的记录当中很明显地表现出来。因此，在高职高专速录速记人员的培养中，仍应有意识地提升其人文素养，从文化、语言、各领域的知识及信息处理技巧等各方面提升速录速记专业学生的综合素质。

参考文献

[1] 蔡小红．交替传译过程及能力发展——中国法语译员和学生的交替传译活动实证研究 [J]. 现代外语，2001（3）：271-284.

[2] 戴炜栋，徐海铭．汉英交替传译过程中译员笔记特征实证研究——以职业受训译员和非职业译员为例 [J]. 外语教学与研究，2007（3）：136-144.

[3] 沈素萍，陈苏东．一语或二语笔记对一语口译的影响 [J]. 中国英语教学，2004（5）：3-21.

[4] Gillies A. *Note-taking for Consecutive Interpreting* [M]. Manchester: St. Jerame Publishing，2005.

英语速录速记赛项信息化平台建设方案与思考

老青[1]　栾丽君[2]

摘要：本研究以第一届"高教社杯"全国高职高专院校英语速录速记竞赛实践与设计研究为基础，研发和构建竞赛信息化平台建设概念的雏形框架，思考和探究如何通过辅助开展赛训来提高高职英语速录速记竞赛水平的赛项设计策略，为满足国际化行业企业对英语速录速记人才的需求奠定基础。

关键词：英语　速录速记　信息化平台　赛项设计

项目来源：教育部职业院校信息化教学指导委员会 2013 年立项课题"公共英语信息化职业技能竞赛赛项方案研究"(项目编号：2013LX055；主持人：老青)

1　老青：北京青年政治学院教授，英语系主任。

2　栾丽君：北京青年政治学院英语系副教授，英语系教学副主任。

在国际化高新科学技术信息竞争的时代，行业企业对掌握英语速录速记技术的人才需求态势凸显，尤其在新闻发布会、听证会、论坛、展会、磋商会、高峰会等大型会议和庭审记录、仲裁记录、电视字幕制作（场记）、记者采访等领域里，具有速记速录技能的人成为高薪一族。设计和研发英语速录速记赛项信息化平台建设，可以为满足国际化行业企业对英语速录速记人才的需求奠定基础。

一、赛项技能模块设计与样题

（一）赛项技能模块

<table>
<tr><th colspan="2">英语速录模块（音落字现）</th></tr>
<tr><th>看打[1]– 文本速录（含校对）</th><th>听打[2]– 文本速录（含校对）</th></tr>
<tr><td>竞赛方式：
参赛选手在比赛时长 30 分钟时限内（含校对时间）看赛题完成文字和符号的录入，参赛选手可以进行编辑、修改和校正，最终提交电子版赛卷。
竞赛评判：
根据参赛选手录入的有效正确词数（含校正率）及录入速度。</td><td>竞赛方式：
参赛选手在比赛时长 30 分钟时限内（含声音播放）听赛题完成文字和符号的录入，参赛选手可以进行适当编辑。比赛正式开始前，参赛选手将有一分钟的试听。试听结束后参赛选手从第一分钟开始记录直至声音赛题播放结束。之后是编辑整理时间，最终提交电子版赛卷。
竞赛评判：
根据参赛选手录入的有效正确词数及录入速度。</td></tr>
<tr><th colspan="2">英语速记模块（音落意存）</th></tr>
<tr><th>听记 – 信息速记</th><th>听译 – 信息速记</th></tr>
<tr><td>竞赛方式：
参赛选手在比赛时长 30 分钟时限内（含声音播放和笔记整理）听赛题完成所听内容的摘要（100 ~ 120 词）或提纲（三级以上），参赛选手可以进行适当编辑。最终提交电子版赛卷。
竞赛评判：
根据参赛选手记录的有效信息量、词语正确率及听记速度。</td><td>竞赛方式：
参赛选手在比赛时长 30 分钟时限内（含声音播放和笔记编译）听赛题进行英汉编译，完成所听内容的中文摘要（150 ~ 200 个汉字）和关键词（20 个汉字以内），参赛选手可以进行适当编辑。最终提交电子版赛卷。
竞赛评判：
根据参赛选手记录的有效信息量、词语正确率及听译速度。</td></tr>
</table>

1 ＝视录

2 ＝听录

（二）听记模块（Outlines）内容与评价要素列举

1．提纲式听记模块考核内容

* 参赛选手能识别英语的语言信息。

* 参赛选手能将一般口语信息实时速录并整理为文字信息。

* 参赛选手能使记录的语音信息反映原意，并添加相应标点符号，保证语句通顺，根据语义适当分段。

* 考查的知识点包括：英语拼写基本功；英语语法基本功；口语信息的提炼能力；句群的基本知识；Outlines 写作的基本知识及要求；标点符号及英文数字的处理能力等。

* 参赛选手能将采集的文本信息调入常用的文字处理软件中，并使用一些常用字体处理软件对采集的信息进行简单排版（字体、字号、行距等设置知识）。

2. 提纲式听记模块评分标准（拟设总分为 20 分）

<table>
<tr><td colspan="6">（1）每小节最多扣 1 分。
（2）重复错误，仅扣一次。
（3）错误共分为两类，大错误（major mistake）和小错误（minor mistake），分别扣 1 分和 0.25 分。
（4）错误的扣分计算：
①大错误的扣分计算：大错误在一小节中出现一次，扣 0.5 分；在一小节内出现两次（及以上）扣 1 分。
②小错误的扣分计算：小错误在一小节中出现一次，留作总计；出现两次，扣 0.5 分；出现三次，扣 0.75 分；出现四次（及以上），扣 1 分。
未扣分小错误的扣分标准：累计扣分。
（5）总分计算：按照实际卷面分数，不四舍五入。空白卷计 0 分。</td></tr>
<tr><th>等级描述</th><th>优秀（20 ~ 18）</th><th>良好（17.5 ~ 16）</th><th>中等（15.5 ~ 14）</th><th>及格（13.5 ~ 12）</th><th>不及格（12 分以下）</th></tr>
<tr><td>内容、信息方面（内容有无遗漏或添加）</td><td>听记内容完全准确，没有大的遗漏。</td><td>听记内容较为准确，没有大的遗漏，允许有 1 ~ 2 处小遗漏（如冠词等）。</td><td>听记内容大致准确，允许有 3 ~ 4 处大遗漏（主要信息遗漏）。</td><td>听记的内容基本准确，允许有 3 ~ 5 处大遗漏。</td><td>听记内容遗漏较多。</td></tr>
</table>

（续表）

等级描述	优秀（20 ~ 18）	良好（17.5 ~ 16）	中等（15.5 ~ 14）	及格（13.5 ~ 12）	不及格（12分以下）
大错误方面（语法、时态、大移位、造词等）	听记内容的语法等方面基本正确，允许有1处大错误[1]。	听记内容的语法等方面较为正确，允许有2 ~ 3处大错误。	听记内容的语法等方面基本正确，允许有3 ~ 4处大错误。	听记内容的语法等方面基本正确，允许有不超过5处大错误。	听记内容的语法等方面错误较多，超过5处。
小错误方面（拼写、标点符号、冠词及单复数、空格等）	听记内容的拼写等方面基本正确，允许有1 ~ 3处小错误[2]。	听记内容的拼写等方面较为正确，允许有4 ~ 6处小错误。	听记内容的拼写等方面基本正确，允许有7 ~ 8处小错误。	听记内容的拼写等方面基本正确，允许有不超过10处小错误。	听记内容的拼写等方面错误较多，超过10处。
断句方面	听记内容的断句方面基本准确，允许有1处断句错误[3]。	听记内容的断句方面较为准确，允许有2 ~ 3处断句错误。	听记内容的断句方面大致准确，允许有4 ~ 5处断句错误。	听记内容的断句方面基本准确，允许有不超过6处断句错误。	听记内容的断句方面问题较大，错误超过6处。
Outline书写方面	能很好地掌握Outline书写的基本要求，无格式方面的错误。	能较好地掌握Outline书写的基本要求，根据信息内容进行层次划分。	能基本掌握Outline书写的基本要求，根据信息内容大致进行层次划分。	能基本掌握Outline书写的基本要求，允许有结构框架不合理之处。	Outline书写问题较大。

错误示例：

大错误：

（1）遗漏、加词、造词、大移位、时态错误、原文一个词变成两个词（或者两个词变成一个词）；每个错误扣1分。

are still paid（correct）—is still paid（wrong）; still paid（wrong）; still pay（wrong）
were used（correct）—we used（wrong）
coins were（correct）—coin was（wrong）
began（correct）—begun（wrong）正确时态应为一般过去时
paid（correct）—pays（wrong）正确时态应为一般过去时或者过去完成时
accepted（correct）—an acceptation（wrong）
as payment（correct）— for payment（wrong）

1　大错误的数量最终应结合听记文本的内容长度，句子数量以及参赛选手的整体水平等因素进行调整。

2　小错误的数量最终应结合听记文本的内容长度，句子数量以及参赛选手的整体水平等因素进行调整。

3　断句错误数量最终应结合听记文本的内容长度，句子数量以及参赛选手的整体水平等因素进行调整。

for goods (correct) — as goods (wrong)
they (correct) —these (wrong) ; their (wrong)
（2）大错误的表示方法：大错误用下画线表示，扣1分。
小错误：
（1）单词拼写错1～2个字母
inconvenient (correct) —unconvenient (wrong)
originally (correct) —origionally (wrong)
sequence (correct) —sequaince (wrong)
pilots (correct) —piolets (wrong)
（2）标点符号、大小写错误
when (correct) —When (wrong)
To solve the problem, the (correct) —to solve the problem the (wrong)
to the normal (correct) — To the normal (wrong)
, and then adopted (correct) —And then adopted (wrong)
（3）冠词、单复数错误
shells (correct) —shell (wrong)
with a solution (correct) —with the solution (wrong)
with fortune hunters (correct) —with the fortune hunters (wrong)
90 percent (correct) —90 percents (wrong)
（4）小错误的表示方法：小错误用圆圈表示，扣0.25分。
一些特例的扣分标准（一些情况不扣分）
in the past —in the past,
World War I —World War One
race-car —race car
90 percent—90%

3．提纲式听记模块选手现场答卷评价样例

What Is Tourism?

I. Definition of tourism
A. a movement in space
B. from a person' s home district to one or more destinations
C. then back again
II. The importance in the definition of tourism
A. period: away from home for a certain period of time
B. time:
1. minimum time: 24 hours
2. maximum time: 365 days
C. [1]
III. Criterion of tourism

1　内容信息遗漏3项，扣4分。

A distance criterion is also specified. IV. Categories of tourism A. domestic tourism 1. destination: inside his country of residence 2. time: at least 24 hours but less than one year 3. purpose: recreation, holidays, holidays, sports, business, meetings, conventions, study visiting friends or relatives, health, mission work, or religion international tourism instead "inside" of[1] "outside"
阅卷评语： 提纲逻辑清楚，结构正确，无断句错误。存在三项较大信息遗漏和个别语法小错误。得分：16。等级：良好。

二、信息化平台建设设计方案

英语速录速记竞赛系统拟搭建参赛选手竞赛作答（见下表示例）、辅助教师高效开展评阅选手竞赛成果的在线服务系统。打分引擎拟综合自然语处理技术、语料库分析技术和教育测量技术研发，系统拟设置自动提取英语速录速记相关的数据指标，即纬度分（如拼写错误、语法错误、关键词条错误、笔记格式错误、笔记符号意义频率差等）。在英语速录模块中完成自动批改，竞赛分数立等可得（分数区包括：总分、时速分、纬度分、自动评语和排名信息）；在英语速记模块里，力争做到选手速记成品与语料库距离等于分数（分数区内设：总分、时速分、纬度分、自动评语和排名信息）。

参赛选手竞赛作答平台页面与功能示例

1. 系统综述 本系统为单机版 b/s 结构的软件，主要以 JavaScript 为主，利用 Html，Media Player 技术完成本教学软件的开发工作。
2. 各系页面代码说明

1　语法错误，累计扣分。

（续表）

2.1 引导框架页 index.hta 2.1.1 页面功能说明 可执行 html 文件，主要作为系统框架使用，便于对 html 窗口的控制； <html> 2.1.2 代码说明（略） ----------------------- 2.2 引导页 2.2.1 页面功能说明 in.html 用来显示片头 2.2.2 代码说明（略） 2.3 系统软件导航页 2.3.1 页面功能说明 second_b_t.html，通过此页面可以进入到播放系统、训练系统、测试系统 2.3.2 代码说明（略）	2.4 播放系统 2.4.1 播放系统单元引导页 2.4.1.1 页面功能说明 （1）页面名称：Index_c_play.html （2）用于进行单元选择 （3）控制页面操作：关闭窗口，返回主页，返回上级页面，查看帮助页面 2.4.1.2 代码说明（略） 2.4.2 单元引导页 2.4.2.1 页面功能说明 （1）页面名称：unit1/index_play.html （2）用于进行单元内各题目的选择 （3）控制页面操作：关闭窗口，返回主页，返回上级页面，查看帮助页面 2.4.2.2 代码说明（略） 2.4.3 单元题型引导页 2.4.3.1 页面功能说明 （1）页面名称：unit1/p_1_play.html （2）用于进行该部分内各题型之间的选择 （3）控制页面操作：关闭窗口，返回主页，返回上级页面，查看帮助页面，调用具体题型内容 2.4.3.2 代码说明（略） 2.4.4 题型引导页 2.4.4.1 页面功能说明 （1）页面名称：unit1/play_c_t_1_1.html （2）用于进行该部分内各题型之间的选择 （3）控制页面操作：快放，正常，慢放，查看题目，查看原文功能 由于播放系统主要是做音频播放但不含人机交互的功能，因此仅以此页面说明，其他页面与之类似 2.4.3.2 代码说明（略）
2.5 训练系统	2.6 测试系统

（续表）

<table>
<tr><td colspan="2">由于引导框架页、单元引导页、单元题型引导页、题型引导页与播放系统相类似，不再做具体的描述，而重点描述一下各题型的代码说明</td></tr>
<tr><td>2.5.1 题型面页说明
2.5.1.1 页面功能说明
（1）页面名称：unit1/test_t_t_1_2.html
（2）语句中译英训练，本描述用于语句的中译英，用来替代其他题目类型的说明
（3）控制页面操作：快放，正常，慢放，查看题目，查看原文功能
2.5.1.1 代码说明（略）
（1）用于调用虚拟键盘
（2）用于控制是否可以查看答案
（3）用于控制选择题目播放音频并用于显示当前选择题目
（4）检查输入的结果是否正确
（5）变换当前选择的题目底色
（6）用于音频播放
（7）用于控制音频播放速度
（8）影响回车事件</td><td>2.6.1 题型面页说明
2.6.1.1 页面功能说明
（1）页面名称：unit1/exec_p1_t2_2.html
（2）语句中译英训练，本描述用于语句的中译英，用来替代其他题目类型的说明
（3）控制页面操作：快放，正常，慢放
2.6.1.2 代码说明（略）
（1）用于调用虚拟键盘
（2）用于对答案进行赋值给变量
（3）用于控制显示答案
（4）用于自动选择题目
（5）用于检查输入的答案是否正确并计算得分
（6）用于控制时钟，如果超时则自动提交
（7）用于计算得分并由得分得出评价
（8）用于控制播放器及播放速度
（9）用于控制输入的内容只能为汉字或英语
（10）用于控制虚拟键盘是否显示
（11）调整虚拟键盘
（12）相应回车键并用于虚拟键盘字母变色
（13）计时器</td></tr>
</table>

三、赛项设计与平台建设的相关思考

（一）突出英语速录速记的线性核心技能

1. 听写：机械性速录，即在英语视听环境中，单位时间内记录词语的速度与拼写的准确性；

2. 听记：原创性速录速记，即在英语视听环境中，单位时间内记录信息关键词或信号词的数量及其准确性；

3. 听释：创新性速记，即在英语视听环境中，单位时间内诠释相关记录信息的数量与诠释笔记的逻辑结构性；

4. 听译：综合性速记，在英语视听环境中，单位时间内相关信息笔记编译的速度及与源信息的对应性。

（二）关注行业企业英语速录速记的成品呈现形式

1. 复制式速录（全文文本为主）
2. 关键词笔记（词句段落为主）
3. 大纲式笔记（段落篇章为主）
4. 图解图示笔记（主题篇章为主）
5. 问答式笔记（交互研讨为主）

（三）满足一般系统软件运行环境及测评系统功能需求（示例如下）

<table>
<tr><td colspan="2">硬件环境</td><td colspan="2">CPU 1.0G MHZ、内存 256M、硬盘 40G 及以上配置的多媒体电脑，显示器最佳分辨率为 1024×768。</td></tr>
<tr><td colspan="2" rowspan="4">软件环境</td><td colspan="2">Windows XP、Win2003、Win Vista 等 Windows 操作系统</td></tr>
<tr><td colspan="2">浏览器：IE 6.0（或更高）</td></tr>
<tr><td colspan="2">Windows Media Player 7.0 及以上</td></tr>
<tr><td colspan="2">Flash Player 8.0 及以上</td></tr>
<tr><th>子系统名称</th><th>序号</th><th>名称</th><th>相关说明</th></tr>
<tr><td rowspan="4">交互赛训系统</td><td>（1）</td><td>音频播放模式</td><td>提供：不设暂停、重放等功能。</td></tr>
<tr><td>（2）</td><td>视频播放模式</td><td>提供：无字幕、英文字幕、中文字幕三种播放模式；视频与字幕同步播放。</td></tr>
<tr><td>（3）</td><td>限时性实训测试</td><td>限时设定，即在规定的时间内完成测试实训内容。</td></tr>
<tr><td>（4）</td><td>4 种交互性实训测试模块</td><td>听写；听记；听释；听译。</td></tr>
<tr><td>评测系统</td><td>（5）</td><td>测试评价</td><td>机读评测、非机读转存功能、测试结果统计。</td></tr>
</table>

总之，英语速录速记赛项设计要遵循高职学生自身认知规律，紧密结合相关专业培训模式及课程教学模式改革的实际，从英语速录速记技能对应的行业企业职业岗位（群）之从业者的能力发展角度出发，突出实践技能的职业针对性、实践训练以及技能竞赛的可操作性和实效性。

参考文献

[1] 晶辰创作室．不用打字的电脑输入方法 [M]. 北京：科学普及出版社，2009.

[2] 老青，刘晓晶，何明华．英语速记笔记探究与设计 [M]. 北京：世界知识出版社，2013.

[3] 美崎荣一郎．别告诉我你会记笔记 [M]. 糜玲，译．北京：中信出版社，2011.

[4] 王涛，金连文．简易可行高性能手写输入法的设计与实现 [J]. 计算机应用，2010（增刊 1）.

[5] Dudeney, Gaven. & Hockly, Nicky. 如何用现代信息技术教英语 [M]. 陈则航，译．北京：人民邮电出版社，2011.

[6] Spence, Robert. 信息可视化交互设计 [M]. 陈雅茜，译．北京：机械工业出版社，2011.

[7] www.yysjlq.com，2014-05-31（英语速记）.

第二章 职场英文写作需求调研报告及赛训方案

行业英语写作需求调研报告及赛训方案

马红[1]

摘要： 中国与世界的交流日益广泛，英语在学习和工作中扮演着越来越重要的角色。高等职业教育近几年如火如荼，各种赛事孕育而生。全国高职高专英语写作大赛向社会推荐了大量的优秀人才。但如何使参赛的学生更加满足社会行业的要求？为此，笔者进行了行业英语写作需求的调研，试图通过行业英语写作的需求解开高职英语写作教学的瓶颈，并找到以赛促训的有效方法。

关键词： 行业英语　写作需求　以赛促训

项目来源： 教育部职业院校信息化教学指导委员会 2013 年立项课题"公共英语信息化职业技能竞赛赛项方案研究"（项目编号：2013LX055；主持人：老青）

1 马红：北京青年政治学院英语系教师，讲师。

一、引言

伴随着中国的快速发展、中国与各国人民交流的日益频繁，英语在人们的社会生活中占据了重要的地位。近年来，高职院校的发展深受社会关注，高职教育培养出的学生也受到了社会各行业的欢迎，为社会输出了合格的服务型人才。为了进一步满足社会行业对英语人才的需求，全国高职高专英语写作大赛从 2010 年至今已经成功举办了四届。该赛事是由教育部高等学校高职高专英语类专业教学指导委员会与深圳职业技术学院主办、外语教学与研究出版社协办的职业写作技能比赛，旨在带动全国高职院校重视培养学生的英语写作能力，促进全国高职院校学生英语应用能力的整体提高，从而推动全国高职英语教学的总体发展。各个选手在比赛中表现优越，屡创佳绩。鉴于高职英语写作赛事如火如荼，笔者进行了行业英语写作需求的调查，试图通过行业英语写作的需求解开高职英语写作教学的瓶颈，并找到以赛促训的有效方法。

二、行业英语写作需求的调查

（一）背景

为全面了解我国行业英语写作需求和学生英语写作能力的实际情况，有效地开展英语写作教学，更好地为行业输送人才，2013 年 9 月至 2014 年 2 月，笔者对行业英语写作需求和实际使用情况进行了调查。

（二）调查的设计与调查方法

在对北京青年政治学院毕业学生进行调查和访谈的基础上，确定了调查问卷的题目。调查问卷的内容主要关于英语写作技能的要求、招聘员工时对英语写作证书的要求、员工英语写作水平能否满足行业的需求，以及对英语写作教学的建议等。根据以往的经验，本次调查采用了调查问卷和随机访谈的形式。调查对象分布的行业包括旅游行业、教育行业、金融行业等几类主要的服务型行业。

（三）调查问卷的结果分析

通过 SPSS 统计分析调查问卷，并根据学生访谈的结果，本次调研得出以下基本内容：

1. 行业员工需要英语写作能力的情况

相对于英语口语来说，英语写作的应用场合在各个行业各不相同。总体来说，各行业给出的最需要英语写作的场合是“E-mail”、“商务报告”、“文档”、“商务合同”等。

2. 行业对员工英语写作能力的要求

15.6% 的行业对英语写作能力有很高要求，32% 的行业对英语写作能力有较高要求，47.4% 的行业对英语写作能力有基本要求，只有 5% 的行业对英语写作能力要求不高。

3. 行业对员工英语写作证书的要求

对于英语写作证书，各行业普遍表示要求不高，认为英语写作证书不一定代表写作能力。26% 的行业要求员工拥有英语写作证书，74% 的行业对英语写作证书并没有要求。

4. 行业对员工英语写作能力的满意程度

72% 左右的行业对目前员工的英语写作能力很不满意，5% 左右的行业对员工的写作能力较满意，23% 的行业认为员工的写作能力还有待提高。

三、行业对英语写作教学的建议

行业对于学生英语写作能力有很深的了解，因此提出的意见也很中肯。鉴于统编英语写作教材的缺陷，行业建议英语教师自编教材。教材编写应注重实用性，应考虑采用行业中的真实项目资料作为教材，便于实训操作；也可以把实际项目文档作为教材，以促进语言能力和技术能力的综合提高。

（一）英语写作教学方法探索

各行业人员对高职英语写作教学提出的要求是：高职英语写作教学应加强教学的针对性和有效性，构建以培养职业能力和提高学生综合素质为目标的英语课程。在经济全球化的今天，各行业的标准更新很快，高职英语写作教学应该跟上时代的步伐，采用最新的行业标准。除此之外，写作商务 E-mail 和商务报告的课程应该强化。要加大职业英语实训，写作教学中应选用职业活动中的真实工作素材，重点讲授 E-mail 写作、技术文档写作规范。通过示范讲解和模拟套写结合的方式，培养学生在职业环境下熟练进行如 E-mail 等即时通信工具交流的能力以及技术、项目文档的写作能力。

（二）赛训方案

全国高职高专英语写作大赛成功举办了四届，北京青年政治学院大规模地参加了三届。根据以往组织学生参赛的经验，特设计如下赛训组织方案。

全国高职高专英语写作大赛分为英语专业组和公共英语组，比赛题型主要包括应用文、图表作文和自由作文。应用文写作包括商务信函、便条、通知、简短传真等。应用文写作强调格式规范，因此辅导重点在于帮助学生掌握其语言应用和写作格式。

组织形式	1. 一年级学生由大学英语任课教师负责，在课堂上举行全班英语写作比赛，每班推荐优秀选手一名，参加全院总排名。 2. 二、三年级学生由各系部学生自愿报名，英语系组织进行英语写作比赛。 3. 由英语系教师结合一、二、三年级学生的试卷评判出参加北京赛区的选手，公共英语组两名，专业英语组一名。
集训计划	1. 邀请社科院著名教授进行校园宣传，鼓励学生积极参加比赛。 2. 确定参加复赛选手后，计划邀请校外知名专家辅导入选复赛的选手。公共英语组每周一次。英语专业组每周一次。辅导时间为每次两小时。 3. 选定指导教师三名，每周指导入选复赛选手两次。

过程管理与调控措施	1. 设项目总负责人一名，把握大局，宏观监控，项目细节均需总负责人同意才能执行。 2. 设项目负责人一名，负责出试卷、制定比赛方案、实施方案。 3. 设项目助理一名，负责通知各系部学生并组织报名。 4. 设项目实施人为英语系教师，各自组织自己的学生参加比赛，确保比赛的顺利进行。 5. 英语系赛会服务学生若干名，协助教师张贴海报、通知，并辅助引领学生进入考场参加比赛。 6. 北京青年政治学院二、三年级各系部学生由教师负责通知各班班长和学习委员进行班级内自由报名，每班原则上选取两名，进行全校考试选拔。 7. 一年级全体同学参加英语写作大赛，在课堂上进行，由任课教师自行安排，于第三周的周三上交班级第一名的试卷。 8. 指导教师需联系入选选手，选手须作出书面保证，愿意参加北京赛区的写作比赛并承诺不会缺考。 9. 由校外专家和校内指导教师共同指导学生参赛。

最近一年，北京青年政治学院尝试将写作的选修课与大赛结合起来，通过开设英语写作大赛选修课，对有志参加高职高专英语写作大赛的学生进行系统的培训，选拔出优秀选手参赛。另外。笔者在辅导学生的过程中试图将 BEC（剑桥商务英语考试）和英语写作大赛结合起来，有效性还有待进一步证实。

四、结语

根据北京青年政治学院学生的反馈和调查，笔者重新审视了高职英语写作教学的方法。英语写作教学应根据行业要求的不同而不同，不断更新，掌握最新的行业标准，从而使学生能够达到学以致用，提高自身的求职和工作能力。

参考文献

[1] 蔡龙权，戴炜栋 . 错误分类的整合 [J]. 外语界，2001（4）.
[2] 戴曼纯，王湘玲 . 误差分析：问题与思考 [J]. 外语界，1997（3）.
[3] 戴炜栋，束定芳 . 对比分析、错误分析和中介语研究中的若干问题 [J]. 外国语，1994（5）.

[4] 邓炎昌，刘润清 . 语言与文化 [M]. 北京：外语教学与研究出版社，1989.

[5] 董国英 . 英语语篇教学探析 [J]. 山西广播电视大学学报，2007（4）.

[6] 桂诗春 . 心理语言学 [M]. 上海：上海外语教育出版社，1985.

[7] 胡壮麟 . 语言学教程 [M]. 北京：北京大学出版社，2002.

[8] 聂平香 . 我国发展服务外包的路径选择和战略取向 [J]. 国际经济合作，2007（7）.

[9] 王丽娟 . 协作学习情景下的知识意义构建与体验式教学 [J]. 外语教学，2009（4）.

[10] Nunan, D. *Syllabus Design* [M]. Oxford: Oxford University Press, 1988.

[11] Nunan, D. *The Learner-centered Curriculum: A Study in Second Language Teaching* [M]. Cambridge: Cambridge University Press, 1988 .

英文写作竞赛实证研究
——以 2013 年全国高职高专院校英语写作比赛（北京赛区）为例

何明华[1]

摘要： 本文通过问卷调查和实证研究相结合的形式，调查了北京青年政治学院部分专业学生的实用英语写作能力的现状，同时还研究了第四届全国高职高专英语写作大赛公共英语组赛区选拔赛的 50 份答卷，并就调查结果进行了分析和讨论。在此基础上，就培养和提高高职高专学生英语写作能力提出了对策和建议。

关键词： 高职高专 英语写作 对策

项目来源： 教育部职业院校信息化教学指导委员会 2013 年立项课题“公共英语信息化职业技能竞赛赛项方案研究”（项目编号：2013LX055；主持人：老青）

1 何明华：北京青年政治学院英语系讲师，英语系旅游英语专业教研室主任。

教育部高等学校高职高专英语类专业教学指导委员会于2010年上半年举办了首届“全国高职高专英语写作大赛”，旨在深化高职英语教学改革，促进对学生英语写作能力的培养，进一步关注学生英语应用能力的整体提高，推动全国高职英语教学的总体发展，展示各高职院校英语教学水平和改革成果。大赛分公共英语组和英语专业组两个组别，全国各高职院校所有年级学生均可自愿报名参加相应组别的比赛。比赛的命题原则是依据目前高职英语教育的相关文件，充分反映高职英语教育的发展趋势。赛题体现高职特色，突出写作能力，内容既贴近当代大学生的学习和生活，又能反映未来工作岗位对英语写作能力的要求和个人职业发展的需求；比赛时间为120分钟；初赛题目包括两部分，决赛则是在现有两个题型的基础上各增加一个自由发挥的题目，并对字数提出更高要求：公共英语组的总字数不少于650词，英语专业组的总字数不少于800词。

公共英语组

题型	体裁	字数	分值	题量
命题作文	应用文（便条、邀请函及回函、通知、简短私人和业务信函、简短传真和电子邮件、简短广告、简短产品与厂家介绍、简短产品使用说明等）	不少于100词	40%	1
看图画或图表作文，给出关键词、段首句、规定情景、提纲或围绕某一主题等作文	不限	不少于350词	60%	1

英语专业组

题型	体裁	字数	分值	题量
命题作文	应用文（根据已提供的信息，如图表、概括性说明等撰写报告、信函、内容较丰富的广告、使用说明等）	不少于200词	40%	1
根据已给关键词、段首句、规定情景、提纲或围绕某一主题等作文	不限	不少于350词	60%	1

笔者在平时的写作教学中发现，学生在没有明确的任务或竞赛的激励时对写作基本上持回避的态度，虽然学生们也知道英文写作在将来的实际运用中有很重要的作用，但大部分学生发现要写出一篇好的英文作文是一件比较困难的事情。在查看目前各高职院校的英语课程建设网站或总结报告时也不难发现，部分高职院校在英语写作课程建设等方面的规划比较空泛，缺乏量化标准和评价指标。全国高职高专英语写作大赛的推出为各高职院校的写作教学与学生写作能力的培养提供了一个方向指引和教学标准的样例。

一、研究对象和研究方法

调查对象为北京青年政治学院 2013 级、2012 级和 2011 级中的 100 名学生，其中有 40 名是旅游英语专业的学生，有 60 名是非英语专业的学生；共发出 100 份调查问卷，收回 96 份。同时还研究了第四届全国高职高专英语写作大赛公共英语组赛区选拔赛的 50 份答卷。

此次研究旨在探索现阶段高职院校英语写作教学的路径，为提高写作教学提供建议和意见。研究方法有问卷调查和写作比赛的第一手资料，旨在找出现阶段学生在英语写作方面存在的问题，为学生的英语写作水平和能力进行把脉，找出学生在写作中的共性规律，并为培养学生的英语写作兴趣和方法提出建议和意见。

同时，还访谈了英语系担任专业英语和公共英语教学的部分教师，目的是客观地考察学生的实用英语写作能力的现状及差异，为提高高职高专学生的实用英语写作能力寻找切实可行的方法。

二、研究发现的问题

（一）对调查问卷的分析

本次调查问卷主要涉及四个方面的问题：（1）参加英语写作比赛对英语写作能力和兴趣是否有提高和促进的作用；（2）参加英语写作比赛希望能得到哪些方面的提高；（3）希望教师能在哪些方面对学生进行英语写作

比赛的指导；(4) 学生对教师写作教学和举办英语写作比赛的建议。通过这次问卷调查，对学生在英语写作中遇到的主要困难和今后英语写作教学的方向有了更为清晰的认识，下面是具体的调研情况：

(1) 参加英语写作比赛对英语写作能力和兴趣是否有提高和促进的作用：对参加英语写作比赛感兴趣的学生占比为73%，说明大部分学生还是比较认同以竞赛的形式来检验自己的写作能力和水平。愿意参加写作比赛的学生主要出于能够促进自己的写作能力的目的，说明学生们对自己的写作能力还是有比较高的期待和要求的。

(2) 参加英语写作比赛希望能得到哪些方面的提高（多选）：72%的学生选择了"希望能写出地道的英语句子"；83%的学生选择了"能够清晰、正确地表达自己的思想"；92%的学生选择了"能写出比较满意的句子，且错误率较低"。

(3) 希望教师能在哪些方面对学生进行英语写作比赛的指导（多选）：78%的学生选择了"希望在语法错误和复合句的运用上得到教师的指导"；83%的学生选择了"希望在句型、篇章结构上得到教师的指导"；90%的学生选择了"希望在用词上得到教师的指导"。

(4) 学生对教师写作教学和举办英语写作比赛的建议（多选）：83%的学生选择了"希望教师能够采取灵活多样的方式进行写作教学"；90%的学生选择了"希望比赛能与实际运用相关，真正做到学以致用"；95%的学生选择了"希望比赛能与英语相关等级考试的题型保持一致"。

通过以上调查问卷的结果的分析得出如下结论：

(1) 大部分学生对英语写作的能力要求还停留在比较初级的阶段，他们认识到了自己的词汇量少，容易出现语法错误，句子和段落结构把握不清，找不到恰当的表达方式，对写作思维的训练还不足。

(2) 学生对自身英语写作能力的认识是比较切合实际的，他们没有提出高不可攀的目标要求。

(3) 学生对英语写作的学习虽然大部分出于学以致用的目的，但主要还是以应试为目的。

（4）学生认可写作能力能够通过比赛的方式得以提高，他们认为写作比赛是促进自己进行深入学习写作方法和提高写作水平非常重要的途径。

（二）对第四届全国高职高专英语写作大赛公共英语组赛区选拔赛的50份答卷的分析

这50份答卷中有25份是北京青年政治学院2011级学前教育专业的学生完成的，25份是2011级法律事务专业的学生完成的，这两个专业学生的英语水平在学院所有专业的学生中属于偏上水平。本次英语写作选拔赛共两道题目，第一道题要求学生按照信息提示写一份至少100词的信函；第二道题要求学生根据信息提示写一个至少350词的报告。

对50份答卷做了如下方面的分析：（1）英语实际运用能力的评估，如掌握应用文体的格式、用语等；（2）学生所掌握的词汇量和用词的灵活度与深度；（3）句法的掌握和运用熟练程度；（4）篇章结构的把握；（5）语法错误。

通过对50份答卷的分析得出如下结论：

（1）对应用文写作的格式掌握得还不够准确，格式完全正确率只有30%左右。大部分学生在应用文体的格式上总是顾此失彼，对细节的把握不够。从应用文的用语上来看，还不能很好地做到融入实际工作岗位中去，大部分学生只是凭自己的理解去进行语言文字的表达。这与学生在实训学期中还没有真正接触到工作岗位的实质内容有一定的关系，也有部分原因是学生在实训过程中没有机会接触英语应用文写作。因此，学生在写作比赛时只能凭自己的想象或书本上的死记硬背来应对。

（2）从学生的词汇量和用词角度来看，70%左右的学生能运用自己所掌握的词汇进行准确的表达，能根据赛题要求将信息点完整表达出来，这一点在英语基础比较扎实的学生身上体现得比较明显。从表达的深度来看，学生由于受词汇量所限，对比较正式、规范的行文只能凭自己的理解进行曲线表达，而不能使用真正符合职场要求的用词和表达习惯。这与学生平时未能进行扎实的识记有关系，因为职场用语中有相当一部分用词和表达法是固定的，需要学生进行识记。

（3）从学生对句法的掌握和运用熟练程度来看，80%左右的学生只能使用基本句型来表达信息点，对并列句、复合句和非谓语动词的运用偏少，在句子的表述中往往忽略动词的时态、语态和名词的单复数变形，同时对动词、名词和形容词等的固定搭配使用过少，甚至有使用错误的情况。

（4）从对篇章结构的把握来看，85%以上的学生在篇章结构上布局合理，能进行合理的段落分配和词数分配，但能将段落形成独立的中心表述并围绕中心表述进行阐述的较少，80%以上的学生只是依照题目提示进行分段，并进行相应的内容和信息点的表述；在段落中没有养成有论点和论据的写作思维习惯，而是根据题目要求顺序来进行写作，不能将信息点和提示内容进行整合后再进行篇章布局。从表达习惯上来看，中式英语较以前少很多，但还是有30%左右的学生出现明显的中式英语表述。

（5）从语法错误上来看，90%以上的学生均犯有词性的用法错误和词形把握不清的错误，如将动词当作名词使用、将非谓语动词当作谓语动词使用等情况时有出现；同时，时态运用不合理的情况在70%左右的学生中出现过，而且时态、语态表达较单一。

三、结论与对策建议

（一）结论

通过本次实证研究调查和分析可得到以下结论：高职高专学生对英语写作在英语学习过程中的重要性有明确的认识，对英语写作持积极的心态。但是，部分学生对提高英语写作能力的信心和动力不足，主要原因是自身英语基础薄弱，词汇量有限，语法知识中需要识记的部分未能进行扎实的消化，经常出现模棱两可的情况。同时，学生对高职高专英语写作题材和内容不太熟悉，自主练习英语写作的积极性不高，需要通过任务或竞赛等形式来进行外部督促。

（二）对策建议

高职高专英语写作中存在的问题，一方面反映出学生的英语基础仍然比较薄弱，部分学生在进入大学学习后对自身的要求降低，导致在综合运用语言时输出能力和输出效果不佳，因此需要提升学生的学习兴趣和引导学生进行有效的学习；另一方面反映出高职高专英语在教学中仍然存在一些比较普遍的问题，如教师在英语教学课时中分配给写作教学的时间有限。目前高职高专英语教学大都以精读和听说为主，非英语专业均未设置专门的写作课程，学生在平时练习写作的实践机会也相对较少。

1．注重英语写作的基本句型训练

英语作为语言是有其自身独特的语言结构的，几乎所有的英语句型都由简单句的基本类型构建、扩大、延伸或变化而来。本次调查结果表明：70% 左右的学生语言知识基础不扎实；词汇严重不足，不能深入表达思想内容；语法知识薄弱，句子结构层次概念混乱，不能依照英语的语言结构写出完整地道的英语句子。鉴于此，在指导学生的写作过程中应该狠抓学生的语言基本功，尤其是基本句型的练习要加强，在此基础上将写作教学与精读教学紧密结合起来，在扩大学生的阅读量的同时使他们获取丰富的可理解性输入；同时，又可用每单元所学的重点词汇或句型进行口头或书面的遣词造句训练，有目的、有步骤地运用词汇、句型、时态、语态、连接词等进行汉英翻译练习，为英语写作打好扎实的语言基础。

2．利用现代信息教学辅助手段，采取多样化的教学方式，培养学生自主学习的能力，通过实用性的练习加强对学生课外学习的指导

从调查结果看，80% 的学生希望教师能进一步改进教学方法，在教学中增加应用文体的背景知识介绍，多与实际运用相结合。同时教学方

式应灵活多样，教师应采取各种方式调动学生的积极性，激发他们的学习兴趣，尽量让学生参与到英语写作交流中去，体验写作的成就感和乐趣。可让学生互评互改作文。平时的考试方式也可灵活多样，如可采取开放式、合作式、任务式的写作教学模式和设立多层次评价标准，重视培养学生的语言应用能力，以提高学生的英语写作兴趣。

教师的教学理念和教学方法对学生语言的综合应用能力的提高有着重要的影响。教师应主动去关心学生，充分利用现代化教学辅助手段加强对学生课外学习的指导。采取任务教学法，适时给学生布置写作任务，要求单独或以小组合作的方式完成写作任务，让学生逐渐重视英语写作训练，明确写作动机，提高英语写作实践的频率。

3．突出教学的应用性，合理地选择、安排写作题材讲授顺序与难易度

近年来，全国高等学校英语应用能力考试的写作内容都趋于应用题材的写作。英语写作教学应多教授一些今后工作中能实际运用到的文体，要尽可能丰富文体的种类。先从学生能直观感受到的文体类型进行训练，不能不进行挑选就让学生进行练习，比如可以从个人简历、求职信、通知、海报等学生能够接触到的文体开始进行训练。同时，就不同题材的写作结构、目的、内容以及语言特征进行详细的分析。本次调查结果显示，将近60%的学生不太熟悉或不熟悉高职高专英语写作的题材和内容。在写作教学中强调过程教学，先不要过于强调写作过程中学生在语法、标点等方面的错误。

教师在讲授每一种文体的写作时需要进行信息理论研究并整理成容易理解的语言，以备在教学过程中根据学生的理解水平来选择教学内容。当前的英语应用文写作还是比较注重让学生进行相关题材文章的句子背诵，这里面有客观原因的存在，那就是大部分高职高专学生没有举一反三的能力，让他们掌握一些固定、常用的句子就已经很不容易了。因此，教师要着重教授有效的学习方法，鼓励学生关注生活中各个方面的信息动态，关心发生在身边乃至世界的时事。这就要求学生在大学一开始就进行写作训练的培养，尤其是在写作过程中的培训。通过先词汇、再句子、最后段落的步骤进行教学，让学生能循序渐进地掌握写作的基本技巧和方法，逐步得到提升。

四、结束语

根据对50份写作大赛的答卷分析来看，参加了比赛的学生所写出的文章与未参加比赛的学生所写出的文章有较明显的质量差异，在行文规范、字词的选择运用和文章的段落结构等方面都有直观的差别。这也反映出学生在参加写作大赛之前，在教师的指导下能在短期内进行比较全面、深入的训练，同时也能在这个阶段中最大程度提升自己的写作意识、兴趣和水平。可见，提高学生的写作能力除了平时课堂的学习，竞赛等形式也是促进学生快速提升写作能力的一个很好的途径。

参考文献

[1] 蔡专林．高职高专学生实用英语写作能力现状的调查与对策研究 [J]. 镇江高专学报，2008（4）.

[2] 江晗．高职高专英语写作大赛对职业写作课程建设的作用 [J]. 广州番禺职业技术学院学报，2011（12）.

[3] 全国高职高专英语写作大赛实施方案 [EB/OL]. 全国高职高专英语写作大赛写作官网（http://www.writing-contest.org/newsdetails.asp?id=184），2011-05-18.

[4] 任莉枫．高职高专英语写作教学的现状调查及对策研究 [J]. 大学教育，2012（11）.

附录：高职英语类专业教学标准[1]

高等职业学校旅游英语专业教学标准

专业名称 旅游英语

专业代码 660109

招生对象 普通高中毕业生／中等职业学校毕业生

学制与学历 三年 专科

就业面向

初始岗位：从事英语导游、旅行社经营管理、涉外酒店服务与管理等相关工作。

发展岗位：出境旅游领队、旅游行业业务骨干及初、中级管理人员等岗位。

培养目标与规格

一、培养目标

旅游英语专业旨在培养德、智、体、美、劳全面发展，具有良好的职业素养，能够熟练应用英语技能，具备较强的交际能力及组织能力，能够胜任涉外旅游行业一线服务及管理的高端技能型英语人才。

二、职业核心能力

1．英语交流能力

具有较强的英语听、说、读、写、译能力，尤其是英语口语能力和跨文化交际能力。

2．旅游业务能力

能够用英语从事旅游业务工作，具有良好的人际沟通与组织管理能

---

1 教育部职业教育与成人教育司：《高等职业学校专业建设标准（财经大类 文化教育大类）》，中央广播电视大学出版社，2012 年 11 月。

力、较强的灵活应变和独立工作能力。

三、培养规格

1．素质结构

（1）思想素质：具备良好的政治思想素质和诚实守信、爱岗敬业的职业道德素养。

（2）文化素质：具备较高的人文素养和必要的科学素养。

（3）专业素质：具备良好的英语语言素质、较强的跨文化交际素质，以及旅游行业相关的职业素质。

（4）身心素质：具备良好的身体素质和健康的心理素质。

2．能力结构

旅游英语专业的核心能力为英语交流能力和旅游业务能力，具体能力结构如下：

（1）英语交流能力：具有较强的英语听、说、读、写、译能力，尤其是英语口语能力和跨文化交际能力。

（2）旅游业务能力：能够用英语从事旅游业务工作，具有良好的组织管理能力、较强的灵活应变和独立工作能力。

（3）知识获取能力：具有较强的自主学习能力、终身学习能力以及分析问题和信息处理能力。

（4）知识应用能力：具有良好的综合运用知识处理旅游业务的能力。

（5）社会交际能力：具有较强的人际沟通能力。

（6）改革创新能力：具有一定的创新思维能力和较强的创新意识。

3．知识结构

（1）语言文化知识：具有比较扎实的中英语言基础知识和中国与英语国家的文化背景知识。

（2）文理基础知识：具有必要的人文社科知识和自然科学常识。

（3）旅游专业知识：具有旅游英语专业必需的基础知识和业务操作常识，如旅游学概论、旅游政策与法规、旅游常识以及旅行社、涉外酒店等相关业务的操作常识。

（4）工具性知识：具有计算机、网络等信息技术应用知识和文献检索知识。

职业证书

根据旅游英语专业职业岗位群的职业能力要求，建议学生考取相应的职业资格证书，建立和完善“双证书”制度，实现学历证书和职业资格证书对接。可以推荐学生选考“中华人民共和国导游员资格证书（英语）”或其他相关职业资格证书。

课程体系与核心课程（教学内容）

一、职业能力分解

旅游英语专业课程体系建设立足旅游行业的人才市场需求。根据市场调研，本专业主要岗位群集中在旅行社服务与管理和涉外酒店服务与管理两大类，其职业能力分解见表 1。

表 1　旅游英语专业岗位职业能力分解表

序号	核心工作岗位及相关工作岗位	典型工作任务	职业能力要求及素质
1	英语导游（核心岗位）	迎送服务	能熟练运用英语进行迎送服务
			熟练掌握迎送服务的技能、技巧
			具有较强的人际沟通能力
		入住服务	能用英语进行涉外酒店预订、入住和离店服务
			帮助游客解决入住过程中出现的问题
		餐饮服务	能用英语介绍中国餐饮文化
			帮助游客解决用餐过程中出现的问题
		讲解服务	能熟练运用英语进行导游讲解
			能够灵活处理参观游览中的突发事件
		娱乐服务	能够为游客提供娱乐活动
			能够灵活处理娱乐活动中的突发事件
		购物服务	能够为游客提供购物服务，做好购物参谋
			能够灵活处理购物过程中的突发事件
		全程导游服务	能制作并执行旅游计划
			能流利运用英语进行旅游途中的导游服务
			做好旅游过程中的联络和协调工作
			能冷静应对各种突发事件

（续表）

序号	核心工作岗位及相关工作岗位	典型工作任务	职业能力要求及素质
2	涉外酒店工作人员（核心岗位）	前台服务	能熟练运用英语进行前台接待服务
			具有较强的沟通和交际能力
		客房服务	能熟练运用英语进行客房服务
			能熟练运用英语解决客房服务中出现的问题
		餐饮服务	能熟练运用英语进行餐饮服务
			具有较强的应急和营销能力
			能熟练运用英语解决餐饮服务中出现的问题
		市场营销	能熟练运用英语进行涉外酒店的营销工作
			具有较强的涉外酒店产品开发和销售能力

二、课程设置

旅游英语专业课程体系应围绕高端技能型旅游英语人才培养目标，综合考虑学生基本素质、职业能力培养与可持续发展，参照旅游行业职业岗位任职要求，引入行业、企业技术标准或规范，体现职业岗位（群）的任职要求，紧贴旅游行业的最新发展变化，主动适应区域经济发展的需要，突出前瞻性、应用性、灵活性和开放性。课程体系建设应吸收行业、企业专家参与，通过深入的市场调研和毕业生跟踪调查，分析该专业面向的主要职业岗位，将英语听、说、读、写、译能力和旅游业务能力有机融合，实现专业课程内容与职业标准对接。

三、课程分类及学时建议（含实践学时）

不同地区的院校应结合自身特色、办学定位和学生就业面向开设课程，建议设置课程模块如下：

1．公共基础课程

该模块旨在培养学生的综合素质，可开设思想政治理论、计算机基础、体育等课程，建议 300 ~ 400 学时。

2．专业基础课程

该模块旨在培养学生的英语语言基本技能，帮助学生掌握基本的旅游业务知识，可开设综合英语、英语听力、英语口语、英语阅读、英语写作、旅游学概论、饭店概论、导游基础、旅游政策与法规等课程，建议 800 ~ 900 学时。

3．职业技能课程

该模块旨在培养学生使用英语处理旅游业务的能力，可开设旅游英语、饭店英语、导游英语、领队英语、导游业务、旅行社经营与管理、综合实训等课程，建议 800 ~ 900 学时。

4．职业能力拓展课程

该模块旨在提高学生的综合素质，拓展学生的职业技能，可开设急救知识与技能、摄影、英语口才与演讲、第二外语、茶艺、调酒等课程，建议 100 学时左右。

上述四个模块的安排应该有所侧重，并将整个教学过程视为一个整体，自始至终突出培养学生运用英语处理旅游业务的能力。

四、核心课程简介

1．旅游英语

旅游英语旨在培养学生在旅游职场环境下的英语交流能力。

2．饭店英语

饭店英语旨在培养学生在涉外酒店环境下的英语交流能力。

3. 导游英语

导游英语旨在培养学生英语导游讲解能力及导游综合服务能力。

4．导游业务

导游业务旨在培养学生导游业务能力。

5．旅行社经营与管理

旅行社经营与管理旨在培养学生旅行社经营与管理能力。

五、实践教学体系

旅游英语专业的实践教学一般不低于教学活动总学时的 50%，校内专业实践不少于 4 周，毕业实习不少于 16 周，并达到本专业人才培养方案和教学大纲的要求。

旅游英语专业实践教学体系按照教学场所可分为校内实践和校外实践两部分。前者可在普通教室和专门的实训中心进行，后者主要在校外实习基地进行。

按照课程类型，校内实践可分为语言实践、旅游实践和综合实践；校外实践可分为社会实践、顶岗实习、毕业实践报告等环节。

1．语言实践

语言实践指语言技能的操练，主要培养学生的语言交际能力。

2．旅游实践

旅游实践指旅游英语专业相关的职业技能实践训练。

3．综合实践

综合实践指结合语言技能和旅游职业技能的综合性训练。

4．社会实践

社会实践指学生利用节假日自主参与社会调查、学习和服务等活动。

5．顶岗实习

顶岗实习指学生深入旅游企业一线，在真实的工作岗位上，在旅游企业兼职教师的指导下，增强实践动手能力的过程，包括实地考察、岗前培训、短期服务等形式。

6．毕业实践报告

毕业实践报告指学生结合毕业前顶岗实习，综合运用所学的语言与专业基本知识和技能，对来自旅游行业实际工作的问题进行分析与综合、抽象与概括，并提出见解和解决实际问题的过程。毕业实践报告工作包含选题指南拟定，指导教师选派，选题、开题报告，毕业实践报告撰写与指导，毕业实践报告评定等流程。

专业办学基本条件和教学建议

一、专业教学团队

1．专任教师

开设旅游英语专业应有稳定的、结构合理的师资队伍，并严格执行教师资格准入制度。专任教师应具有本科以上学历和高等学校教师任职资格，专业主要课程的教学基本组织（教研室、课程组）至少应配备两位专任教师，主要课程的主讲教师应具有中、高级专业技术职称，生师比例为 18 : 1。专任教师总数不得少于 10 人，具有“双师”素质的教师比例不低于 50%，专任教师中具有高级专业技术职称人数不低于 25%，专业课教师每两年应有至少两个月以上时间参加专业实践活动。

2．兼职教师

开设旅游英语专业应有“双师型”结构的师资队伍。外聘兼职教师数量上不少于专业教学团队总人数的 20%，主要承担专业实践教学。外聘专业教师至少应具有中级以上职业资格和丰富的旅游行业从业经验，有正式聘任手续并相对稳定。

3．实训室管理人员

每个教学实训室应配备不少于一名实训室管理人员。

二、教学设施

教学设施主要包括教室、实习实训设备设施和信息化教学设备设施等。

1．教室

教室分为普通教室、多媒体教室和专业实训教室。教室应该满足各种教学的基本要求。学校要制定教室管理制度，配备专人管理。

2．实习实训设备设施

（1）教学实训室及实训设备。学校应按照旅游英语专业人才培养方案和教学大纲的要求（实践教学课时数不得低于总教学时数的 50%），设置与本专业所开设课程相适应的教学实训室，实训教学仪器设备的总值应根据学校五年规划本专业招生总数，按生均不少于 0.3 万 ~ 0.5 万元配备。

（2）校内实训基地。学校应按照旅游英语专业的社会需求建立校内实训基地（可共享），实训基地设备的资金投入不少于 200 万元。

旅游英语专业的校内实训基地建设，应贴近一线岗位群工作环境，以多功能和资源共享为主要原则，按照实训功能大类划分实训室。主要实训基地和设备建议按 40 人 / 班配置，具体要求见表 2。

表 2 旅游英语专业的校内实训基地配置表

序号	实训室	实训功能	适用课程	主要设备及数量	参考面积
1	语言实训室	利用多媒体设备进行英语语言基本技能训练	英语听力、英语口语、英语语音、综合英语等	教师主控台（投影、卡座、实物展示、服务器）、座椅、课桌及台式计算机、互联网接入设备	128
2	模拟导游室	利用多媒体设备及软件进行导游和领队模拟训练	导游英语、领队英语、导游业务等综合实训课程	教师主控台（投影、卡座、实物展示、服务器）、座椅、课桌及台式计算机、景区模拟软件、互联网接入设备	160
3	旅行社综合实训室	利用仿真旅行社办公场景、真实的办公设备开展旅行社经营管理模拟训练	旅行社经营与管理	旅行社办公设备，如计算机、电话、打印机、复印机、传真机、旅游宣传画册等	128
4	酒店综合实训室	利用仿真酒店工作场景、真实的酒店设施开展酒店模拟训练	饭店英语	模拟酒店前台、客房、餐厅、酒吧等设备	200

（3）校外实习基地。旅游英语专业应按照人才培养方案和教学大纲的要求，在旅游相关企业建立稳定的校外实习基地，并安排专人负责校外实习工作。校外实习主要采取分散式顶岗实习或集中完成短期项目等形式，具体教学由校外兼职教师以导师制方式实施，校内任课教师进行必要协助。

3. 信息网络教学条件

学校应加强信息化建设，建立健全信息化教学设备和教学资源管理、使用的规章制度。建立校园网络和学校信息化管理系统，为学校的教学、科研、管理、内外交流等方面提供支撑服务。

三、教材及图书、数字化（网络）资料等学习资源

1. 教材

教材的选用要符合教学大纲或专业规范，应为正式出版的高职高专旅游英语专业教材，可优先选用获得省部级以上奖项的教材及国家级规划教材。教材的内容和语言应具有时代感，体现旅游行业的要求，要充

分利用计算机、多媒体、网络等现代化技术手段。

2．图书资料

学校图书馆应拥有教学必备的、门类较全的旅游英语图书资料，总量应能满足专业教学和学科发展的需要。英语及旅游类期刊 10 种以上，具有本专业信息资料查阅所需的计算机网络系统。

3．数字化（网络）资料

学校应与行业、企业共同建设共享型旅游英语专业教学资源库，围绕专业培养目标建设有利于学生自主学习、内容丰富、使用便捷、更新及时的数字化专业教学资源。专业核心课程应配备数字化（网络）资源，包括网络课程、视频库、音频库、电子期刊等。

四、教学方法、手段与教学组织形式建议

依照全面发展、人人成才、终身教育等人才培养理念，遵循职业教育和人才成长规律，根据旅游行业工作特点和用人需求变化，不断改革人才培养模式，做到因地制宜、因材施教。

根据课程类型、教学内容和学生特点，在进行教学设计时应重视学生在校学习与实际工作的一致性，将教学过程与旅游行业工作过程对接，有针对性地采用工学交替、课堂与实训地点一体化等多种形式，实施以教师为主导、学生为主体的教学。倡导启发式、探究式、讨论式、参与式、协作式教学，灵活运用案例教学、情景教学、示范教学、角色扮演、任务驱动、项目导向等教学方法，以学生为中心，充分发挥学生的主观能动性，激发学生学习兴趣，引导学生积极思考、乐于实践，提高教学效果。

应积极运用计算机、网络技术等现代化教学手段，构建适合学生个性化学习和自主学习的教学模式，满足学生的不同需求；借助虚拟现实技术构建仿真的职业工作场景，培养学生的职场工作能力。

五、教学评价、考核建议

积极推进考核方式、考核内容和成绩评价的改革。在考核方式上，加大形成性考核的力度，在考核内容上突出知识技能的应用。形成性评价与终结性评价应根据不同的课程、不同的学习阶段和不同的实践活动

形式而有所不同，测试设计应具有科学性、客观性、开放性和可行性，有助于提高学生使用英语处理旅游业务的能力。

在此基础上，努力探索旅游英语专业教学多元化评价体系，包括评价标准的多元化、评价目标的多元化、评价内容的多元化、评价方式和方法的多元化、评价主体的多元化、评价过程的多元化，吸纳行业、企业和社会组织参与考核评价，注重对学生使用英语处理旅游业务能力的真实性评价。同时，要努力使符合条件的毕业生获得相应职业资格证书，切实落实毕业证书和职业资格证书“双证书”制度。

六、教学管理

1．专业教学管理机构及专职教学管理人员

学校应设立旅游英语专业教学管理机构，应配备不少于两名本科以上学历并具有旅游英语专业知识结构的专职教学管理工作人员。

2．教学文件

学校应建立以下完整、系统的专业教学文件：专业建设与发展规划及其分年度实施计划、教学管理制度、教学质量监控制度、学籍管理制度、成绩考核制度、专业人才培养方案、课程教学大纲、学期进程计划及课表、实践教学计划及大纲、顶岗实习计划及大纲、使用教材目录等。学校的教学文件应按照教育部相关文件的要求制定。

继续专业学习深造建议

旅游英语专业学生应具有终身学习的理念和自我教育的能力。毕业后应充分利用互联网等资源，获取国内外旅游行业的最新信息；积极参与岗位培训，不断提高业务技能和岗位技能。

学生毕业后可以通过专升本、自学考试、开放大学远程开放教育、出国留学等方式继续学习，接受更高层次教育。本专业毕业生学习深造的相关专业方向如下：

旅游类：旅游管理专业、酒店管理专业、休闲旅游管理专业等。

语言与教学类：英语语言文学专业、翻译专业、英语语言学专业等。

高等职业学校商务英语专业教学标准

专业名称 商务英语

专业代码 660108

招生对象 普通高中毕业生／中等职业学校毕业生

学制与学历 三年 专科

就业面向

初始岗位：国际商务领域商务助理、行政助理等一线岗位。

发展岗位：国际商务领域业务主管、行政主管等中级岗位。

培养目标与规格

一、培养目标

商务英语专业旨在培养能适应国际商务一线需要，德、智、体、美、劳全面发展，具有良好的思想道德素质、职业素养、文化素质和心理素质，具备较强的英语应用能力，熟悉国际商务行业领域的基本理论知识与业务流程，能完成国际市场营销、外贸单证缮制、客户服务等一线工作任务，具有职业可持续发展能力的高端技能型英语人才。

二、职业核心能力

1．英语交流能力

具有较强的英语听、说、读、写、译能力，尤其是英语口语能力和跨文化交际能力。

2．国际商务业务能力

能够用英语从事国际商务工作，具有良好的人际沟通与组织管理能力、较强的独立工作能力。

三、培养规格

1．素质结构

（1）思想素质：具备良好的政治思想素质和诚实守信、爱岗敬业的职业道德素养。

（2）文化素质：具备较高的人文素养和必要的科学素养。

（3）专业素质：具备良好的英语语言素质、较强的跨文化交际素质，以及与国际商务业务相关的职业素质。

（4）身心素质：具备良好的身体素质和健康的心理素质。

2．能力结构

本专业的核心能力为国际商务环境下的英语应用能力，具体能力结构如下：

（1）语言交际能力：具有较强的中英文交际能力，能较流利地、基本正确地使用两种语言开展国际商务活动。

（2）知识获取能力：具有较强的自主学习能力和较强的观察、分析判断及信息处理能力。

（3）知识应用能力：具有良好的综合运用语言及商务知识解决实际问题的能力，以及管理和组织协调能力。

（4）社会交际能力：具有较强的人际沟通能力。

（5）改革创新能力：具有一定的创造性思维能力和较强的创新意识。

3．知识结构

（1）语言文化知识：具有较扎实的中英文语言基础知识和中西方文化背景知识。

（2）文理基础知识：具有必要的人文社科知识和自然科学常识。

（3）商务专业知识：具有从事国际商务所必需的基础知识和业务操作常识。

（4）工具性知识：具有计算机、网络等信息技术应用知识和文献检索知识。

职业证书

根据商务英语专业职业岗位群的职业能力要求，建议学生考取相应的职业资格证书，建立和完善“双证书”制度，实现学历证书和职业资格证书对接。商务英语专业推荐选考的相关职业资格证书见表1。

表1　商务英语专业相关职业资格证书表

序号	证书名称	颁证单位	等级
1	外贸业务员岗位资格证书	中国国际贸易学会	
2	全国外销员从业资格证书	中国商务部人事司	
3	国际商务单证员	中国对外贸易经济合作企业协会	
4	国际商务跟单员	中国对外贸易经济合作企业协会	
5	全国国际商务英语证书	中国国际贸易学会	一级
6	剑桥商务英语证书（BEC）	教育部考试中心、剑桥大学考试委员会	中、高级
7	秘书（涉外）职业资格证书	人力资源和社会保障部	四级
8	LCCI 文秘证书	英国伦敦工商会	一级

课程体系与核心课程（教学内容）

一、职业能力分解

商务英语专业课程体系建设应以培养高端技能型人才为目标，立足国际商务行业领域的人才市场需求，邀请从事国际商务工作的一线专家参与人才培养方案的研制工作，实现专业课程内容与职业标准对接。根据行业调研和专业调研，本专业主要岗位群集中在商务助理和行政助理两大类，其职业能力分解见表2。

表 2　商务英语专业岗位职业能力分解表

序号	核心工作岗位及相关工作岗位	典型工作任务	职业能力要求及素质
1	商务助理（核心岗位）	客户开发与联络	能运用中英文进行书面及口头交流
			能熟练运用电话接听技巧
			能熟练运用人际沟通技巧
			能熟练运用基本的市场营销技巧
			能进行市场调研并制订营销计划
		询盘、报盘、还盘、接受	能熟练运用中英文撰写询盘、报盘文书
			能进行基本的成本运算
			能运用中英文进行初步的价格协商
		商务单证缮制	能填写及缮制常用商务单证
			能初步审核常用商务单证
			能进行基本的单证归档管理
		订单处理	能据单安排产前准备并协助制订生产计划
			能跟踪样品生产并与客户沟通确认样品
		货物运输	能填写订舱、保险及报关报检等单据
			能进行货物到达后的基本查检
		货款收付	能跟踪货款收付
			能准备各项议付单据
		客户服务	能撰写中英文商务信函及其他应用文
			能运用中英文进行口头交流
			能熟练使用办公自动化设备及办公软件
			能熟练介绍本公司相关业务流程及产品特点
			能以良好的心理素质冷静应对突发事件
			能熟练运用人际沟通技巧进行解释与说服
			能对一般问题进行独立分析并提出解决方案

（续表）

序号	核心工作岗位及相关工作岗位	典型工作任务	职业能力要求及素质
2	行政助理（文秘）（相关岗位）	文件处理	能撰写中英文商务信函及其他应用文
			能严格按照文件批复流程处理文件
			能熟练使用办公自动化设备及办公软件
			能条理清晰地进行档案管理
			能保持高度的保密意识
		会议及商务旅行安排	能熟练进行会议安排与记录
			能熟练安排商务旅行
			能对一般问题进行独立分析并提出解决方案
		接待来访	能运用中英文进行口头交流
			能熟练运用电话接听技巧
			能以得体的中外礼仪接待来访宾客
		上传下达	了解公司架构及各部门基本业务范围
			能严格遵守行政管理流程
			能熟练运用人际沟通技巧

二、课程设置

商务英语专业以培养高端技能型人才为根本任务，专业课程设置以服从社会经济发展需要、突出应用性、考虑关联性为原则。课程设置分为基础阶段和专业阶段。

基础阶段的主要教学任务是打好语言基础，对学生进行全面的、严格的基本技能训练，培养学生正确的学习方法和良好的学习习惯，提高实际运用语言的能力。

专业阶段的主要教学任务是讲授从事国际商务一线业务工作所必需的基础理论知识，使学生熟悉相关业务活动的实际运作，培养其基本实践能力与操作技能。

在两个教学阶段中，课程的安排可以有所侧重，但应将整个教学过程视为一个整体，自始至终突出培养学生使用英语处理国际商务业务的能力。

三、课程分类及学时分配（含实践学时）

商务英语专业课程分为公共基础课程、专业基础课程、职业技能课程和职业能力拓展课程四种类型。

1. 公共基础课程

公共基础课程包括思想政治理论、计算机基础、语文、体育等课程。该类课程建议 300 ~ 400 学时。

2. 专业基础课程

专业基础课程包括综合英语、英语听力、英语口语、英语语音、英语语法等英语语言基本技能课程。该类课程建议 800 ~ 900 学时。

3. 职业技能课程

职业技能课程即专业课程，包括各种与国际商务岗位群紧密相关的职业能力训练课程，如商务英语、商务英语翻译、国际贸易实务、国际市场营销、外贸单证缮制、外贸英语函电、商务谈判、中英文速录、商务 ICT 等课程。该类课程建议 800 ~ 900 学时。

4. 职业能力拓展课程

职业能力拓展课程主要包括人文素质和专业综合素质的课程，如第二外语、英语国家文化、中国文化、跨文化交际等课程。该类课程建议 100 学时左右。

四、核心课程简介

1. 综合英语

本课程从听、说、读、写、译等方面帮助学生打下良好的语言基础，旨在全面提高学生的语言综合素质与能力。建议实践教学学时占课程总学时的 50%以上。

2. 商务英语

本课程通过引导学生学习英语语言知识和国际商务业务基础知识，发展学生的语言交际技能和国际商务业务基本操作技能。内容包括在模拟国际商务环境中运用英语语言技能和商务业务技能进行有效交际，完成公司介绍、产品操作演示、客户接待、商务谈判等任务。建议实践教学学时占该课程总学时的50%以上。

3．国际贸易实务

本课程以进出口业务流程为主线，以国际货物买卖合同为中心，系统介绍国际贸易各个业务环节的基本知识与技能，培养学生开发国际市场、与外商进行业务磋商、签约与合同履行的能力。建议实践教学学时占该门课程总学时的60%以上。

4．外贸英语函电

本课程以国际贸易业务流程为主线，通过从建立国际贸易业务关系、询盘、报盘、还盘到成交及合同履行等各环节相关函电的撰写训练，培养学生用英语与外商进行书面业务磋商的能力。建议实践教学学时占该课程总学时的70%以上。

5．外贸单证缮制

本课程是一门实践性很强的课程，通过国际贸易业务流程各个环节所涉及的合同、信用证、提单、汇票、原产地证书等一整套外贸单据的填写训练，培养学生在国际贸易业务中熟练进行单证处理与单证缮制的工作。建议实践教学学时占该门课程总学时的80%以上。

五、实践教学体系

商务英语专业的实践教学是专业教学的重要组成部分，实践教学学时不应低于教学总学时的50%。其中，校内专业实践累计不少于4周，毕业顶岗实习不少于16周，并达到人才培养方案和教学大纲的要求。

本专业实践教学体系按照教学场所可分为校内实践和校外实践两部分。前者可在普通教室和专门的实训室进行，后者主要在校外实习基地进行。

按照课程类型，校内实践可分为语言实践、商务实践和综合实践；校外实践包括社会实践、顶岗实习、毕业实践报告等环节。

1. 语言实践

语言实践包括语言课程教学中听、说、读、写等各种语言技能的操练，旨在提高语言应用能力。

2. 商务实践

商务实践指国际商务一线岗位的各种职业技能实践训练，如外贸单证缮制、国际贸易业务流程仿真模拟训练、国际营销业务模拟训练等。

3. 综合实践

综合实践指将语言技能和商务职业技能相结合的综合性训练，如商务模拟、商务交际等各种项目化、情景化设计的实践训练。

4. 社会实践

社会实践指学生利用节假日进行的各种社会调查、学习和服务等活动。

5. 顶岗实习

顶岗实习指学生在真实的国际商务一线岗位上，在企业实习指导教师的指导下，增强实践动手能力的过程，包括实地考察、岗前培训 、短期服务等形式。

6. 毕业实践报告

毕业实践报告主要是结合毕业前顶岗实习，综合运用所学的语言与专业基本知识和技能，就国际商务一线业务问题进行分析与综合、抽象与概括，并提出见解和解决实际问题的过程。毕业实践报告工作包含选题指南拟定，指导教师选派，选题、开题报告，毕业实践报告撰写与指导，毕业实践报告评定等流程。

专业办学基本条件和教学建议

一、专业教学团队

开办商务英语专业应有稳定的、结构合理的师资队伍，并严格执行教师资格准入制度。按照教师聘任性质，专业教学团队分为专任教师、兼职教师和实训室管理人员。其中，专任教师总数不得少于10人，外聘兼职教师不少于专业教学团队总人数的20%，生师比为18 : 1。

专任教师应具备大学本科以上学历和高等学校教师任职资格，并接受过职业教育教学法培训；具有相关行业从业经历或职业资格证书；具有捕捉行业领域新知识、新技术并将其应用于教学实践的能力；具有进行相关专业教学科研能力。专任教师具有“双师”素质的比例不低于50%，专任教师中具有高级专业技术职称人数不低于25%，专业课教师每两年至少应有两个月以上时间参加专业实践活动。

外聘兼职教师主要承担专业技能核心课程教学和实践教学任务，应具备本科及以上学历，从事相关岗位工作三年以上和具备中级及以上任职资格，具有捕捉行业领域新知识、新技术并将其应用于教学实践的能力。兼职教师应与学校签订正式聘任手续。

每个教学实训室应配备不少于一名实训室管理人员。

二、教学设施

教学设施主要包括教室、实习实训设备设施和信息化教学设备设施等。

1. 教室

教室分为普通教室、多媒体教室和专业实训教室。教室应满足各种教学的基本要求。学校要制定教室管理制度，配备专人管理。

2. 实习实训设备设施

（1）教学实训室及实训设备。学校应按照商务英语专业人才培养方案和教学大纲的要求（实践教学课时数不得低于总教学时数的50%），设置与本专业所开设课程相适应的教学实训室，实训教学仪器设备的总值应根据学校五年规划本专业招生总数，按生均不少于0.3万～0.5万元配备。

（2）校内实训基地。学校应按照商务英语专业的社会需求建立校内实训基地（可共享），实训基地设备的资金投入不少于200万元。

商务英语专业的校内实训基地建设，应贴近一线岗位群工作环境，以多功能和资源共享为主要原则，按照实训功能大类划分实训室。主要实训基地和设备建议按40人／班配置，具体要求见表3。

表3　商务英语专业校内实训基地配置表

序号	实训室	实训功能	适用课程	主要设备及数量	参考面积
1	语言实训室	利用多媒体设备进行英语语言基本技能训练	英语听力、英语口语、英语语音、综合英语、商务英语等	教师主控台（投影、卡座、实物展示、服务器）、座椅、课桌及台式计算机、互联网接入设备	128
2	商务模拟室	利用多媒体设备及软件开展国际商务模拟训练	国际贸易实务、国际市场营销、外贸单证缮制、国际商务综合实训等	教师主控台（投影、卡座、实物展示、服务器）、座椅、课桌及台式计算机、国际贸易模拟软件、外贸单证教学系统软件、互联网接入设备	128
3	综合实训室	利用仿真办公场景、真实的办公设备开展办公室设备操练、涉外接待及商务交际谈判等模拟训练	中英文速录。商务交际、商务ICT/办公自动化、商务谈判等	教师主控台（投影、卡座、实物展示、服务器）、办公桌椅、会议设备、摄录设备以及打印机、复印机、传真机、装订机等办公设备	128

（3）校外实习基地。商务英语专业应按照人才培养方案和教学大纲的要求，在国际商务相关企业建立稳定的校外实习基地，并安排专人负责校外实习工作。校外实习主要采取分散式顶岗实习或集中完成短期项目等形式，具体教学由校外兼职教师以导师制方式实施，校内任课教师进行必要的协助。

3．信息网络教学条件

学校应加强信息化建设，建立健全信息化教学设备和教学资源管理、使用的规章制度。建立校园网络和学校信息化管理系统，为学校的教学、科研、管理、内外交流等方面提供支撑服务。

三、教材及图书、数字化（网络）资料等学习资源

1．教材

教材的选用要符合教学大纲或专业规范，应为正式出版的高职高专商务英语专业教材，可优先选用获得省部级以上奖项的教材及国家级规

划教材。教材的内容和语言应具有时代感，要充分利用计算机、多媒体、网络等现代化技术手段。

2. 图书资料

学校图书馆应拥有教学必备的、门类较全的商务英语图书资料，总量应能满足专业教学和学科发展的需要。英语及商务类期刊 10 种以上，具有本专业信息资料查阅所需的计算机网络系统。

3. 数字化（网络）资料

学校应与行业、企业共同建设共享型商务英语专业教学资源库，围绕专业培养目标建设有利于学生自主学习、内容丰富、使用便捷、更新及时的数字化专业教学资源。专业核心课程应配备数字化（网络）资源，包括网络课程、视频库、音频库、电子期刊等。

四、教学方法、手段与教学组织形式建议

采用交际法、听说法、情景法等方法来培养学生的英语应用能力，用案例教学法、项目教学法、实地调研法等方法来构建学生的商务知识和技能；用任务驱动、项目导向、模拟软件实训法、顶岗实习等教学方法来培养学生的综合实践能力。在教学方法的使用过程中坚持“以学生为中心”，强调“做中学”。在教学过程中，注重学生英语语言、商务知识和技能，以及职业素养的融合，着力培养学生在国际商务环境中的英语应用能力。

应积极运用计算机、网络技术等现代化教学手段，构建适合学生个性化学习和自主学习的教学模式，满足学生的不同需求；借助虚拟现实技术构建仿真的职业工作场景，培养学生的职场工作能力。

五、教学评价、考核建议

积极推进考核方式、考核内容和成绩评价的改革。在考核方式上，加大形成性考核的力度，在考核内容上突出知识技能的应用。形成性评价与终结性评价应根据不同的课程、不同的学习阶段和不同的实践活动形式而有所不同，测试设计应具有科学性、客观性、开放性和可行性，

有助于提高学生使用英语处理国际商务业务的能力。

在此基础上，努力探索商务英语专业教学多元化评价体系，包括评价标准的多元化、评价目标的多元化、评价内容的多元化、评价方式和方法的多元化、评价主体的多元化、评价过程的多元化，吸纳行业、企业和社会组织参与考核评价，注重对学生使用英语处理国际商务业务能力的真实性评价。同时，要努力使符合条件的毕业生获得相应职业资格证书，切实落实毕业证书和职业资格证书“双证书”制度。

六、教学管理

1. 专业教学管理机构及专职教学管理人员

学校应设立商务英语专业教学管理机构，应配备不少于两名本科以上学历并具有商务英语专业知识结构的专职教学管理工作人员。

2. 教学文件

学校应建立以下完整、系统的专业教学文件：专业建设与发展规划及其分年度实施计划、教学管理制度、教学质量监控制度、学籍管理制度、成绩考核制度、专业人才培养方案、课程教学大纲、学期进程计划及课表、实践教学计划及大纲、顶岗实习计划及大纲、使用教材目录等。学校的教学文件应按照教育部相关文件的要求制定。

继续专业学习深造建议

商务英语专业学生应具有终身学习的理念和自我教育的能力。毕业后应充分利用互联网等资源，获取国际商务的最新信息；积极参与岗位培训，不断提高业务技能和岗位技能。

学生毕业后如有机会接受更高层次教育，可选择英语语言文学、国际贸易、跨国经营、经济学、管理学、金融学等专业方向继续深造。可通过参加国家成人高等教育自学考试、远程教育或通过国内部分高校的专升本考试，进入相关专业接受继续教育，完成本科段课程学习；也可以选择出国留学的方式继续学习，为职业生涯的更大发展奠定基础。